博士论文出版项目

面向"冰上丝绸之路"的中国沿海港口体系演化研究

Research on the Evolution of China's Coastal Port System Facing the "Polar Silk Road"

彭 琰 著

中国社会科学出版社

图书在版编目（CIP）数据

面向"冰上丝绸之路"的中国沿海港口体系演化研究 /
彭琰著. -- 北京：中国社会科学出版社，2025.4.
ISBN 978 -7 -5227 -4761 -3

Ⅰ. F552.4

中国国家版本馆 CIP 数据核字第 202564WL40 号

出 版 人	赵剑英
责任编辑	朱亚琪
责任校对	刘 娟
责任印制	戴 宽

出 版	中国社会科学出版社
社 址	北京鼓楼西大街甲 158 号
邮 编	100720
网 址	http://www.csspw.cn
发 行 部	010 - 84083685
门 市 部	010 - 84029450
经 销	新华书店及其他书店

印 刷	北京君升印刷有限公司
装 订	廊坊市广阳区广增装订厂
版 次	2025 年 4 月第 1 版
印 次	2025 年 4 月第 1 次印刷

开 本	710×1000 1/16
印 张	15.5
字 数	218 千字
定 价	96.00 元

出 版 说 明

　　为进一步加大对哲学社会科学领域青年人才扶持力度，促进优秀青年学者更快更好成长，国家社科基金 2019 年起设立博士论文出版项目，重点资助学术基础扎实、具有创新意识和发展潜力的青年学者。每年评选一次。2023 年经组织申报、专家评审、社会公示，评选出第五批博士论文项目。按照"统一标识、统一封面、统一版式、统一标准"的总体要求，现予出版，以飨读者。

全国哲学社会科学工作办公室

2024 年

序　言

　　还依稀记得彭琰刚刚入学念硕士研究生的样子，聪明和努力中带着倔强，只是这一点就让我坚定了培养她读博士的信念。从硕士到博士，彭琰一直保持不服输的劲头，顺利拿到了博士学位，并成为我的第一个获得"优秀毕业生"荣誉称号的博士。其实，彭琰的博士论文选题也经历了一些波折，最后才选择了"冰上丝绸之路"倡议的相关问题研究。

　　2017 年 7 月 3 日，在对俄罗斯进行国事访问期间，国家主席习近平在接受俄罗斯媒体采访时表示，中方欢迎并愿积极参与俄方提出的共同开发建设滨海国际运输走廊的建议，希望双方共同开发和利用海上通道特别是北极航线，打造新的北极丝绸之路——"冰上丝绸之路"。这是中国官方最高层对中俄共建北极航线的最新表态，也是对近期俄罗斯共建"邀约"的回应。而就在较早前中国国家发改委和国家海洋局联合发布的《"一带一路"建设海上合作设想》中，首次将北极航线明确为"一带一路"三大主要海上通道之一。北极航线因此成为实质意义上的北极丝绸之路。

　　"冰上丝绸之路"将对现有"一带一路"交通网络形成有益的拓展和补充，将进一步拓展和补充后形成的交通网络，将使贸易路径和交通运输线路更加完善，局部地区的贸易发展机会和贸易重要性也将发生变化。如远东—地中海及西北欧航线或将被经由北极丝绸之路所代替，苏伊士运河的运输通过量或将减少，"冰上丝绸之路"周边地区的运输量将逐渐增加，促进临近北极的地区和国家的港口建设，为其带来经济贸易发展的新契机。

服务于"冰上丝绸之路"的中国沿海港口与"冰上丝绸之路"的发展紧密相连，"冰上丝绸之路"的进一步开发利用将对中国港口的功能和结构产生巨大影响，进而推动中国沿海港口体系的演化。在此背景下，预测分析面向"冰上丝绸之路"的中国沿海港口体系的演化趋势，将有利于对沿海港口体系进行合理的定位和布局，促进港口体系的优化和提升。

同时，面向"冰上丝绸之路"的中国沿海港口体系演化研究将进一步推动中俄的深度合作。俄罗斯虽然拥有广大的国土面积，而且四面都临海，但是其北面和东面的北冰洋和太平洋沿岸区域气候寒冷，不适合航运。而西面的波罗的海沿岸虽然相对温暖，可是属于俄罗斯的海岸线较短，也不利于航运的大规模开发和利用。因此，位于俄罗斯南方广阔而又温暖的黑海就成为俄罗斯的最重要的海岸生命线。但从黑海前往地中海，还需要穿过土耳其海峡，海运的便利性受到限制。

俄罗斯逼仄的海运条件在 21 世纪迎来了天赐良机，这便是北冰洋的冰融加速和北极航线的开发利用。

俄罗斯的"战略东转"与中国的"一带一路"和"冰上丝绸之路"倡议能够实现无缝对接，并使围绕北极航线的交通运输资源得到进一步挖掘。为此，可以大胆预言，俄罗斯航运，特别是以北极航线为轴心的海铁联运、海陆联运将得到进一步重视和更大规模的发展，国际层面的中蒙俄经济走廊和国内层面的东北海陆大通道都将成为围绕北极航线的俄罗斯航运重要支撑。中蒙俄经济走廊是将中国的"丝绸之路经济带"与俄罗斯的"跨欧亚发展带"、蒙古国的"草原之路"进行对接，发挥内蒙古联通俄蒙的区位优势，完善黑龙江对俄铁路通道和区域铁路网，以黑龙江、吉林、辽宁与俄远东地区陆海联运合作，推进构建北京—莫斯科欧亚高速运输走廊，建设向北开放的重要窗口。东北海陆大通道虽属国内层次的发展战略，但也能为北极航线的开发利用提供交通运输网络的进一步连接和扩容，使俄罗斯航运获得更大的发展空间。

虽然"冰上丝绸之路"的发展在目前受到一些国际和地区因素的影响，但其前景还是可期的，为此，中国的沿海港口需要做好充分准备，在功能和结构体系上尽量提升和进一步完善，为港口和丝路的紧密结合提供基础保障。

同样，彭琰的研究也是可期的，希望她循着这条道路走下去，走到"冰上丝绸之路"研究的顶峰，看见发展的阳光洒满中国大地。

李振福

大连海事大学教授、博导

极地海事研究中心主任

2024 年 8 月 15 日

摘　　要

随着全球变暖步伐的明显加快，北冰洋冰层亦随之加速融化。作为北极航线开通的直接受益者，俄罗斯一直最大限度开发其所辖的北方海航道，并邀请中国共建"冰上丝绸之路"。目前中俄共建"冰上丝绸之路"已获得中国的确认，后续相关项目在有序推进，"冰上丝绸之路"潜力可期。中国沿海港口基本位于"冰上丝绸之路"沿线，"冰上丝绸之路"的开发、建设和运营将打通中国经北冰洋与西北欧地区的贸易路径，便利区域之间的贸易往来，同时将改变中国沿海港口的区位条件，推动中国沿海港口体系的演化。

本书考虑"冰上丝绸之路"对于中国沿海港口体系演化的可能影响，紧抓港口体系演化的主要内容，遵循由"港口点联系→港口局部空间联系→港口国内内陆联系→港口国外海向联系"的研究路径，致力于预测分析面向"冰上丝绸之路"的中国沿海港口体系货运功能结构、货运空间结构、陆向腹地和海向腹地的演化情况，并总结面向"冰上丝绸之路"的中国沿海港口体系的演化趋势，以抓住"冰上丝绸之路"带来的发展机遇，对沿海港口体系进行合理的定位和布局，促进港口体系的优化和提升。

本书研究表明，面向"冰上丝绸之路"，中国沿海港口体系将呈现以下演化趋势：一是集中化趋势凸显。面向"冰上丝绸之路"的各类货物在运输成本和自身实力的影响下，高等级港口与低等级港口间的空间分异明显，呈现明显的空间集聚特征，沿海港口体系的集中化趋势彰显，集中化的演化趋势将催生出中国沿海港口体系面向"冰上丝绸之路"的门户型港口，并对周边港口和城市产生外溢效应。

二是港口发展层次性加强。面向"冰上丝绸之路"，北部和中部沿海地区已经具有了一定的包含主副枢纽港、支线港和喂给港的层级结构体系，而南部沿海地区的规模等级层次尚未显现，未来港口体系发展的不均衡性和层次性将增强，中国沿海港口体系的布局规划应运用港口体系层次化的演化规律，推动港口体系的协调发展。

三是海向空间联系增强。"冰上丝绸之路"将扩大中国沿海港口体系海向空间联系的辐射范围，拉近中国与世界各国的海向空间联系，提升与国外市场间的海上贸易效率，预期未来中国与全球各大洲间的海上经贸往来将更为频繁，中国沿海港口在全球港口中的海运地位也将提升。

四是区域化发展态势显现。"冰上丝绸之路"的建设，将进一步促进由沿海港口所连接的内陆与远洋交通运输网络的形成，拓展港口的活动空间，各港口间陆向联系和海向联系将日益紧密，实现港口间的联动发展，并且港口的空间经济辐射作用在区域范围内不断显现，这将推动以港口经济活动为核心、以城市为主体、以自由贸易为依托的中国沿海港口体系的区域化发展新进程。

关键词："冰上丝绸之路"；中国沿海港口体系；影响作用；演化趋势；布局规划

Abstract

With the significant acceleration of global warming, the Arctic ice cap is melting at an unprecedented rate. The rapid melting of ice in the Arctic Ocean will open up a new shipping route for cargos between Asia, America, and Europe, facilitating more convenient, faster, and safer intercontinental connections. As a direct beneficiary of the opening of the Arctic route, Russia has been maximizing the development of its Northern Sea Route and inviting China to jointly build the "Polar Silk Road". This initiative has received affirmation from China, and subsequent related projects are progressing in an orderly manner, indicating significant potential for the "Polar Silk Road". China's coastal ports are mainly located along the "Polar Silk Road". The development, construction, and operation of the "Polar Silk Road" will create a trade corridor between China and the Northwest European region via the Arctic Ocean, facilitate trade between regions, and change the location conditions of China's coastal ports, promoting the evolution of China's coastal port system.

This book considers the possible impact of the "Polar Silk Road" on the evolution of China's coastal port system, focusing on the key content of port system evolution and following the research path of "point-to-point port connection→port local spatial connection→port domestic inland connection→port overseas maritime connection". This book aimed to predict and analyze the evolution of freight functional structure, freight spatial structure and the evolution of both hinterland and foreland of China's coastal port system facing the "Polar Silk Road". By summarizing the evolutionary trend of China's coastal port system facing the "Polar Silk Road", the study seizes the capitalize on the development opportunities presented by this new route, reasonably position and layout the coastal port system, and promote the optimization and improvement of the port system.

The research results indicate that the China's coastal port system will exhibit the following evolutionary trends facing the "Polar Silk Road".

Firstly, the trend towards centralization is becoming increasingly prominent. Under the influence of transportation costs and their own strength, various types of cargos facing the "Polar Silk Road" have obvious spatialdifferentiation between high-level ports and low-level ports, showing obvious spatial agglomeration characteristics. The trend of centralization in the coastal port system is evident, and the evolutionary trend of centralization will give birth to gateway ports facing the "Polar Silk Road" of China's coastal port system, which will have spillover effects on surrounding ports and cities.

Secondly, the hierarchical development of ports has been strengthened. Facing the "Polar Silk Road", the northern and central coastal areas have already established a hierarchical structure system that includes main and secondary hub ports, branch ports, and feeding ports. However, the scale and level of the southern coastal areas have not yet emerged, and the uneven and layered development of the port system will be enhanced in the future. The layout planning of China's coastal port system should apply the evolutionary law of port system hierarchy to promote the coordinated development of the port system.

Thirdly, the maritime spatial connectivity has been strengthened. The "Polar Silk Road" will expand the radiation range of China's coastal port system's maritime spatial connections, narrow China's maritime spatial connections with countries around the world, and improve the efficiency of maritime trade with foreign markets. It is expected that in the future, maritime economic and trade exchanges between China and various continents around the world will become more frequent, and the maritime status of China's coastal ports in global ports will also be elevated.

Fourthly, the trend of regional development has emerged. The construction of the "Polar Silk Road" will further promote the formation of inland and long-distance transportation networks connected by coastal ports, expand the activity space of ports, and achieve increasingly close land and sea connections between ports, realizing the coordinated development between ports. The spatial economic radiation effect of ports will continue to emerge in the regional scope, which will promote the new process of regional development of China's coastal port system with port economic activities as the core, cities as the main body, and free trade as the basis.

Key Words: "Polar Silk Road"; China's coastal port system; Influence; Evolutionary trend; Layout planning

目　录

Contents

绪　　论

本章主要介绍面向"冰上丝绸之路"的中国沿海港口体系演化的研究背景，梳理"冰上丝绸之路"港口体系功能结构、空间结构与腹地，港口被航运公司和托运人选择以及海运网络的国内外相关研究现状，分析研究存在的问题与不足，进而归纳总结本书的研究思路和技术路线，并阐述研究的目的和意义。

第一节　研究背景

伴随着世界海洋运输船舶和港口的大型化、专业化进程加快，港口发展呈现集群化的特征，形成了一系列的港口体系。[①] 关于港口体系的概念尚未有定论，一般认为，港口体系是指一定地域范围内一系列规模不等、职能各异、相互联系、彼此牵制的港口有机整体。[②] 对于中国而言，沿海港口经过多年发展，基本形成了由环渤海、长江三角洲、东南沿海、珠江三角洲和西南沿海 5 个港口群以及由煤炭、石油、铁矿石、集装箱、粮食、商品汽车、陆岛滚装、旅客八大运输系统所构成的沿海港口体系。港口体系不是一成不变

---

① 陈斓、伍世代、陈培健：《福建港口体系结构研究》，《热带地理》2007 年第 3 期。

② 曹有挥：《安徽省长江沿岸港口体系的初步研究》，《地理科学》1995 年第 2 期。

的，区域内不同港口发展水平和速度的差异促使港口体系的结构和层次持续发展和演化。影响港口体系演化的因素包括技术进步、区位条件、市场环境、政策政治等，其中，区位条件主要表现在港口地理位置和交通网络方面，是港口体系演化的引力，也决定了港口体系的基本空间布局与演化路径。① 富有潜力的海上运输通道的出现，将推动中国沿海港口区位条件发生改变，进而影响中国沿海港口体系的演化趋势。

随着全球变暖步伐的明显加快，北冰洋冰层亦随之加速融化。根据多方预测，北极海冰在 2030 年至 2050 年之间的夏季可能完全消失。② 冰融在即的北冰洋将开辟亚洲、美洲、欧洲三大洲间商品往来的新航道，从此两大陆间的联系更加方便、迅速和安全。北极航线包括东北航线、西北航线和穿极航线（中央航线），其中东北航线是公认的航行环境最好、运输价值最高的航线。作为北极航线开通的直接受益者，俄罗斯一直最大限度开发其所辖的北方海航道，并将中国视为首要合作方。2015 年中俄总理第二十次定期会晤联合公报中明确提出"加强北方海航道开发利用合作，开展北极航运研究"，表明中俄合作建设北极航线的意愿。2017 年 5 月 26 日，中国外交部长王毅与俄罗斯外长拉夫罗夫在莫斯科举行会谈时，俄方提出共同开发北极航线，建设一条新的"冰上丝绸之路"。7 月 4 日，习近平主席对俄罗斯进行国事访问期间，会见俄罗斯总理梅德韦杰夫时，对俄罗斯提出的共建"冰上丝绸之路"邀约做出回应，表示中方欢迎并积极参与俄方提出的共同开发建设滨海国际运输走廊的

---

① 吴旗韬、张虹鸥、叶玉瑶等：《港口体系演化的影响因素及驱动机制分析》，《人文地理》2011 年第 3 期；赵旭、梁雪娇、周巧琳等：《海上丝绸之路沿线港口体系的空间布局演化》，《上海海事大学学报》2017 年第 4 期。

② 搜狐新闻：《北极地区海冰面积缩减严重 为 1972 年以来最低》，2011 年 9 月 12 日，http://news.sohu.com/20110912/n319085017.shtml，2018 年 6 月 6 日；环球网：《气候变化专家警告：2050 年北极海冰或将完全消失》，2015 年 4 月 3 日，http://world.huanqiu.com/hot/2015-04/6086713.html，2018 年 6 月 15 日。

建议，希望双方共同开发和利用海上通道，特别是北极航线，打造
"冰上丝绸之路"。至此，双方正式提出了"冰上丝绸之路"这一概
念。2017 年 11 月 1 日，习近平主席会见俄罗斯总理梅德韦杰夫时指
出，共同开展北极航线开发和利用，打造"冰上丝绸之路"。中俄双
方再次确认了共建"冰上丝绸之路"的意向，将中俄北极航线合作
提升到了一个新的高度。2018 年 1 月 26 日，国务院新闻办公室发表
了《中国的北极政策》白皮书，指出中国愿依托北极航道的开发利
用，与各方共建"冰上丝绸之路"，表明中俄共建"冰上丝绸之路"
已获得中国的确认。后续包括亚马尔液化天然气项目、帕亚哈油气
田项目、扎鲁比诺港项目等在有序推进，2021 年 3 月苏伊士运河堵
船事件的发生也无疑增加了对"冰上丝绸之路"的建设需求，"冰
上丝绸之路"潜力可期。

　　中国沿海港口基本位于"冰上丝绸之路"沿线，应该意识到，
"冰上丝绸之路"的开发、建设和运营将打通中国经北冰洋与西北欧
地区的贸易路径，便利区域之间的贸易往来，同时将改变中国沿海
港口的区位条件，推动中国沿海港口体系的演化。在此背景下，预
测分析面向"冰上丝绸之路"的中国沿海港口体系的演化趋势，将
有利于对沿海港口体系进行合理的定位和布局，以抓住"冰上丝绸
之路"带来的发展机遇，促进港口体系的优化和提升。

　　综上所述，本书基于港口体系演化理论、空间相互作用理论、
随机效用理论以及复杂网络理论，综合应用空间分析、探索性空间
数据分析、离散选择、复杂网络、随机前沿分析等多学科方法，通
过设置演化情景，预测和分析面向"冰上丝绸之路"的中国沿海港
口体系的演化趋势，以期为政府部门对面向"冰上丝绸之路"的中
国沿海港口体系进行适应性的规划和布局提供借鉴和参考。

第二节　国内外相关研究现状及进展

　　基于上述研究背景，本书针对面向"冰上丝绸之路"的中国沿海港口体系演化问题所涉及的主要领域，围绕"冰上丝绸之路"，港口体系功能结构、空间结构与腹地，港口被航运公司和托运人选择以及海运网络4个方面对国内外相关文献进行综述。

一　"冰上丝绸之路"相关研究

　　自"冰上丝绸之路"被提出以来，出现了许多研究成果，一些学者解释了它的概念，主要有3种观点：王志民和陈远航认为，"冰上丝绸之路"的重点是北方航道的开发；[①] 杨剑指出，"冰上丝绸之路"主要涉及北极的主要航线及其沿岸地区以及这个区域与世界的地缘经济联系；[②] 李振福和刘硕松认为，"冰上丝绸之路"有狭义和广义之分，狭义概念主要是基于俄罗斯提出的共建北方海航道定义下的北方海航道范围，广义的"冰上丝绸之路"应该辐射整个北极航线和北极区域。[③] 对"冰上丝绸之路"的理解不断从海上航线的地理范围扩大到周边内陆地区。

　　目前关于"冰上丝绸之路"的研究仍然处在初级阶段，因此，相关研究较少且主要是定性分析"冰上丝绸之路"的建设问题。"冰上丝绸之路"建设的意义和可行性是学界关注的问题。Assef 认为，"冰上丝绸之路"是发展北极地区最好的倡议之一，并且可以为中国带来

---

　　① 王志民、陈远航：《中俄打造"冰上丝绸之路"的机遇与挑战》，《东北亚论坛》2018年第2期。

　　② 杨剑：《共建"冰上丝绸之路"的国际环境及应对》，《人民论坛·学术前沿》2018年第11期。

　　③ 李振福、刘硕松：《东北地区对接"冰上丝绸之路"研究》，《经济纵横》2018年第5期。

很大的利益。① 李铁认为，"冰上丝绸之路"能为中国东北地区带来新的机遇，是新一轮东北振兴的重要突破。② 李振福分析了"冰上丝绸之路"与北极航线的相互作用，以及"冰上丝绸之路"与北极航线融合后的战略意义。③ 杨鲁慧和赵一衡指出了"一带一路"背景下"冰上丝绸之路"建设的战略意义。④ 吴大辉提出，"冰上丝绸之路"是对"一带一路"建设的重要补充，这对中俄两国经济发展具有重要意义。⑤ 庞昌伟指出，"一带一路"倡议和"冰上丝绸之路"建设是化解"马六甲困局"、打破美国主导的"印太战略"的终极方案。⑥ 张屹认为，俄罗斯提出与中国共建"冰上丝绸之路"倡议得到中国积极响应后，北方海航道价值进一步提升，并且对于中国参与全球治理和推进"一带一路"倡议具有重大意义。⑦ 陈思旭通过对内外部环境的讨论，分析了"冰上丝绸之路"建设的可行性。⑧ 朱陆民和张甲英认为，基于良好的发展机遇和地理条件，"冰上丝绸之路"的建设是可行的。⑨

更多的学者把研究的重点放在了"冰上丝绸之路"的建设布局问题上，并为制定科学合理的"冰上丝绸之路"发展布局提供了相

---

① Nicholas Andrew Assef, "China's Polar Silk Road: Overview, Challenges & Opportunities", *SSRN Electronic Journal*, May 2018, pp. 1 – 12.

② 李铁:《发挥东北区域优势加快推进"冰上丝绸之路"建设》,《太平洋学报》2018 年第 12 期。

③ 李振福:《"冰上丝绸之路"与北极航线开发》,《人民论坛·学术前沿》2018 年第 11 期。

④ 杨鲁慧、赵一衡:《"一带一路"背景下共建"冰上丝绸之路"的战略意义》,《理论视野》2018 年第 3 期。

⑤ 吴大辉:《"冰上丝绸之路":"一带一路"的新延伸》,《人民论坛》2018 年第 9 期。

⑥ 庞昌伟:《"马六甲困局"之化解路径》,《新疆师范大学学报》(哲学社会科学版) 2018 年第 5 期。

⑦ 张屹:《北方海航道的地缘影响》,《前线》2019 年第 3 期。

⑧ 陈思旭:《中俄共建"冰上丝绸之路"的可行性分析》,《边疆经济与文化》2018 年第 2 期。

⑨ 朱陆民、张甲英:《"冰上丝绸之路"倡议可行性及对中俄关系的影响》,《学理论》2018 年第 7 期。

关的对策和建议。夏立平指出,应不断推进北极航线和资源能源的开发利用。① 薛桂芳通过总结"冰上丝绸之路"建设的内涵、地理范围、面临的机遇和挑战,提出了"冰上丝绸之路"的实施路径。② 姜巍阐述了中国企业参与环北极国家的基础设施投资建设的机遇、风险、挑战以及中国"冰上丝绸之路"的应对措施。③ 张木进和王晨光利用SWOT分析法,对中国建设"冰上丝绸之路"的内外环境进行分析。④ 杨剑通过对《中国的北极政策》解读,对从经济、环保、技术、社会进步、合作与治理5个方面共建"冰上丝绸之路"的国际合作进行了展开说明,为中国建设"冰上丝绸之路"提供了有效途径。⑤ 李振福和彭琰剖析了"冰上丝绸之路"与"通权论"的互动关系,并以"通权论"为理论基础,提出中国建设"冰上丝绸之路"的对策建议。⑥ 姜胤安指出,要推进"冰上丝绸之路"与现有北极治理机制以及沿线国家的战略对接,扩大相关国家的参与,推动"冰上丝绸之路"建设进入多边合作的新阶段。⑦

部分学者研究了"冰上丝绸之路"的能源开发、航行、港口、战略支点、自然条件等。胡丽玲研究了"冰上丝绸之路"视域下中俄北极油气资源开发合作的挑战与解决路径。⑧ 李振福等在"冰上

① 夏立平:《新时代"冰上丝绸之路"的发展布局研究》,《人民论坛·学术前沿》2018年第11期。
② 薛桂芳:《"冰上丝绸之路"新战略及其实施路径》,《人民论坛·学术前沿》2018年第21期。
③ 姜巍:《环北极国家基础设施投资机遇与中国策略》,《人民论坛·学术前沿》2018年第11期。
④ 张木进、王晨光:《中国建设"冰上丝绸之路"的战略选择——基于"态势分析法"(SWOT)的分析》,《和平与发展》2018年第4期。
⑤ 杨剑:《〈中国的北极政策〉解读》,《太平洋学报》2018年第3期。
⑥ 李振福、彭琰:《"通权论"与"冰上丝绸之路"建设研究》,《东北师大学报》(哲学社会科学版)2019年第4期。
⑦ 姜胤安:《"冰上丝绸之路"多边合作:机遇、挑战与发展路径》,《太平洋学报》2019年第8期。
⑧ 胡丽玲:《冰上丝绸之路视域下中俄北极油气资源开发合作》,《西伯利亚研究》2018年第4期。

丝绸之路"建设背景下，以船舶和驰间距为基础，建立了适于北极
航线的跟驰模型，使得航行更具科学性和安全性。① 陆钢通过对北冰
洋东北航线的商业价值及其面临的困难分析，提出了技术支撑的重
要意义，他认为破冰、防冻、卫星导航与地理信息系统等三大领域
的自主技术突破，是中国参与北极商业性开发的关键。② 刘雷和李树
兵论述了"冰上丝绸之路"的航行、航海保障需求和现状，提出了
加强与相关国家的交流合作，在"冰上丝绸之路"航海保障能力和
体系建设方面贡献中国智慧和中国力量的相关建议。③ 肖洋认为格陵
兰作为大西洋与北冰洋的战略要冲，是唯一连接亚欧、欧美环北冰
洋航道的枢纽地区，同时具有极强的经济发展潜力，是"冰上丝绸
之路"名副其实的战略支点。④ 张婷婷和陈晓晨挑选北极航线俄罗
斯部分的 10 个重要港口作为备选港口，通过地理位置、开发潜力、
自然条件、人口因素、中俄合作基础 5 个因素对备选港口进行评估，
选取摩尔曼斯克港、萨别塔港、季克西港、乌厄连港作为中俄共建
"冰上丝绸之路"的支点港口。⑤ Evseev 等对"冰上丝绸之路"沿线
的自然条件进行了分析。⑥

　　北极东北航线是"冰上丝绸之路"建设的关键区域，因此有必

① 李振福、孙悦、韦博文：《"冰上丝绸之路"——北极航线船舶航行安全的跟驰模型》，《大连海事大学学报》2018 年第 3 期。
② 陆钢：《"冰上丝绸之路"的商用价值及其技术支撑》，《人民论坛·学术前沿》2018 年第 11 期。
③ 刘雷、李树兵：《"冰上丝绸之路"航海保障能力建设现状与愿景》，《中国海事》2018 年第 8 期。
④ 肖洋：《"冰上丝绸之路"的战略支点——格陵兰"独立化"及其地缘价值》，《和平与发展》2017 年第 6 期。
⑤ 张婷婷、陈晓晨：《中俄共建"冰上丝绸之路"支点港口研究》，《当代世界》2018 年第 3 期。
⑥ Alexander V. Evseev, Tatiana M. Krasovskaya, Vladimir S. Tikunov, Irina N. Tikunova, "New Look at Territories of Traditional Nature Use-Traditional Nature Management Lands at the Coastal Zone of the Ice Silk Road: A Case Study for the Russian Arctic", *International Journal of Digital Earth*, Vol. 12, No. 8, August 2019, pp. 948 – 961.

要对相关文献进行梳理。东北航线研究的两个主要方面是通航环境和经济评估。Khon 等认为东北航线和西北航线的通航期将在 21 世纪大大增加,这将使得通过东北航线从西欧到远东的运输比通过苏伊士运河航线进行运输的利润高出 15%。[①] 与这种乐观主义观点相比,一些学者对此抱有理性的看法。Stephenson 等指出,通航期受到海冰和水深的限制。[②] 其他一些保守派认为,管辖权争议、浅水区、缺乏现代深水港和搜救能力可能会降低东北航线的通航价值。[③] 经济评估表明,虽然通航条件周期性的苛刻,但为了节约成本或提高效率,通过东北航线进行集装箱运输的需求量很大,这种情况可以解释为什么大多数研究侧重于评估北极航线的集装箱运输能力。[④] 经济评估基于与现有航运路线(通常是苏伊士运河航线)的比较,并侧重于两个方面:成本和利润。[⑤] 其他学者还评估了油轮和散货船的经

---

① V. C. Khon, I. I. Mokhov, M. Latif, V. A. Semenov, W. Park, "Perspectives of Northern Sea Route and Northwest Passage in the Twenty-First Century", *Climatic Change*, Vol. 100, No. 3 - 4, June 2010, pp. 757 - 768.

② Scott Stephenson, Lawson Brigham, Laurence C. Smith, "Marine Accessibility along Russia's Northern Sea Route", *Polar Geography*, Vol. 37, No. 2, June 2014, pp. 885 - 899.

③ Albert Buixadé Farré, Scott R. Stephenson, Linling Chen, Michael Czub, Ying Dai, Denis Demchev, Yaroslav Efimov, Piotr Graczyk, Henrik Grythe, Kathrin Keil, Niku Kivekäs, Naresh Kumar, Nengye Liu, Igor Matelenok, Mari Myksvoll, Derek O'Leary, Julia Olsen, Sachin Pavithran. A. P., Edward Petersen, Andreas Raspotnik, Ivan Ryzhov, Jan Solski, Lingling Suo, Caroline Troein, Vilena Valeeva, Jaap van Rijckevorsel, Jonathan Wighting, "Commercial Arctic Shipping Through the Northeast Passage: Routes, Resources, Governance, Technology and Infrastructure", *Polar Geography*, Vol. 37, No. 4, October 2014, pp. 298 - 324.

④ Hui Zhao, Hao Hu, Yisong Lin, "Study on China-EU Container Shipping Network in the Context of Northern Sea Route", *Journal of Transport Geography*, Vol. 53, May 2016, pp. 50 - 60.

⑤ Hua Xu, Zhifang Yin, Dashan Jia, Fengjun Jin, Hua Ouyang, "The Potential Seasonal Alternative of Asia-Europe Container Service Via Northern Sea Route Under the Arctic Sea Ice Retreat", *Maritime Policy & Management*, Vol. 38, No. 5, August 2011, pp. 541 - 560; Masahiko Furuichi and Natsuhiko Otsuka, "Proposing a Common Platform of Shipping Cost Analysis of the Northern Sea Route and the Suez Canal Route", *Maritime* (接下页)

济性。[1]近期对东北航线的研究视角也变得更加多样化，关于地缘政治、法律和航线规划等新的研究主题也正在兴起。[2]

二　港口体系功能结构、空间结构与腹地相关研究

一般认为，港口体系指一定地域范围内一系列规模不等、职能各异、相互联系、彼此牵制的港口有机整体。[3]港口演变，包括港口体系发展，是港口地理学研究的一个重要课题。[4]一些学者提出的港口体系演化模式为港口体系这一研究领域的发展作出了贡献，如

（接上页）*Economics & Logistics*, Vol. 17, No. 1, March 2015, pp. 9 – 31; Miaojia Liu and Jacob Kronbak, "The Potential Economic Viability of Using the Northern Sea Route (NSR) as an Alternative Route Between Asia and Europe", *Journal of Transport Geography*, Vol. 18, No. 3, May 2010, pp. 434 – 444; Frederic Lasserre, "Case Studies of Shipping along Arctic Routes: Analysis and Profitability Perspectives for the Container Sector", *Transportation Research Part A: Policy and Practice*, Vol. 66, No. 1, August 2014, pp. 144 – 161; Yiru Zhang, Qiang Meng, Szu Hui Ng, "Shipping Efficiency Comparison Between Northern Sea Route and the Conventional Asia-Europe Shipping Route via Suez Canal", *Journal of Transport Geography*, Vol. 57, December 2016, pp. 241 – 249.

① Yiru Zhang, Qiang Meng, Szu Hui Ng, "Shipping Efficiency Comparison Between Northern Sea Route and the Conventional Asia-Europe Shipping Route via Suez Canal", *Journal of Transport Geography*, Vol. 57, December 2016, pp. 241 – 249; Halvor Schøyen and Svein Bråthen, "The Northern Sea Route Versus the Suez Canal: Cases from Bulk Shipping", *Journal of Transport Geography*, Vol. 19, No. 4, July 2011, pp. 977 – 983.

② Margaret Blunden, "Geopolitics and the Northern Sea Route", *International Affairs*, Vol. 88, No. 1, January 2012, pp. 115 – 129; Viatcheslav V. Gavrilov, "Legal Status of the Northern Sea Route and Legislation of the Russian Federation: A Note", *Ocean Development & International Law*, Vol. 46, No. 3, August 2015, pp. 256 – 263; Hui Zhao, Hao Hu, Yisong Lin, "Study on China-EU Container Shipping Network in the Context of Northern Sea Route", *Journal of Transport Geography*, Vol. 53, May 2016, pp. 50 – 60.

③ 曹有挥：《安徽省长江沿岸港口体系的初步研究》，《地理科学》1995 年第 2 期。

④ Adolf K. Y. Ng, César Ducruet, Wouter Jacobs, Jason Monios, Theo Notteboom, Jean-Paul Rodrigue, Brian Slack, Ka-chai Tam, Gordon Wilmsmeier, "Port Geography at the Crossroads with Human Geography: Between Flows and Spaces", *Journal of Transport Geography*, Vol. 41, December 2014, pp. 84 – 96.

Bird 的"Anyport 模型"①、Taaffe 的"六阶段模型"②、Hayuth 的"五阶段模型"③ 以及中国学者提出的集装箱港口体系演化的"四阶段模型"④ 和"六阶段模型"⑤ 等。集中化和分散化趋势是港口体系演化的表象,技术进步、经济发展、港口区位、航运市场、政策政治等因素则往往被认为是港口体系的演化动力。⑥ 总体上,港口体系的功能结构、空间结构及腹地是港口体系演化领域研究的主要内容,港口体系的演化也是以其主要内容的演化来说明的。所以港口体系的功能结构、空间结构及腹地是本书的研究主体,下面重点对这 3 项内容展开综述。

（一）港口体系的功能结构

港口体系功能结构用于描述港口在港口体系中的地位和作用以及主要功能。对港口进行分类有利于了解与其功能和运营相关的优势和劣势,⑦

---

① James Harold Bird, *The Major Seaports of the United Kingdom*, London: Hutchinson & Co Ltd Press, 1963.

② Edward J. Taaffe, Richard L. Morrill, Peter R. Gould, "Transport Expansion in Underdeveloped Countries: A Comparative Analysis", *Geographical Review*, Vol. 53, No. 4, November 1963, pp. 503 – 529.

③ Yehuda Hayuth, "Containerization and the Load Center Concept", *Economic Geography*, Vol. 57, No. 2, April 1981, pp. 160 – 176.

④ 曹有挥、曹卫东、金世胜等:《中国沿海集装箱港口体系的形成演化机理》,《地理学报》2003 年第 3 期。

⑤ 王成金、César Ducruet:《现代集装箱港口体系演进理论与实证》,《地理研究》2011 年第 3 期。

⑥ 吴旗韬、张虹鸥、叶玉瑶等:《港口体系演化的影响因素及驱动机制分析》,《人文地理》2011 年第 3 期; Gordon Wilmsmeier and Jason Monios, "Counterbalancing Peripherality and Concentration: An Analysis of the UK Container Port System", *Maritime Policy & Management*, Vol. 40, No. 2, March 2013, pp. 116 – 132; NGUYEN Thi-yen、张锦、李国旗等:《东盟集装箱港口体系的演变规律研究》,《人文地理》2017 年第 4 期;俞海宏、葛洪磊:《浙江省港口体系吞吐量结构的演变及其驱动因素分析》,《港口经济》2010 年第 8 期;程佳佳、王成金:《珠江三角洲集装箱港口体系演化及动力机制》,《地理学报》2015 年第 8 期。

⑦ Prasanta K. Sahu, S. Sharma, Gopal R. Patil, "Classification of Indian Seaports Using Hierarchical Grouping Method", *Journal of Maritime Research*, Vol. 11, No. 3, September 2014, pp. 51 – 57.

因此，港口分类的结果可以反映港口体系的功能结构。De Langen 等指出，港口通常根据多个维度进行分类，如规模、腹地通道和位置，在这些变量中，货运规模或比例往往成为最基本的定义指标。[①] 一些学者在港口分类中也考虑了港口货运规模以外的其他因素。Feng 和 Notteboom 提出了一种五维方法来定义中小型港口，主要体现在 5 个方面：（1）货运量和市场份额；（2）国际连通性；（3）相对集群位置；（4）港口城市和腹地连接；（5）物流配送功能。[②] 根据地理位置、腹地作用和服务特性，De Langen 等通过总结其分类因素，对全球枢纽、装货中心以及区域和二级港口进行了分类。[③] Alderton 根据港口的功能和地理位置对港口进行了分类。[④] 更多的学者将港口分为一级、二级和三级港口，[⑤] 每位学者在各自的地区或国家使用了不同

① P. W. De Langen, L. M. Van der Lugt, J. H. A. Eenhuizen, "A Stylised Container Port Hierarchy: A Theoretical and Empirical Exploration", Paper Delivered to International Association of Maritime Economists Conference, Sponsored by the UNECLAC and the Panama Canal Authority, Panama, November 13 – 15, 2002.

② Lin Feng and Theo Notteboom, "Peripheral Challenge by Small and Medium Sized Ports (Smps) in Multi-Port Gateway Regions: The Case Study of Northeast of China", *Polish Maritime Research*, Vol. 20, No. S1, July 2013, pp. 55 – 66.

③ P. W. De Langen, L. M. Van der Lugt, J. H. A. Eenhuizen, "A Stylised Container Port Hierarchy: A Theoretical and Empirical Exploration", Paper Delivered to International Association of Maritime Economists Conference, Sponsored by the UNECLAC and the Panama Canal Authority, Panama, November 13 – 15, 2002.

④ P. M. Alderton, *Port Management and Operations: Lloyd's Practical Shipping Guides*, London: Informa Law from Routledge, 2008.

⑤ Lin Feng and Theo Notteboom, "Peripheral Challenge by Small and Medium Sized Ports (Smps) in Multi-Port Gateway Regions: The Case Study of Northeast of China", *Polish Maritime Research*, Vol. 20, No. S1, July 2013, pp. 55 – 66; Peter W. de Langen, "The Future of Small and Medium Sized Ports", *Transactions on the Built Environment*, Vol. 36, January 1998, pp. 263 – 279; Noorul Shaiful Fitri Abdul Rahman, Alisha Ismail, Mohammad Khairuddin Othman, Rabiatul Adawiyah Mohd Roslin, Lun, Y. H. Venus, "Decision Making Technique for Analysing Performance of Malaysian Secondary Ports", *International Journal of Shipping and Transport Logistics*, Vol. 10, No. 4, July 2018, pp. 468 – 496.

的关键概念。①

  一些学者一直在探索更系统、更通用的港口分类框架。Carter 描述了美国 60 个港口在总吨位、货种、运输类型、货流平衡、贸易种类等方面的特点和差异。② Rimmer 在总贸易、海外贸易和海岸贸易 3 个方面中,共选择 16 个指标对新西兰海港的货物运输功能特征进行了刻画。③ Sahu 等提出了一种基于时间货运量变化的印度港口分类系统方法。④ Othman 等基于可持续港口分类框架的全球视角,通过加强国家的港口协调系统修订了马来西亚的港口分类框架。⑤ 在国内,20 世纪 80 年代,陈航率先提出了"港口地域组合"的科学概念,并在后续研究中深入探讨了港口地域群体的内部功能结构分工及形成机制,开启了中国港口功能体系研究的先河。⑥

  处理的主要商品是港口活动的基本要素,同时是港口货运功能结构的体现,货运规模往往成为基本的界定指标。⑦ 根据 Mitchel

---

① Mohammad Khairuddin Othman, Noorul Shaiful Fitri Abdul Rahman, Alisha Ismail, A. H. Saharuddin, "The Sustainable Port Classification Framework for Enhancing the Port Co-ordination System", *The Asian Journal of Shipping and Logistics*, Vol. 35, No. 1, March 2019, pp. 13 – 23.

② R. E. Carter, "A Comparative Analysis of United States Ports and Their Traffic Char-acteristics", *Economic Geography*, Vol. 38, No. 2, April 1962, pp. 162 – 175.

③ Peter J. Rimmer, "The Problem of Comparing and Classifying Seaports", *The Profes-sional Geographer*, Vol. 18, No. 2, March 1966, pp. 83 – 91.

④ Prasanta K. Sahu, S. Sharma, Gopal R. Patil, "Classification of Indian Seaports U-sing Hierarchical Grouping Method", *Journal of Maritime Research*, Vol. 11, No. 3, September 2014, pp. 51 – 57.

⑤ Mohammad Khairuddin Othman, Noorul Shaiful Fitri Abdul Rahman, Alisha Ismail, A. H. Saharuddin, "The Sustainable Port Classification Framework for Enhancing the Port Co-ordination System", *The Asian Journal of Shipping and Logistics*, Vol. 35, No. 1, March 2019, pp. 13 – 23.

⑥ 陈航:《海港形成发展与布局的经济地理基础》,《地理科学》1984 年第 2 期;陈航:《海港地域组合及其区划的初步研究》,《地理学报》1991 年第 4 期;陈航:《论海港地域组合的形成机制与发展过程》,《地理学报》1996 年第 6 期。

⑦ César Ducruet, "Network Diversity and Maritime Flows", *Journal of Transport Geog-raphy*, Vol. 30, June 2013, pp. 77 – 88.

的研究，爱尔兰有 3 类港口，即年处理量超过 100 万吨的大型港口、年处理量在 15 万—100 万吨的中型港口和年处理量低于 15 万吨的小型港口。[①] 一些学者在港口货运分类中考虑了除港口货运规模以外的其他方法。Teurelincx 分析了安特卫普港各种货物份额随时间的演变，[②] Ducruet 等利用商品多样性指数和基尼系数研究了港口的货运结构，[③] Ducruet 利用复杂网络方法研究了各种货流的海上流动以反映港口的层次结构，[④] Lee 等采用 Hirshmann-Herfindahl 指数、区位商和转移效应分析韩国西海岸散货港口的集中率以揭示地理格局，[⑤] Jansosn 和 Shneerson 应用广义—混合整数规划模型对尼日利亚 21 个海港的功能结构进行了优化。[⑥] 港口专业化已被衡量为提高港口竞争力和减少港口体系内港口间竞争的一种手段，[⑦] 对港口专业化的研究可以解释港口货物结构的差异。

① N. C. Mitchel, "Irish Ports: Recent Developments", *Irish Geographical Studies* (Belfast), 1970; Zi-Yao Ding, Geon-Sik Jo, Ying Wang, Gi-Tae Yeo, "The Relative Efficiency of Container Terminals in Small and Medium-Sized Ports in China", *The Asian Journal of Shipping and Logistics*, Vol. 31, No. 2, July 2015, pp. 231–251.

② Diego Teurelincx, "Functional Analysis of Port Performance as a Strategic Tool for Strengthening a Port's Competitive and Economic Potential", *International Journal of Maritime Economics*, Vol. 2, No. 2, April 2000, pp. 119–140.

③ César Ducruet, Hans R. A. Koster, Daniel J. Van der Beek, "Commodity Variety and Seaport Performance", *Regional Studies*, Vol. 44, No. 9, January 2010, pp. 1221–1240.

④ César Ducruet, "Network Diversity and Maritime Flows", *Journal of Transport Geography*, Vol. 30, June 2013, pp. 77–88.

⑤ Taehwee Lee, Gi-Tae Yeo, Vinh V. Thai, "Changing Concentration Ratios and Geographical Patterns of Bulk Ports: The Case of the Korean West Coast", *The Asian Journal of Shipping and Logistics*, Vol. 30, No. 2, August 2014, pp. 155–174.

⑥ Jan Own Jansosn and Dan Shneerson, *Port Economics*, *Cambridge*, London: The MIT Press, 1982.

⑦ César Ducruet, Hans R. A. Koster, Daniel J. Van der Beek, "Commodity Variety and Seaport Performance", *Regional Studies*, Vol. 44, No. 9, January 2010, pp. 1221–1240; 王伟、王成金、金凤君：《基于货物结构的中国沿海港口运输职能判别》，《地理研究》2018 年第 3 期。

Ducruet 认为，港口专业化的出现源于这样一个事实，即除了容量限制以外，每个港口都不能欢迎每艘船只，这就需要了解为什么以及如何对某些港口进行专业化，以接受某些货物，而其他港口则不是。[①] Ducruet 等的研究结果表明，大型港口通常更加多样化，并且存在许多例外情况，这些例外情况可以由各种因素解释，例如位置和功能。[②]

　　港口体系功能结构的研究方法概括起来包括定性分析与定量分析。在定性研究方面，殷为华和徐长乐以及王建红分别定性研究了长江三角洲港口群和日本东京湾港口群港口体系的功能定位及分工。[③] 与定性研究相比，对港口功能的定量实证分析更受学者青睐，其中货运功能结构的研究占主导地位。就具体方法来看，货种区位商是港口功能结构研究的经典方法，[④] 如韩时琳等利用区位商法获得了环长株潭城市群港口的功能结构动态特征。[⑤] 在货种区位商的基础上，学者们进一步结合复杂网络、整数规划、港口分工系数、指标聚类、货物离散指数等理论和方法，对港口功能结构进行了多元化

---

　　① César Ducruet, "Network Diversity and Maritime Flows", *Journal of Transport Geography*, Vol. 30, June 2013, pp. 77 – 88.

　　② César Ducruet, Hans R. A. Koster, Daniel J. Van der Beek, "Commodity Variety and Seaport Performance", *Regional Studies*, Vol. 44, No. 9, January 2010, pp. 1221 – 1240.

　　③ 殷为华、徐长乐:《长江三角洲港口群的功能定位探析》,《长江流域资源与环境》2002 年第 4 期;王建红:《日本东京湾港口群的主要港口职能分工及启示》,《中国港湾建设》2008 年第 1 期。

　　④ Taehwee Lee, Gi-Tae Yeo, Vinh V. Thai, "Changing Concentration Ratios and Geographical Patterns of Bulk Ports: The Case of the Korean West Coast", *The Asian Journal of Shipping and Logistics*, Vol. 30, No. 2, August 2014, pp. 155 – 174;徐刚:《江苏省长江沿岸港口群体的功能、格局与发展研究》,《地理学报》1990 年第 3 期;韩时琳、慈庆玲、韩理安:《港口体系职能结构的定量分析方法和实证研究》,《港工技术》2007 年第 2 期。

　　⑤ 韩时琳、慈庆玲、王超等:《城市群港口结构研究——以环长株潭城市群为例》,《长沙理工大学学报》2015 年第 1 期。

的分析，① 丰富了港口体系功能结构的研究内涵。

（二）港口体系的空间结构

港口体系的空间结构是指一定地域范围内相关港口在空间上的分布、联系和组合状态，② 对其的研究一直是港口地理学的活跃领域。港口地理学对港口空间的发展进行了广泛而长期的研究，相关研究的进展离不开 Bird、Taaffe 和 Hayuth 的基础性工作。Bird 描述了港口码头发展的六阶段演化模型，即"Anyport 模型"。③ Taaffe 等利用他们的模型从区域地理空间的角度研究了港口体系的整体发展。④ 随后，专家学者对 Taaffe-Morrill-Gould 模型进行了改进，以解决其在海向腹地方面的局限性⑤随着件杂货运输集装箱化程度的提高，Hayuth 提出了一个五阶段模型，这一模型引起了学术界对集

① César Ducruet, "Network Diversity and Maritime Flows", *Journal of Transport Geography*, Vol. 30, June 2013, pp. 77 – 88; Jan Own Jansosn and Dan Shneerson, *Port Economics*, *Cambridge*, London: The MIT Press, 1982; 曹有挥、毛汉英、许刚:《长江下游港口体系的职能结构》,《地理学报》2001 年第 5 期; 顾骏、陈一梅:《苏州港职能结构的定量分析研究》,《经营管理者》2008 年第 17 期; 黄顺泉、曲林迟、余思勤:《中国港口功能的聚类和判别》,《交通运输工程学报》2011 年第 4 期; 张耀光、刘锴、郭建科等:《中国海岛港口现状特征与类型划分》,《地理研究》2013 年第 6 期; César Ducruet, Hans R. A. Koster, Daniel J. Van der Beek, "Commodity Variety and Seaport Performance", *Regional Studies*, Vol. 44, No. 9, January 2010, pp. 1221 – 1240; 王伟、王成金、金凤君:《基于货物结构的中国沿海港口运输职能判别》,《地理研究》2018 年第 3 期。

② 曹有挥:《安徽省长江沿岸港口体系规模组合与空间结构分析》,《地理科学》1998 年第 3 期。

③ James Harold Bird, *The Major Seaports of the United Kingdom*, London: Hutchinson & Co Ltd Press, 1963.

④ Edward J. Taaffe, Richard L. Morrill, Peter R. Gould, "Transport Expansion in Underdeveloped Countries: A Comparative Analysis", *Geographical Review*, Vol. 53, No. 4, November 1963, pp. 503 – 529.

⑤ D. Hilling, "The Evolution of a Port System——The Case of Ghana", *Geography*, Vol. 62, No. 2, June 1977, pp. 97 – 105; Peter J. Rimmer, "The Search for Spatial Regularities in the Development of Australian Seaports 1861 – 1961/2", *Geografiska Annaler: Series B, Human Geography*, Vol. 49, No. 1, January 1967, pp. 42 – 54.

装箱港口体系研究的重视。① 其他代表性理论还包括集装箱主枢纽港的生命周期模型②以及 Notteboom 和 Rodrigue 在"Anyport 模型"基础上提出的关注海陆向因素综合作用的六阶段模型③等。此外，自 Hayuth 首次提出"边缘挑战现象"以来，④ 边缘港对中心港的挑战效应得以重视，后续学者陆续借助边缘挑战机制对港口空间态势的形成进行了解释。⑤ 在国内，陈航率先提出"海港地域组合"的概念，开启了港口空间结构研究的先河；⑥ 曹有挥等提出了沿海集装箱港口体系的四阶段演化模式；⑦ 王成金和 Ducruet 发展了 Hayuth 和 Notteboom 的理论，将集装箱港口体系的发展划分为 6 个阶段。⑧

集装箱港口体系货运空间结构演变和竞争格局变化的测度已经发展成为港口体系空间研究的主流，许多学者在这一领域作出了

---

① Yehuda Hayuth, "Containerization and the Load Center Concept", *Economic Geography*, Vol. 57, No. 2, April 1981, pp. 160 – 176.

② A. J. Baird, "Extending the Lifecycle of Container Mainports in Upstream Urban Locations", *Maritime Policy& Management*, Vol. 24, No. 3, April 1997, pp. 299 – 301.

③ Theo E. Notteboom and Jean-Paul Rodrigue, "Port Regionalization: Towards a New Phase in Port Development", *Maritime Policy & Management*, Vol. 32, No. 3, July 2005, pp. 297 – 313.

④ Yehuda Hayuth, "Containerization and the Load Center Concept", *Economic Geography*, Vol. 57, No. 2, April 1981, pp. 160 – 176.

⑤ Taehwee Lee, Gi-Tae Yeo, Vinh V. Thai, "Changing Concentration Ratios and Geographical Patterns of Bulk Ports: The Case of the Korean West Coast", *The Asian Journal of Shipping and Logistics*, Vol. 30, No. 2, August 2014, pp. 155 – 174; 杨静蕾、吴晓璠、罗梅丰：《地区经济、交通基础设施与集装箱港口体系集中度变迁——基于 1979—2010 年中美集装箱港口体系的对比研究》，《经济地理》2014 年第 2 期。

⑥ 陈航：《海港地域组合及其区划的初步研究》，《地理学报》1991 年第 4 期；陈航：《论海港地域组合的形成机制与发展过程》，《地理学报》1996 年第 6 期。

⑦ 曹有挥、曹卫东、金世胜等：《中国沿海集装箱港口体系的形成演化机理》，《地理学报》2003 年第 3 期。

⑧ 王成金、César Ducruet：《现代集装箱港口体系演进理论与实证》，《地理研究》2011 年第 3 期。

贡献,① 这主要是由于 20 世纪 80 年代以来集装箱运输的实质性发展。② 然而,对其他货物运输体系的研究还比较少,涉及这一问题的学者也不多。如 Lee 等研究了朝鲜西部沿海散货港口的集中度;③ 王伟和王成金描述了 1973—2013 年中国沿海港口煤炭运输的空间分异格局和演变;④ 张梦天等分析了中国港口铁矿石运输数量和空间关系的演化特征;⑤ Yang 等将长江散货港体系的发展过程划分为 5 个不同特征阶段,确定了长江散货港体系空间结构的演化路径。⑥

近几十年来,学者们对港口体系空间形态尤其是在货运空间方面进行了大量的研究,综合国内外港口体系空间结构的研究成果,

————————

　① 曹有挥、曹卫东、金世胜等:《中国沿海集装箱港口体系的形成演化机理》,《地理学报》2003 年第 3 期;王成金、César Ducruet:《现代集装箱港口体系演进理论与实证》,《地理研究》2011 年第 3 期;Axel Merkel, "Spatial Competition and Complementarity in European Port Regions", *Journal of Transport Geography*, Vol. 61, May 2017, pp. 40 – 47;Jean-Paul Rodrigue and Theo Notteboom, "Foreland-Based Regionalization: Integrating Intermediate Hubs with Port Hinterlands", *Research in Transportation Economics*, Vol. 27, No. 1, January 2010, pp. 19 – 29;Albert Veenstra and Theo Notteboom, "The Development of the Yangtze River Container Port System", *Journal of Transport Geography*, Vol. 19, No. 4, July 2011, pp. 772 – 781;曹有挥、李海建、陈雯:《中国集装箱港口体系的空间结构与竞争格局》,《地理学报》2004 年第 6 期;Jason Monios, Gordon Wilmsmeier, Adolf K. Y. Ng, "Port System Evolution—The Emergence of Second-Tier Hubs", *Maritime Policy & Management*, Vol. 46, No. 1, January 2019, pp. 61 – 73.

　② Liming Liu, Kelly Yujie Wang, Tsz Leung Yip, "Development of a Container Port System in Pearl River Delta: Path to Multi-Gateway Ports", *Journal of Transport Geography*, Vol. 28, April 2013, pp. 30 – 38.

　③ Taehwee Lee, Gi-Tae Yeo, Vinh V. Thai, "Changing Concentration Ratios and Geographical Patterns of Bulk Ports: The Case of the Korean West Coast", *The Asian Journal of Shipping and Logistics*, Vol. 30, No. 2, August 2014, pp. 155 – 174.

　④ 王伟、王成金:《中国沿海港口煤炭运输的空间分异格局及演化》,《地理学报》2016 年第 10 期。

　⑤ 张梦天、王成金、王成龙:《中国港口铁矿石运输的空间格局及演化》,《经济地理》2016 年第 8 期。

　⑥ Dong Yang, Kelly Yujie Wang, Hua Xu, Zhehui Zhang, "Path to a Multilayered Transshipment Port System: How the Yangtze River Bulk Port System Has Evolved", *Journal of Transport Geography*, Vol. 64, October 2017, pp. 54 – 64.

其内容主要涵盖港口群在海陆向腹地的竞争机制、港口货运集散程度的测度、港口货运空间结构特征及演化机理等。[1] 同时建立了多种定量描述货运空间的方法，包括洛伦兹曲线、熵指数、集中度、基尼系数、Hirshmann-Herfindahl 指数、偏离份额以及三元图解法等。[2] 然而，上述方法仍与港口的实际货运地理空间效应无关。因此，空间分析工具被用于研究港口之间的货运空间关系，从实际地理空间的角度分析港口体系的货运空间布局。[3]

（三）港口腹地

港口腹地的概念起源于城市腹地。Van Cleef 首先把腹地描述为

---

[1]　Guido G. Weigend, "Some Elements in the Study of Port Geography", *Geographical Review*, Vol. 48, No. 2, April 1958, pp. 185 – 200; Theo E. Notteboom, "Concentration and Load Centre Development in the European Container Port System", *Journal of Transport Geography*, Vol. 5, No. 2, June 1997, pp. 99 – 115; 潘坤友、曹有挥、梁双波等：《中国集装箱多门户港口区域空间结构的形成与机理》，《地理科学进展》2013 年第 2 期。

[2]　Robert J. McCalla, "From St. John's to Miami: Containersation at Eastern Seaboard Ports", *GeoJournal*, Vol. 48, No. 1, January 1999, pp. 21 – 28; 张梦天、王成金、王成龙：《中国港口铁矿石运输的空间格局及演化》，《经济地理》2016 年第 8 期; Zhongzhen Yang, Qinghui Xiu, Dongxu Chen, "Historical Changes in the Port and Shipping Industry in Hong Kong and the Underlying Policies", *Transport Policy*, Vol. 82, October 2019, pp. 138 – 147; Phong Nha Nguyen, Su-Han Woo, Anthony Beresford, Stephen Pettit, "Competition, Market Concentration and Relative Efficiency of Major Container Ports in Southeast Asia", *Journal of Transport Geography*, Vol. 83, February 2020, pp. 1 – 10; L. E. Yiping and I. E. D. A. Hitoshi, "Evolution Dynamics of Container Port Systems with a Geo-Economic Concentration Index: A Comparison of Japan, China and Korea", *Asian Transport Studies*, Vol. 1, No. 1, January 2010, pp. 46 – 61; Hongxiang Feng, Manel Grifoll, Zhongzhen Yang, Pengjun Zheng, Agusti Martin-Mallofre, "Visualization of Container Throughput Evolution of the Yangtze River Delta Multi-Port System: The Ternary Diagram Method", *Transportation Research Part E: Logistics and Transportation Review*, Vol. 142, October 2020, pp. 1 – 15.

[3]　Axel Merkel, "Spatial Competition and Complementarity in European Port Regions", *Journal of Transport Geography*, Vol. 61, May 2017, pp. 40 – 47; Albert Veenstra and Theo Notteboom, "The Development of the Yangtze River Container Port System", *Journal of Transport Geography*, Vol. 19, No. 4, July 2011, pp. 772 – 781; 王绍卜：《我国沿海集装箱港口体系的空间结构及演化》，《经济地理》2016 年第 8 期。

毗邻贸易中心的地区,[1] 此后，学者们试图将这种思维模式应用于港口，不断探索港口腹地的概念。Bobrovitch 根据船舶运营商和货主对最小化运输和装卸综合成本的追求，绘制了港口之间的腹地边界点。[2] van Klink 和 van den Berg 将港口腹地定义为通过港口进行货物运输的始发地和目的地的陆上区域。[3] 考虑到港口之间的网络连接，Notteboom 指出，连接运输系统的有限数量的运输节点决定了腹地的边界。[4] 如今，随着港口物流链的逐渐成熟，港口腹地已被认为从严格与某一特定港口相连的专属区域，转变为许多其他港口的更广泛和可竞争的利益区域。[5]

　　在对港口腹地进行概念解释的基础上，许多定量方法逐渐被应用于港口腹地的划定，包括空间相互作用模型、混合整数规划模型、决策树模型、成本模型、效用模型等。[6] 然而，空间相互作用模型、

①　E. Van Cleef, "Hinterland and Umland", *Geographical Review*, Vol. 31, No. 2, April 1941, pp. 308 – 311.

②　D. Bobrovitch, "Decentralised Planning and Competition in a National Multi-Port System", *Journal of Transport Economics & Policy*, Vol. 16, No. 1, January 1982, pp. 31 – 42.

③　H. Arjen van Klink, Geerke C. van den Berg, "Gateways and Intermodalism", *Journal of Transport Geography*, Vol. 6, No. 1, March 1998, pp. 1 – 9.

④　Theo E. Notteboom, "Complementarity and Substitutability among Adjacent Gateway Ports", *Environment and Planning A*, Vol. 41, No. 3, March 2009, pp. 743 – 762.

⑤　Michele Acciaro, Andrea Bardi, Maria Ines Cusano, Claudio Ferrari, Alessio Tei, "Contested Port Hinterlands: An Empirical Survey on Adriatic Ports", *Case Studies on Transport Policy*, Vol. 5, No. 2, June 2017, pp. 342 – 350.

⑥　Ticiana Grecco Zanon Moura, Lorena Garcia-Alonso, Ignacio del Rosal, "Influence of the Geographical Pattern of Foreign Trade on the Inland Distribution of Maritime Traffic", *Journal of Transport Geography*, Vol. 72, October 2018, pp. 191 – 200; Kramberger T., Rupnik B., Štrubelj G., Prah K., "Port Hinterland Modelling Based on Port Choice", *Promet-Traffic & Transportation*, Vol. 27, No. 3, June 2015, pp. 195 – 203; Jean-Claude Thill and Kailas Venkitasubramanian, "Multi-Layered Hinterland Classification of Indian Ports of Containerized Cargoes Using GIS Visualization and Decision Tree Analysis", *Maritime Economics & Logistics*, Vol. 17, No. 3, September 2015, pp. 265 – 291; 冯社苗:《基于蚁群算法的港口间接腹地划分模型》,《水运工程》2009 年第 5 期; 初良勇、许小卫:《考虑货—港双方利益的港口经济腹地划分模型》,《中国航海》2015 年第 3 期。

混合整数规划模型、成本模型和效用模型等没有考虑运输成本、时间和风险的不确定性,同时,决策树模型忽略了与腹地划分的有关属性之间的相关性。离散选择模型考虑了影响港口选择的各种属性的不确定性和相关性,更适合基于货主随机选择的港口腹地划分研究,一些学者已经将离散选择模型应用于这一问题。Malchow 和 Kanafani 使用从 Logit 模型导出的分解模型来分析美国港口之间海运的分布。[1] Meng 和 Wang 提出了基于效用的概率港口腹地的数学表达式。[2] 通过加强多项 Logit 模型,Tang 等开发了一个新的基于网络的综合选择评估(NICE)模型,以识别班轮运输公司选择港口所依据的重要质量特征。[3] Wang 等利用离散选择分析法和托运人的地理信息,建立了基于联运网络流的港口腹地概率几何模型。[4] 然而,这些研究只考虑了影响腹地划分的成本和时间因素,而忽略了其他可能的因素。

腹地的动态演变是学者们关注的问题,交通和区位条件的变化往往被认为是推动腹地演变的动力。姜晓丽和张平宇认为区位条件、交通基础设施建设、港口城市影响力提升和政策规划引导是影响辽宁沿海港口腹地空间结构演变的主要影响因素。[5] Yang 等分析了上

---

[1] Matthew B. Malchow and Adib Kanafani, "A Disaggregate Analysis of Port Selection", *Transportation Research Part E: Logistics and Transportation Review*, Vol. 40, No. 4, July 2004, pp. 317 – 337.

[2] Qiang Meng and Xinchang Wang, "Utility-Based Estimation of Probabilistic Port Hinterland for Networks of Intermodal Freight Transportation", *Transportation Research Record: Journal of the Transportation Research Board*, Vol. 2168, No. 1, January 2010, pp. 53 – 62.

[3] Loon Ching Tang, Joyce M. W. Low, Shao Wei Lam, "Understanding Port Choice Behavior—A Network Perspective", *Networks and Spatial Economics*, Vol. 11, No. 1, March 2011, pp. 65 – 82.

[4] Xinchang Wang, Qiang Meng, Lixin Miao, "Delimiting Port Hinterlands Based on Intermodal Network Flows: Model and Algorithm", *Transportation Research Part E: Logistics and Transportation Review*, Vol. 88, April 2016, pp. 32 – 51.

[5] 姜晓丽、张平宇:《基于 Huff 模型的辽宁沿海港口腹地演变分析》,《地理科学》2013 年第 3 期。

海吸引力的时空演变，发现上海的吸引力是在交通设施和地理条件上回归的。[①] 董晓菲和韩增林以辽宁沿海港口群—东北腹地为研究对象，研究结果表明港腹可达水平制约腹地格局。[②] 许言庆考察了沿海20个港口2001—2014年的腹地空间变化情况，指出运输时间距离是影响腹地演化的因素之一。[③] 这些研究为中国沿海港口腹地在面向"冰上丝绸之路"的演化提供了依据。

关于港口腹地的研究多集中在港口的陆向腹地范围，对于海向腹地的专门研究依然较少。海上贸易网络结构的变化导致港口供应链的有力和直接一体化，在许多情况下，港口离生产或消费中心很远，因此，集装箱船或杂货码头的利益和经济影响超过了管辖权的缺点，定义了一种新的地理实体称为海向腹地。[④] 海向腹地这一专业术语首先在 Weigend[⑤] 和 Bird[⑥] 的著述中被提及。Rodrigue 将海向腹地定义为"内陆的向海镜像，指通过港口航运服务连接的港口和海外市场"。[⑦] 在具体研究上，Ducruet 和 Roussin 考察了1985—2006年

① Jinglei Yang, Meifeng Luo, Abing Ji, "Analyzing the Spatial-Temporal Evolution of a Gateway's Hinterland: A Case Study of Shanghai, China", *Transportation Research Part E: Logistics and Transportation Review*, Vol. 95, November 2016, pp. 355 – 367.

② 董晓菲、韩增林：《东北沿海港口群腹地空间格局及驱动机理》，《经济地理》2016年第5期。

③ 许言庆：《沿海港口综合实力与腹地空间演变研究》，博士学位论文，浙江工业大学，2016年。

④ Maria Jesus Freire Seoane, Fernando Gonzalez Laxe, Carlos Pais Montes, "Foreland Determination for Containership and General Cargo Ports in Europe (2007 – 2011)", *Journal of Transport Geography*, Vol. 30, June 2013, pp. 56 – 67.

⑤ Guido G. Weigend, "Some Elements in the Study of Port Geography", *Geographical Review*, Vol. 48, No. 2, April 1958, pp. 185 – 200; G. Weigend, "The Problem of Hinterland and Foreland as Illustrated by the Port of Hamburg", *Economic Geography*, Vol. 32, No. 1, January 1956, pp. 1 – 16.

⑥ James Harold Bird, *The Major Seaports of the United Kingdom*, London: Hutchinson & Co Ltd Press, 1963; James Harold Bird, *Seaports and Seaport Terminals*, London: Hutchinson, 1971.

⑦ Jean-Paul Rodrigue, *Claude Comtois and Brian Slack*, *The Geography of Transport Systems*, New York: Routledge, 2009.

朝鲜海向腹地和陆向腹地关系的变动;① Rodrigue 和 Notteboom 对基于海向腹地的港口区域化进行了探讨;② Wang 和 Ng 研究了中国港口与海向腹地市场的地理连通性;③ Seoane 等利用现代复杂网络方法分析了 2007—2011 年欧洲主要新兴的集装箱船和杂货港口的海向腹地。④ 海向腹地的研究仍然值得深入挖掘。

三　港口被航运公司和托运人选择相关研究

获得关于港口选择关键决定因素的准确信息对于港务局制定最佳商业战略和优化资源至关重要。⑤ Ha 等指出,港口必须提高竞争力,以增加被选中的概率,从而获得更多的利益,这就涉及码头运营商、港口管理人员、航运公司和货运代理等多个利益相关者的有效合作。⑥然而,确定港口选择的真正决策者并不容易,因为这取决于他们在整个供应链中的运输决策,而且在各个国家之间和行业之间会有所不同,⑦

---

① César Ducruet and Stanislas Roussin, "The Changing Relations Between Foreland and Hinterland at North Korean Ports (1985 – 2006)", Paper Delivered to 6th Inha & Le Havre International Conference, Sponsored by the Inha University, Incheon, Republic of Korea, October 10 – 11, 2007.

② Jean-Paul Rodrigue and Theo Notteboom, "Foreland-Based Regionalization: Integrating Intermediate Hubs with Port Hinterlands", *Research in Transportation Economics*, Vol. 27, No. 1, January 2010, pp. 19 – 29.

③ James Jixian Wang and Adolf Koi Yu Ng, "The Geographical Connectedness of Chinese Seaports with Foreland Markets: A New Trend?", *Tijdschrift Voor Economische En Sociale Geografie*, Vol. 102, No. 2, March 2011, pp. 188 – 204.

④ Maria Jesus Freire Seoane, Fernando Gonzalez Laxe, Carlos Pais Montes, "Foreland Determination for Containership and General Cargo Ports in Europe (2007 – 2011)", *Journal of Transport Geography*, Vol. 30, June 2013, pp. 56 – 67.

⑤ Julian Martinez Moya and Maria Feo Valero, "Port Choice in Container Market: A Literature Review", *Transport Reviews*, Vol. 37, No. 3, May 2017, pp. 300 – 321.

⑥ Min-Ho Ha, Zaili Yang, Jasmine Siu Lee Lam, "Port Performance in Container Transport Logistics: A Multi-Stakeholder Perspective", *Transport Policy*, Vol. 73, January 2019, pp. 25 – 40.

⑦ Julian Martinez Moya and Maria Feo Valero, "Port Choice in Container Market: A Literature Review", *Transport Reviews*, Vol. 37, No. 3, May 2017, pp. 300 – 321.

因此，在港口选择建模时，决策者的识别是关键问题之一。① 确定港口选择的主要决策者是本书研究工作开展的立意基础，根据本书研究重点的不同，航运公司和托运人被视为本书的两个主要港口决策者。

本书在第二章、第三章和第五章对于港口货物吸引潜力和海向腹地网络的预测评估都是基于航运公司的港口选择视角。Tongzon 指出，港口的主要客户是海运公司，而托运人/货运代理是后者的客户。② 这也解释了为什么港口当局在战略传统上侧重于增加在其设施停靠的航运公司的数量，而不是提高陆侧用户所感知的服务水平，而陆侧用户所感知的服务水平被认为主要取决于海事服务的可获得性。③ 从海运的角度来看，航运公司通过做出利润最大化的决策，来设计其服务网络，以最大限度地实现规模经济。④ Tongzon 和 Sawant 分别通过显示偏好调查和声明偏好调查从航运公司的角度评估了港口选择：显示偏好调查表明，最重要的因素是港口收费和广泛的港口服务；⑤ 声明偏好的分析表明，港口效率是最相关的因素，随后是港口费用、港口的连通性以及港口和基础设施的位置。总结相关研

① Douglas K. Fleming and Alfred J. Baird, "Comment Some Reflections on Port Competition in the United States and Western Europe", *Maritime Policy and Management*, Vol. 26, No. 4, December 1999, pp. 383 – 394; Mateus Magala and Adrian Sammons, "A New Approach to Port Choice Modelling", *Maritime Economics and Logistics*, Vol. 10, March 2008, pp. 9 – 34.

② Jose L. Tongzon, "Port Choice and Freight Forwarders", *Transportation Research Part E: Logistics and Transportation Review*, Vol. 45, No. 1, January 2009, pp. 186 – 195.

③ Julian Martinez Moya and Maria Feo Valero, "Port Choice in Container Market: A Literature Review", *Transport Reviews*, Vol. 37, No. 3, May 2017, pp. 300 – 321.

④ Wayne K. Talley and Man Wo Ng, "Maritime Transport Chain Choice by Carriers, Ports and Shippers", *International Journal of Production Economics*, Vol. 142, No. 2, April 2013, pp. 311 – 316; Emmanuel Guy and Bruno Urli, "Port Selection and Multicriteria Analysis: An Application to the Montreal-New York Alternative", *Maritime Economics and Logistics*, Vol. 8, July 2006, pp. 169 – 186.

⑤ Jose L. Tongzon and Lavina Sawant, "Port Choice in a Competitive Environment: From the Shipping Lines' Perspective", *Applied Economics*, Vol. 39, No. 4, March 2007, pp. 477 – 492.

究成果,海运费用、港口费用、内陆运输成本、贸易潜力、港口基础设施、港口位置、支线联系、货运量、服务质量等是航运公司在选择港口时考虑的因素。[①]

　　对于托运人而言,托运人的空间范围和选择货物进出港的托运人数量决定了港口内陆腹地的规模。因此,货主的港口选择对港口内陆腹地的发展至关重要。[②] 本书在第五章便是基于托运人视角对面向"冰上丝绸之路"的中国沿海港口内陆腹地的演化进行了研究。港口选择标准是帮助我们了解托运人在港口选择中的行为的重要因素,[③]其中距离往往是关键的决定因素,[④] 因为它直接影响托运人到达港口

① Ada Suk-Fung Ng, Dongyang Sun, Jyotirmoyee Bhattacharjya, "Port Choice of Shipping Lines and Shippers in Australia", *Asian Geographer*, Vol. 30, No. 2, April 2013, pp. 143 – 168; Koi Yu (Adolf) Ng, "Assessing the Attractiveness of Ports in the North European Container Transhipment Market: An Agenda for Future Research in Port Competition", *Maritime Economics & Logistics*, Vol. 8, September 2006, pp. 234 – 250; Young-Tae Chang, Sang-Yoon Lee, Jose L. Tongzon, "Port Selection Factors by Shipping Lines: Different Perspectives Between Trunk Liners and Feeder Service Providers", *Marine Policy*, Vol. 32, No. 6, November 2008, pp. 877 – 885; Jasmine Siu Lee Lam and Jing Dai, "A Decision Support System for Port Selection", *Transportation Planning & Technology*, Vol. 35, No. 4, April 2012, pp. 509 – 524; Byung-In Park and Hokey Min, "The Selection of Transshipment Ports Using a Hybrid Data Envelopment Analysis/Analytic Hierarchy Process", *Journal of Transportation Management*, Vol. 22, No. 1, January 2011, pp. 47 – 64; Bart W. Wiegmans, Anthony Van Der Hoest, Theo E. Notteboom, "Port and Terminal Selection by Deep-Sea Container Operators", *Maritime Policy & Management*, Vol. 35, No. 6, November 2008, pp. 517 – 534.

② Xin Shi and Huan Li, "Developing the Port Hinterland: Different Perspectives and Their Application to Shenzhen Port, China", *Research in Transportation Business & Management*, Vol. 19, June 2016, pp. 42 – 50.

③ Xinchang Wang, Qiang Meng, Lixin Miao, "Delimiting Port Hinterlands Based on Intermodal Network Flows: Model and Algorithm", *Transportation Research Part E: Logistics and Transportation Review*, Vol. 88, April 2016, pp. 32 – 51.

④ Peter Wanke and Bernardo Bastos Falcão, "Cargo Allocation in Brazilian Ports: An Analysis Through Fuzzy Logic and Social Networks", *Journal of Transport Geography*, Vol. 60, April 2017, pp. 33 – 46; Lorena Garcia-Alonso, Jason Monios, Jose Angel Vallejo-Pinto, "Port Competition Through Hinterland Accessibility: The Case of Spain", *Maritime Economics & Logistics*, Vol. 21, No. 2, June 2019, pp. 258 – 277.

的成本和时间。然而,一些研究表明,基础设施、腹地经济、港口拥堵、地区出口商/进口商的需求、成本和时间、班轮频率、集装箱吞吐量、陆港服务以及海运费率和时间等因素正变得越来越重要。[①] 这些研究为本书中的港口属性设置提供了有益的参考。随着全球供应链概念的引入,托运人所考虑的成本和时间已经从陆地部分扩展到包括陆地、港口和海洋在内的整个供应链。[②] 考虑到这一变化,从整个运输链的角度研究托运人对港口的选择已成为该领域的一个趋势。[③] 本书顺应这一研究趋势,考虑了新的子运输链对托运人港口选择的影响进而研究面向"冰上丝绸之路"的中国沿海港口陆向腹地的演化问题。

　　然而,对于托运人是否可以作为整个供应链的主要决策者,目

① Jose L. Tongzon, "Port Choice and Freight Forwarders", *Transportation Research Part E: Logistics and Transportation Review*, Vol. 45, No. 1, January 2009, pp. 186 – 195; Semih Onut, Umut R. Tuzkaya, Ercin Torun, "Selecting Container Port via a Fuzzy ANP-Based Approach: A Case Study in the Marmara Region, Turkey", *Transport Policy*, Vol. 18, No. 1, January 2011, pp. 182 – 193; Adams B. Steven and Thomas M. Corsi, "Choosing a Port: An Analysis of Containerized Imports into the U. S.", *Transportation Research Part E: Logistics and Transportation Review*, Vol. 48, No. 4, July 2012, pp. 881 – 895; Ada Suk-Fung Ng, Dongyang Sun, Jyotirmoyee Bhattacharjya, "Port Choice of Shipping Lines and Shippers in Australia", *Asian Geographer*, Vol. 30, No. 2, April 2013, pp. 143 – 168; Chinonye Ugboma, Ogochukwu Ugboma, Innocent C. Ogwude, "An Analytic Hierarchy Process (AHP) Approach to Port Selection Decisions—Empirical Evidence from Nigerian Ports", *Maritime Economics & Logistics*, Vol. 8, September 2006, pp. 251 – 266; Javier Cantillo, Victor Cantillo, Julian Arellana, "Modelling with Joint Choice of Ports and Countries of Origin and Destination: Application to Colombian Ports", *Maritime Policy & Management*, Vol. 45, No. 6, March 2018, pp. 720 – 738; 蒋晓丹、范厚明、张琰雪等:《港口与运输方式及陆港联合选择的巢式 Logit 模型》,《交通运输系统工程与信息》2018 年第 5 期。
② Xin Shi and Huan Li, "Developing the Port Hinterland: Different Perspectives and Their Application to Shenzhen Port, China", *Research in Transportation Business & Management*, Vol. 19, June 2016, pp. 42 – 50.
③ Tom Vermeiren and Cathy Macharis, "Intermodal Land Transportation Systems and Port Choice: An Analysis of Stated Choices among Shippers in the Rhine-Scheldt Delta", *Maritime Policy & Management*, Vol. 43, No. 8, April 2016, pp. 992 – 1004; Wayne K. Talley and Man Wo Ng, "Hinterland Transport Chains: Determinant Effects on Chain Choice", *International Journal of Production Economics*, Vol. 185, March 2017, pp. 175 – 179.

前仍有不同的看法。一些学者建议托运人对包括个别海港在内的航线做出最终决定，另一些学者则主张托运人选择海运承运人，并将航线和海港选择决定交给该承运人。[①] 本书在第五章划分中国沿海港口的陆向腹地时倾向于第一种观点，以确保腹地划分决策者的一致性，但仍需考虑航运公司的态度，以找出与托运人在航线选择上的共性，特别是对于像“冰上丝绸之路”这样的特殊航线。一些研究调查了船东对东北航线和苏伊士运河航线的选择意见。Lasserre 和 Pelletier 调查了 98 家航运公司对北极开发的意向，结果表明，散货部门对北极航线仍持谨慎态度，而集装箱部门肯定不会对这些航线产生兴趣。[②] 在上述定性分析了解航运企业对东北航线的偏好的基础上，定量分析方法逐渐应用到这一领域。Lee 和 Song 对货运代理和物流公司对东北航线的偏好进行了调查，表明东北航线在距离和时间方面具有经济效应。[③] Benedyk 和 Peeta 使用了一个二元 probit 模型，调查了货运托运人和货运代理公司的运营和行为特征与其对通过东北航线运营的海运承运人的态度之间的相关性。[④] 两种定量研究中，一种只考虑成本和时间，另一种局限于关注航运企业的行为特征。考虑到上述研究的不足，Wang 等设计了一个意向调查法，综合与航线和航运公司相关的因素，考察航运公司在不同情况下对东北航线和苏伊士运河航线的选择，并拟合了 Logit 模型，结果表明，利

---

① Adams B. Steven and Thomas M. Corsi, "Choosing a Port: An Analysis of Containerized Imports into the US", *Transportation Research Part E: Logistics and Transportation Review*, Vol. 48, No. 4, July 2012, pp. 881 – 895.

② Frédéric Lasserre and Sébastien Pelletier, "Polar Super Seaways? Maritime Transport in the Arctic: An Analysis of Shipowners' Intentions", *Journal of Transport Geography*, Vol. 19, No. 6, November 2011, pp. 1465 – 1473.

③ Sung-Woo Lee and Ju-Mi Song, "Economic Possibilities of Shipping Through Northern Sea Route", *The Asian Journal of Shipping and Logistics*, Vol. 30, No. 3, December 2014, pp. 415 – 430.

④ Irina V. Benedyk and Srinivas Peeta, "A Binary Probit Model to Analyze Freight Transportation Decision-Maker Perspectives for Container Shipping on the Northern Sea Route", *Maritime Economics & Logistics*, Vol. 20, No. 3, September 2016, pp. 358 – 374.

润对集装箱运输的航线选择起主导作用，而石油/杂货/散货运输的航线选择不存在决定因素。[①] 郝增辉构建了离散选择模型用于求出传统航线和北极航线在海上运输的分担率，认为北极航线在货运市场的分担率将越来越大。[②] 总之，除了社会属性，航运企业与托运人在对北极航线和传统航线做出选择时，还存在成本、时间等共性，这也是我们在第四章进行陆向腹地划分时设置航线属性的依据。

综合各种港口决策者视角，在传统访谈或调查的基础上，[③] 港口选择的研究方法也逐渐多样化，比如博弈论方法、层次分析法、因子分析、基于模糊 ANP 的方法、模糊证据推理法和社会网络分析等。[④]

---

① Hua Wang, Yiru Zhang, Qiang Meng, "How Will the Opening of the Northern Sea Route Influence the Suez Canal Route? An Empirical Analysis with Discrete Choice Models", *Transportation Research Part A: Policy and Practice*, Vol. 107, January 2018, pp. 75 - 89.

② 郝增辉：《北极航线航行经济性分析与运输分担率预测》，硕士学位论文，大连海事大学，2017 年。

③ Ada Suk-Fung Ng, Dongyang Sun, Jyotirmoyee Bhattacharjya, "Port Choice of Shipping Lines and Shippers in Australia", *Asian Geographer*, Vol. 30, No. 2, April 2013, pp. 143 - 168; Brian Slack, "Containerization, Inter-Port Competition and Port Selection", *Maritime Policy & Management*, Vol. 12, No. 4, December 1985, pp. 293 - 303; Peter W. de Langen, "Port Competition and Selection in Contestable Hinterland: The Case of Austria", *European Journal of Transport and Infrastructure Research*, Vol. 7, No. 1, January 2007, pp. 1 - 14.

④ Yang Zan, "Analysis of Container Port Policy by the Reaction of an Equilibrium Shipping Market", *Maritime Policy & Management*, Vol. 26, No. 4, December 1999; Chi-lok Andrew Yuen, Anming Zhang, Waiman Cheung, "Port Competitiveness from the Users' Perspective: An Analysis of Major Container Ports in China and its Neighboring Countries", *Research in Transportation Economics*, Vol. 35, No. 1, May 2012, pp. 34 - 40; Gi-Tae Yeo, Michael Roe, John Dinwoodie, "Evaluating the Competitiveness of Container Ports in Korea and China", *Transportation Research Part A: Policy and Practice*, Vol. 42, No. 6, July 2008, pp. 910 - 921; Semih Onut, Umut R. Tuzkaya, Ercin Torun, "Selecting Container Port via a Fuzzy ANP-Based Approach: A Case Study in the Marmara Region, Turkey", *Transport Policy*, Vol. 18, No. 1, January 2011, pp. 182 - 193; Gi-Tae Yeo, Adolf K. Y. Ng, Paul Tae-Woo Lee, Zaili Yang, "Modelling Port Choice in an Uncertain Environment", *Maritime Policy and Management*, Vol. 41, No. 3, April 2014, pp. 251 - 267; Peter Wanke and Bernardo Bastos Falcão, "Cargo Allocation in Brazilian Ports: An Analysis Through Fuzzy Logic and Social Networks", *Journal of Transport Geography*, Vol. 60, April 2017, pp. 33 - 46.

在这些方法中，离散选择模型是主流方法，大量文献证明了其在港口选择领域的适用性。例如，Tiwari 等使用了一个离散选择模型，其中每个托运人都面临基于航运公司和港口组合的 14 个备选方案的选择。[①] Malchow 和 Kanafani 使用从 Logit 模型导出的分解模型来分析美国港口之间海运的分布。[②] 通过加强多项 Logit 模型，Tang 等开发了一个新的基于网络的综合选择评估（NICE）模型，以识别班轮运输公司选择港口所依据的重要质量特征。[③] Steven 和 Corsi 通过条件 Logit 模型研究了管理控制中影响港口对集装箱运输吸引力的潜在因素。[④] Veldman 等的研究结果表明，嵌套模型是一种改进，表明内陆运输平衡的变量具有统计显著的影响。[⑤] 蒋晓丹等构建了巢式 Logit 模型用于托运人对港口、运输方式及陆港的联合选择行为。[⑥] Cantillo 等提出了一个离散—连续模型的联合估计程序，强调了考虑货运模式和货运规模决策之间相互关系的重要性。[⑦] 王栋基于多项 Logit

① Piyush Tiwari, Hidekazu Itoh, Masayuki Doi, "Shippers' Port and Carrier Selection Behavior in China: A Discrete Choice Analysis", *Maritime Economics & Logistics*, Vol. 5, No. 1, January 2003, pp. 23 – 39.

② Matthew B. Malchow and Adib Kanafani, "A Disaggregate Analysis of Port Selection", *Transportation Research Part E: Logistics and Transportation Review*, Vol. 40, No. 4, July 2004, pp. 317 – 337.

③ Loon Ching Tang, Joyce M. W. Low, Shao Wei Lam, "Understanding Port Choice Behavior—A Network Perspective", *Networks and Spatial Economics*, Vol. 11, No. 1, March 2011, pp. 65 – 82.

④ Adams B. Steven and Thomas M. Corsi, "Choosing a Port: An Analysis of Containerized Imports into the U. S. ", *Transportation Research Part E: Logistics and Transportation Review*, Vol. 48, No. 4, July 2012, pp. 881 – 895.

⑤ Simme Veldman, Lorena Garcia-Alonso, José Ángel Vallejo-Pinto, "A Port Choice Model with Logit Models: A Case Study for the Spanish Container Trade", *International Journal of Shipping & Transport Logistics*, Vol. 5, No. 4/5, July 2013, pp. 373 – 389.

⑥ 蒋晓丹、范厚明、张琰雪等：《港口与运输方式及陆港联合选择的巢式 Logit 模型》，《交通运输系统工程与信息》2018 年第 5 期。

⑦ Víctor Cantillo, Javier Visbal, Julián Arellana, "Analysis on the Determinants of Shipment Size and Type-of-Truck Choices Using a Discrete-Continuous Hybrid Model", *International Journal of Shipping & Transport Logistics*, Vol. 10, No. 4, July 2018, pp. 406 – 428.

模型，以港口收费、航运成本、港口基础设施3个属性作为效用变量对模型参数进行拟合验证，分析了对集装箱选择中转港口的影响。[①]

四　海运网络相关研究

海运网络一般指由各类海运数据库或航运公司所提供的船舶挂靠信息，以港口作为节点、以港口间的运输联系作为连边所构建的海上航运网络。随着复杂网络方法理论及其在海运领域运用研究的发展，海运网络的研究逐渐兴起，本书在第五章所分析的港口海向腹地网络便是以海运网络为基础而构建的。

学者们对海运网络的研究往往始于对其拓扑统计特性的测度，其中一些学者选择从全球视角进行分析。Deng 等通过对全球集装箱海运网络结构进行实证分析，发现全球集装箱海运网络是一个小世界网络，呈现为指数分布模式，且集装箱吞吐量与聚类系数之间具有很强的相关性。[②] Hu 和 Zhu 构建了由班轮运输航线的挂靠港及其运力配置信息所构成的世界海运网络，对其拓扑统计特征进行了较为全面的测度，结果显示世界海运网络是一个具有幂律性的小世界网络。[③] Kaluza 等利用全球货船在 2007 年期间的行程信息构建了港口间的联系网络，实证结果显示该网络的平均路径长度和平均聚类系数分别为 2.5 和 0.49，符合小世界网络的特征，但不属于标准的无标度网络。[④] Woolley-Meza 等比较了全球航空运输网络和全球货船

① 王栋：《基于 Logit 模型的港口收费对港口选择研究》，《中国水运》2020 年第 13 期。

② Wei-Bing Deng, Long Guo, Wei Li, Xu Cai, "Worldwide Marine Transportation Network: Efficiency and Container Throughput", *Chinese Physics Letters*, Vol. 26, No. 11, November 2009, p. 118901.

③ Yihong Hu and Daoli Zhu, "Empirical Analysis of the Worldwide Maritime Transportation Network", *Physica A: Statistical Mechanics and its Applications*, Vol. 388, No. 10, May 2009, pp. 2061 – 2071.

④ Pablo Kaluza, Andrea Kolzsch, Michael T. Gastner, Bernd Blasius, "The Complex Network of Global Cargo Ship Movements", *Journal of the Royal Society Interface*, Vol. 7, No. 48, July 2010, pp. 1093 – 1103.

运输网络，发现与传统的地理距离测度不同，有效最短路径距离与节点中心度测度密切相关。[①] Xu 等通过分析 2001—2012 年世界海运区域地位的变化，考察了全球海运网络中区域演化的不平衡性，利用区域间流量联系数据，分析了 17 个海运区域在全球海运网络中的交通发展、中心地位、优势地位和脆弱性。[②]

其他学者则重点关注大型集装箱班轮公司的航线服务网络和区域海运网络的拓扑结构，[③] 如 Fremont 分析了世界上最大的集装箱航运公司马士基（Maersk）的海运网络，证明航运服务中的港到港模式与轴辐式模式是互补的;[④] Ducruet 等运用图论方法对 1996 年和 2006 年大西洋区域的班轮运输网络进行了分析，研究表明，由少数主要港口造成的大西洋海运网络的两极分化与航运公司加强该地区的空间一体化是同时发生的。[⑤] 近几十年来，中国的海上贸易不断发

---

① O. Woolley-Meza, C. Thiemann, D. Grady, J. J. Lee, H. Seebens, B. Blasius, D. Brockmann, "Complexity in Human Transportation Networks: A Comparative Analysis of Worldwide Air Transportation and Global Cargo-Ship Movements", *The European Physical Journal B*, Vol. 84, December 2011, pp. 589 – 600.

② Mengqiao Xu, Zhenfu Li, Yanlei Shi, Xiaoling Zhang, Shufei Jiang, "Evolution of Regional Inequality in the Global Shipping Network", *Journal of Transport Geography*, Vol. 44, April 2015, pp. 1 – 12.

③ 牟向伟、陈燕、杨明等:《班轮航运网络拓扑特性》,《大连海事大学学报》2009 年第 2 期; Joyce M. W. Low, Shao Wei Lam, Loon Ching Tang, "Assessment of Hub Status among Asian Ports from a Network Perspective", *Transportation Research Part A Policy & Practice*, Vol. 43, No. 6, July 2009, pp. 593 – 606; Yuhong Wang and Kevin Cullinane, "Traffic Consolidation in East Asian Container Ports: A Network Flow Analysis", *Transportation Research Part A: Policy and Practice*, Vol. 61, March 2014, pp. 152 – 163; Dimitrios Tsiotas and Serafeim Polyzos, "Analyzing the Maritime Transportation System in Greece: A Complex Network Approach", *Networks & Spatial Economics*, Vol. 15, No. 4, December 2015, pp. 981 – 1010.

④ Antoine Fremont, "Global Maritime Networks: The Case of Maersk", *Journal of Transport Geography*, Vol. 15, No. 6, November 2007, pp. 431 – 442.

⑤ César Ducruet, Céline Rozenblat, Faraz Zaidi, "Ports in Multi-Level Maritime Networks: Evidence from the Atlantic (1996 – 2006)", *Journal of Transport Geography*, Vol. 18, No. 4, July 2010, pp. 508 – 518.

展，港口网络范围日益扩大，引起了不少学者对中国海运网络研究的兴趣。Xu 等研究了中国船舶运输网络中的度分布、度相关、聚类、最短路径长度、中心性和介数等网络特性。[①] 王列辉和朱艳基于1995 年、2005 年和2015 年的中国集装箱航运数据，运用枢纽度模型、复杂网络方法以及 Hirshmann-Herfindahl 指数等分析工具，重点分析了中国与"21 世纪海上丝绸之路"共建国家的海运网络空间格局。[②] Ducruet 和 Wang 基于集中度、脆弱性和扩张的角度，从全球到地方，以不同的方式和不同的空间尺度考察了中国的海上连通性。[③] 郭建科等构建了中国与欧洲各港的航线联系网络，并通过刻画港口海运网络的复杂性特征，揭示了不同港口节点可达性变化的空间分异，进而从中转港体系、网络组织结构两方面探讨了中欧海运网络的演化特征。[④]

　　除了拓扑统计特性，层次性、脆弱性和货流集中度也是海运网络研究领域的关注点。在海运网络的层次性方面，王杰和王晓斌基于 k－壳分解法获得了不同层次的东亚区域集装箱海运拓扑网络，并计算出不同层次网络的节点度分布；[⑤] 李振福等结合优势流分析和显著流分析对加权世界集装箱海运网络的层次结构进行研究，发现世界集装箱海运网络具有明显的层次性，可分为4 层；[⑥] 刘婵娟和胡志

①　Xinping Xu, Junhui Hu, Feng Liu, "Empirical Analysis of the Ship-Transport Network of China", *Chaos*, Vol. 17, No. 2, June 2007, pp. 023129 - 1 - 023129 - 9.

②　王列辉、朱艳:《基于"21 世纪海上丝绸之路"的中国国际航运网络演化》,《地理学报》2017 年第 12 期。

③　César Ducruet and Liehui Wang, "China's Global Shipping Connectivity: Internal and External Dynamics in the Contemporary Era (1890 - 2016)", *Chinese Geographical Science*, Vol. 28, No. 2, March 2018, pp. 202 - 216.

④　郭建科、侯雅洁、何瑶:《"一带一路"背景下中欧港口航运网络的演化特征》,《地理科学进展》2020 年第 5 期。

⑤　王杰、王晓斌:《基于 k－壳分解的集装箱海运网络度分布研究》,《武汉理工大学学报》(交通科学与工程版) 2014 年第 1 期。

⑥　李振福、史砚磊、徐梦俏等:《世界集装箱海运网络层次结构研究》,《系统工程理论与实践》2016 年第 4 期。

华对海上丝绸之路海运网络层次体系划分的研究表明，航线数量加权网络具有明显的层次结构，贸易次数加权网络也具有一定的层次结构；[1] Kojaku 等研究了全球班轮运输网络中的核心—边缘结构。[2] 在海运网络的脆弱性方面，Wang 等针对全球集装箱运输网络的形成和发展，提出了网络时间鲁棒性的概念和定量方法；[3] Fang 等引入了时空建模方法来度量国际事件前后海运网络的动态变化；[4] 王列辉等采用随机和蓄意攻击两种方式对海运网络进行攻击，通过网络平均度、聚类系数、孤立节点比例、平均路径长度等特征值变化来衡量中美集装箱海运网络脆弱性变化，并结合中美贸易数据分析重要港口的影响；[5] 董利华等利用显著流分析法和 Hirshmann-Herfindahl 指数计算中国进口原油海运网络货流分布格局的脆弱性。[6] 在海运网络的货流集中度方面，Kuby 和 Reid 利用基尼系数分析法，发现 1970—1988 年美国港口的普通货物运输变得更加集中。[7] Ducruet 等对 1985—2005 年朝鲜国际集装箱海运货流分布集中度的研究表明，

---

① 刘婵娟、胡志华：《海上丝绸之路海运网络层次体系划分》，《经济地理》2017年第 7 期。

② Sadamori Kojaku, Mengqiao Xu, Haoxiang Xia, Naoki Masuda, "Multiscale Core-Periphery Structure in a Global Liner Shipping Network", *Scientific Reports*, Vol. 9, January 2019, pp. 1 – 15.

③ Nuo Wang, Nuan Wu, Ling-ling Dong, Hua-kun Yan, Di Wu, "A Study of the Temporal Robustness of the Growing Global Container-Shipping Network", *Scientific Reports*, Vol. 6, October 2016, pp. 1 – 10.

④ Zhixiang Fang, Hongchu Yu, Feng Lu, Mingxiang Feng, Meng Huang, "Maritime Network Dynamics Before and After International Events", *Journal of Geographical Sciences*, Vol. 28, No. 7, May 2018, pp. 937 – 956.

⑤ 王列辉、叶斐、郑渊博：《中美集装箱航运网络格局演化与脆弱性评估》，《经济地理》2020 年第 5 期。

⑥ 董利华、牟乃夏、刘文宝等：《"海丝之路"沿线中国原油进口海运网络货流分布格局脆弱性分析》，《地域研究与开发》2021 年第 1 期。

⑦ Michael Kuby and Neil Reid, "Technological Change and the Concentration of the U. S. General Cargo Port System: 1970 – 88", *Economic Geography*, Vol. 68, No. 3, July 1992, pp. 272 – 289.

在 1990 年之后其港口货流的集中程度不断加大。[①] Guerrero 和 Rodrigue 的研究指出，世界港口集装箱货流集中度的发展表现为两个阶段，第一阶段（1970—1990 年）货流集中度不断增强，第二阶段（1990—2010 年）货流集中度基本稳定。[②] 杨静蕾等认为，集装箱港口体系的集中度主要受到沿海地区经济发展水平不均衡的影响，省间（州际）的交通基础设施网络分布差异也会使得集装箱集疏运体系分散化发展。[③]

为深入探析海运网络的生成机理，在经典的 BA 演化模型和 BBV 演化模型的基础上，拓展出两类海运网络模型，即无权网络演化模型和加权网络演化模型。对于无权网络演化模型，范文博和王杰、李雪利用吸引度模型改进了传统的 BA 模型，进而对集装箱班轮运输网络的演化进行了模拟仿真。[④] 赵宇哲等考虑到现实集装箱海运网络的规模限制与动态发展的演化特征，提出了基于"优胜劣汰"的 5 种机制：节点增加、节点删除、择优连接、反择优删除与重新连接，并通过设计港口腹地经济、港口吞吐量、港口区位等适应性指标对港口节点适应度进行度量，构建出一个适应度 BA 模型。[⑤] 李振福等构建了以港口间吸引度和局域世界为基础的演化模型，将该

① César Ducruet, Stanislas Roussin, Jin-Cheol Jo, "Going West? Spatial Polarization of the North Korean Port System", *Journal of Transport Geography*, Vol. 17, No. 5, September 2009, pp. 357 – 368.

② David Guerrero and Jean-Paul Rodrigue, "The Waves of Containerization: Shifts in Global Maritime Transportation", *Journal of Transport Geography*, Vol. 34, January 2014, pp. 151 – 164.

③ 杨静蕾、吴晓璠、罗梅丰：《地区经济、交通基础设施与集装箱港口体系集中度变迁——基于 1979—2010 年中美集装箱港口体系的对比研究》，《经济地理》2014 年第 2 期。

④ 范文博：《HSS 网络结构在集装箱班轮运输中的应用研究》，硕士学位论文，大连海事大学，2012 年；王杰、李雪：《基于改进 BA 模型的海运复杂网络演化研究》，《武汉理工大学学报》（交通科学与工程版）2013 年第 3 期；王杰、李雪、王晓斌：《基于改进 BA 模型的不同规模海运复杂网络演化研究》，《交通运输系统工程与信息》2013 年第 2 期。

⑤ 赵宇哲、彭燕妮、匡海波：《生态学视角下的集装箱海运网络适应度 BA 模型》，《运筹与管理》2014 年第 6 期。

模型应用于北极航线通航后的海运网络，以分析北极航线开通对全球海运网络的影响。① 对于加权网络演化模型，熊文海在深入研究世界海运网络演化机理的基础上，分别建立了由交通流驱动的世界海运网络演化模型和由空间距离限制的世界海运网络演化模型。② 王丹和李蓓蕾在经典 BBV 加权网络模型的基础上，通过引进三角连接结构，研究了三角结构的演化机制对无标度模型结构特性的影响。③ 蹇令香等基于复杂网络理论，构建了以港口吸引度和港口间海运距离双重因素作用下点权有限的加权网络演化模型。④ 范小舟结合现实班轮海运网络的演化规律，认为模型不仅应该包含港口节点的添加和航线的择优连接，也应该包含由自身或是外界因素产生的已有港口间重连的情况，并在 BBV 模型上进行了改进，制定了相应的演化规则。⑤ Ding 和 Li 提出了网络新增节点的新机制，在此基础上建立了改进复杂增长网络模型，重点分析了北极航线对集装箱海运网络的影响。⑥

五 研究述评

以上国内外学者的研究及理论方法对面向"冰上丝绸之路"的中国沿海港口体系演化问题的研究具有很大的借鉴作用，但同时可以看出，相关研究还不够成熟，仍存在以下 5 个方面的不足。

第一，关于"冰上丝绸之路"的研究仍较为局限，多是定性分

① 李振福、姜书飞、徐梦俏等：《面向北极航线通航的海运网络演化研究》，《复杂系统与复杂性科学》2015 年第 4 期。

② 熊文海：《世界航运网络的结构特性及其动力学行为研究》，博士学位论文，青岛大学，2009 年。

③ 王丹、李蓓蕾：《具有无标度特性的港口网络演化模型》，《沈阳大学学报》（自然科学版）2013 年第 5 期。

④ 蹇令香、李东兵、赵诗晨：《我国沿海港口复杂网络演化特征》，《经济地理》2016 年第 12 期。

⑤ 范小舟：《加权复杂网络下的集装箱班轮航运网络演化研究》，硕士学位论文，大连海事大学，2017 年。

⑥ Chaojun Ding and Zhenfu Li, "Research on the Shipping Network Structure Under the Influence of Arctic Routes", *Geojournal*, Vol. 87, September 2022, pp. 1027 – 1045.

析，并且无论是在"冰上丝绸之路"还是在北极东北航线的研究中，面向"冰上丝绸之路"的中国沿海港口体系演化问题都还没有被探讨，本书是对该领域这一问题的初步探索。

第二，在港口体系的功能结构方面，还没有从综合/专业、功能地位、功能规模和功能层次4个维度来考察港口体系货运功能结构的研究，本书为这一领域提供了一个新的研究框架。现有的研究对象大多是港口货流，但"冰上丝绸之路"还处于发展阶段，用这种方法研究货运功能结构是不合适的。因此，从货物吸引潜力的角度对"冰上丝绸之路"背景下的货运功能结构进行预测更适合于该问题的研究。

第三，目前港口体系空间结构的研究仍然局限于集装箱港口体系，所运用的传统分析方法与港口体系实际的货运地理空间效应无关，研究数据也多采用货流数据，利用这些历史数据研究货运空间格局是不合适的，因为"冰上丝绸之路"还处于发展阶段。本书探讨了面向"冰上丝绸之路"的6类货物的空间格局演化情况，有利于更全面地把握中国沿海港口体系的货运空间结构。此外，本书从货物吸引潜力的角度出发，对面向"冰上丝绸之路"的货运空间结构进行了预测，更适于该问题的研究，所选用的空间分析工具也能够更好地发现港口货运布局的空间机制。

第四，在港口陆向腹地方面的研究大多只考虑了影响腹地划分的成本和时间因素，而忽略了其他可能的因素，如本书所考虑到的港口条件和风险因素。在港口海向腹地方面的研究以定性分析为主，缺乏对不同类型海向腹地的明确的定量划分方法。此外，基于历史数据的分析是港口海陆向腹地演化研究的一般思路，但是对于发展中的"冰上丝绸之路"显然是不合适的，因此，本书通过设置不同的演化情景，预测了港口腹地的演变趋势，更加适合研究面向"冰上丝绸之路"的港口腹地的演化问题。

第五，现有的关于海运网络的研究都是基于历史时期的演变，鉴于"冰上丝绸之路"仍在建设中，遵循这样的研究思路显然不适合这条开发中的航线。海运网络演化模型的相关研究较少，考虑

"冰上丝绸之路"对海运网络影响的研究则更少。并且,海运网络演化模型在构建中所考虑的海运网络的生成机制较为简单,没有综合考虑港口的适应度、节点和边权的动态变化以及航线间的重新连接和删除等机制,不能更好地刻画出真实海运网络的生成过程。

第三节　研究思路和技术路线

本书以"提出问题→研究基础→初步分析→深入探索→结果分析→提出建议→得出结论"作为总体研究思路,遵循由"港口点联系→港口局部空间联系→港口国内内陆联系→港口国外海向联系"的研究路径,并以技术路线图的形式呈现整体的结构框架。

一　研究思路

北极冰融的加速以及国际海上贸易对于更安全、便捷的海运通道的需求使得"冰上丝绸之路"的战略价值越发凸显。需要意识到,"冰上丝绸之路"的开发、建设和运营将打通中国经北冰洋与西北欧地区的贸易路径,便利区域之间的贸易往来,同时将改变中国沿海港口的区位条件,推动中国沿海港口体系的演化。把握港口体系的演化趋势对于政府部门对沿海港口体系进行合理的定位和布局以促进其优化和提升具有重要意义。因此,面向"冰上丝绸之路"的中国沿海港口体系将如何演化是一个值得关注的问题。

基于问题导向,本书对面向"冰上丝绸之路"的中国沿海港口体系演化问题进行了细致深入的剖析和探索。然而,港口体系演化所涉及的方面极其复杂。鉴于此,在阐释"冰上丝绸之路"、港口体系、中国沿海港口体系的概念以及港口体系演化理论、空间相互作用理论、随机效用理论和复杂网络理论作为理论支撑的基础上,本书聚焦港口体系演化的主要内容,遵循由"港口点联系→港口局部空间联系→港口国内内陆联系→港口国外海向联系"的研究路径,以及中国沿海港口体系发展现状与"冰上丝绸之路"建设完成后的基本演化情景，依次预测分析面向"冰上丝绸之路"的中国沿海港口体系的货运功能结构、货运空间结构、陆向腹地和海向腹地的演化情况，遵循港口体系的一般演化规律，逐渐扩大研究区域与视角，力求总结面向"冰上丝绸之路"的中国沿海港口体系的演化趋势。依据以上研究思路，确定本书的主体结构如下。

绪论。本章首先阐述本书的研究背景，然后梳理国内外学者在"冰上丝绸之路"，港口体系功能结构、空间结构与腹地，港口被航运公司和托运人选择以及海运网络方面的文献资料，并对相关研究成果进行综合分析和述评，基于此，提出本书的研究思路及技术路线，最后总结研究的目的和意义。

第一章，相关概念理论及研究假设和逻辑。本章首先对"冰上丝绸之路"、沿海港口体系和中国沿海港口体系的概念进行了阐释，然后对港口体系演化理论、空间相互作用理论、随机效用理论和复杂网络理论进行了梳理和介绍，最后指出了本书的研究假设与研究逻辑，为后续章节的研究构筑了基础。

第二章，中国沿海港口体系货运功能结构演化。本章首先通过综合考量北极地区的资源禀赋和中国的资源短缺现状，确定了面向"冰上丝绸之路"的中国与西北欧地区贸易往来的6类主要货种，即石油、LNG、铁矿石、煤炭、木材和集装箱。其次，设置了货运功能结构的演化情景，界定了港口货物吸引潜力的概念，构建了港口货物吸引潜力模型用于评估面向"冰上丝绸之路"的中国沿海港口对6类货种的吸引潜力，进而利用计算所得的港口货物吸引潜力，从综合型/专业型、功能等级、功能规模和功能层次4个方面预测分析了面向"冰上丝绸之路"的中国沿海港口体系货运功能结构的演化情况。最后，基于港口体系的货运功能结构特征，对面向"冰上丝绸之路"的中国沿海港口的货运功能进行了分类，以助于合理配置港口的货运功能，促进港口体系的协调发展。

第三章，中国沿海港口体系货运空间结构演化。本章首先设置了港口货运空间结构的演化情景，并利用第二章所提出的港口货物吸引潜力模型计算得出沿海港口对 6 类货种的货物吸引潜力。其次，利用探索性空间数据分析法从港口体系和港口两个维度预测了面向"冰上丝绸之路"的中国沿海港口体系货运空间结构的演化方向。最后，利用空间聚类结果对面向"冰上丝绸之路"的中国沿海港口的货运空间类型进行了多角度识别，从空间角度挖掘港口的货运特征。

第四章，中国沿海港口体系陆向腹地演化。本章首先假设了不同演化情景来预测和分析面向"冰上丝绸之路"的中国沿海港口体系陆向腹地的演化情况。其次，基于离散选择模型构建了一个混合交叉巢式 Logit 模型用于描述不同演化情景下的托运人的港口选择过程，依据该模型所获得的港口选择结果，对港口的优势陆向腹地、概率陆向腹地和主要竞争陆向腹地进行了划分，并刻画了面向"冰上丝绸之路"的中国沿海港口体系陆向腹地的演化情况。最后，从启示、原因和政策含义 3 方面对实证结果进行了分析。

第五章，中国沿海港口体系海向腹地演化。本章首先提出了一种港口海向腹地的复杂网络划定方法。其次，在把握中国沿海港口体系海向腹地网络特征的基础上，构建了海向腹地网络的演化模型，用以仿真面向"冰上丝绸之路"的中国沿海港口体系海向腹地的演化态势。最后，基于所设置的演化情景和构建的海向腹地网络演化模型，对面向"冰上丝绸之路"的中国沿海港口体系的海向腹地网络、海向港口型腹地以及海向国家型腹地的演化情况进行了预测和分析。

第六章，中国沿海港口体系演化趋势分析及政策建议。在第二章到第五章研究成果的基础上，总结了面向"冰上丝绸之路"的中国沿海港口体系的演化趋势，并提出了"冰上丝绸之路"建设和中国沿海港口体系规划与发展的政策建议。

第七章，结论与展望。本章对本书的研究工作进行了总结提炼，指出了研究的不足，并对后续的研究方向作出了展望。

二 技术路线

基于前述的研究背景、研究思路及结构安排，本书设计了如图 1

所示的研究技术路线。

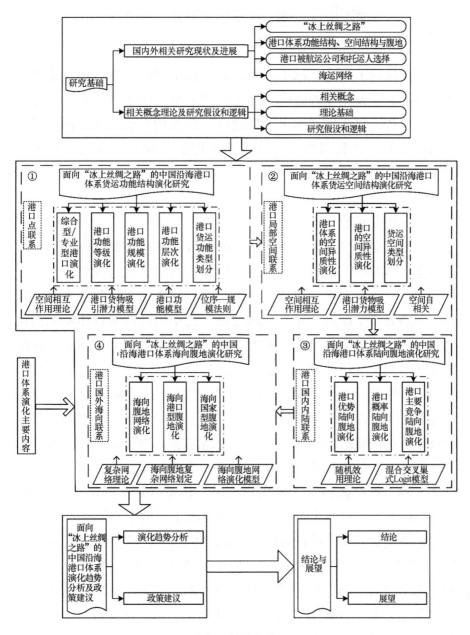

图1　技术路线

第四节　研究目的和研究意义

本书探讨了面向"冰上丝绸之路"的中国沿海港口体系演化问题,目的在于预测分析面向"冰上丝绸之路"的中国沿海港口体系的演化趋势,以抓住"冰上丝绸之路"带来的发展机遇,促进沿海港口体系的优化和提升。这项工作在理论与现实方面均具有重要意义。

一　研究目的

本书以面向"冰上丝绸之路"的中国沿海港口体系为研究对象,遵循港口体系的一般演化规律,逐渐扩大研究区域与视角,基于中国沿海港口体系现状与"冰上丝绸之路"建设完成后的基本演化情景,预测分析了面向"冰上丝绸之路"的中国沿海港口体系的演化趋势。第一,对面向"冰上丝绸之路"的中国沿海港口体系货运功能结构的演化进行研究,界定了港口货物吸引潜力的概念,构建了港口货物吸引潜力模型,从综合型/专业型、功能等级、功能规模和功能层次4个方面预测分析了面向"冰上丝绸之路"的中国沿海港口体系货运功能结构的演变,基于货运功能结构特征,对面向"冰上丝绸之路"的中国沿海港口的货运功能进行了分类;第二,研究面向"冰上丝绸之路"的中国沿海港口体系货运空间结构的演化,从港口体系和港口两个维度预测面向"冰上丝绸之路"的中国沿海港口体系货运空间结构的演化特征,并利用空间聚类结果对面向"冰上丝绸之路"的货运空间类型进行了多角度识别;第三,分析面向"冰上丝绸之路"的中国沿海港口体系陆向腹地的演化情况,构建混合交叉巢式Logit模型用于描述托运人的港口选择过程,依据选择的结果,对港口的优势陆向腹地、概率陆向腹地和主要竞争陆向腹地进行了划分,刻画了陆向腹地的演化态势;第四,提出了一种港口海向腹地的复杂网络划定方法，构建了海向腹地网络的演化模型，基于此，对面向"冰上丝绸之路"的中国沿海港口体系的海向腹地网络、海向港口型腹地以及海向国家型腹地的演化进行了仿真模拟。第五，在上述核心工作基础上，总结了面向"冰上丝绸之路"的中国沿海港口体系的演化趋势。

综上所述，本书的研究目的是考虑"冰上丝绸之路"对于中国沿海港口体系演化的可能影响，紧抓港口体系演化的主要内容，致力于预测分析面向"冰上丝绸之路"的中国沿海港口体系货运功能结构、货运空间结构、陆向腹地和海向腹地的演化情况，并总结面向"冰上丝绸之路"的中国沿海港口体系的演化趋势，以抓住"冰上丝绸之路"带来的发展机遇，对沿海港口体系进行合理的定位和布局，促进港口体系的优化和提升。

二　研究意义

本书聚焦面向"冰上丝绸之路"的中国沿海港口体系的演化问题，交叉融合了多学科理论和方法，预测分析了面向"冰上丝绸之路"的中国沿海港口体系货运功能结构、货运空间结构、陆向腹地和海向腹地的演化，并总结了其演化趋势，理论与现实意义兼具。

（一）理论意义

本书在理论价值方面，拓展了"冰上丝绸之路"的研究领域、完善了港口体系演化的理论内涵、为预测面向"冰上丝绸之路"的各类演化提供了新方法和新思路、丰富了港口陆向和海向腹地的划定方法及其内涵。

第一，目前关于"冰上丝绸之路"的研究较为局限，多为定性分析"冰上丝绸之路"的建设问题，并且无论是对于"冰上丝绸之路"的研究还是针对北极东北航线的研究，均未定量分析过北冰洋新航线开通后对中国沿海港口体系演化所带来的影响。本书融合多学科理论并改进应用多学科方法，率先探讨面向"冰上丝绸之路"的中国沿海港口体系演化问题，拓展了"冰上丝绸之路"的研究领域，丰富了"冰上丝绸之路"和港口体系演化的理论体系与方法集成。

第二，基于历史性回顾和前瞻性研判相结合的视角，本书预测新兴航线影响下中国沿海港口体系的演化趋势，为港口体系演化研究提供了新视角和新思路，同时将货运功能结构、货运空间结构、陆向腹地和海向腹地融合港航环境与国家政策纳入港口体系演化研究的统一框架，完善了港口体系演化的理论内涵。

第三，本书所构建的港口货物吸引潜力模型从陆侧可达性、港口转运能力和海上效用 3 个方面综合评估港口对于货物的吸引潜力，是空间交互模型与交通成本模型的有机融合，也为评估港口货运潜力提供了一种新方法。并且，以潜力作为数据基础来预测面向"冰上丝绸之路"的港口体系的货运功能结构和货运空间结构比基于传统的货物吞吐量数据更适合于这一问题的研究，也为预测面向"冰上丝绸之路"的各类演化提供了新视角和新思路。

第四，本书构建了混合交叉巢式 Logit 模型用以衡量托运人对港口的选择结果，是随机效用理论在交通地理领域的进一步深化应用，同时以此为依据划分了港口的优势陆向腹地、概率陆向腹地和主要竞争陆向腹地，丰富了港口陆向腹地的内涵及其划定方法。

第五，本书提出了一种港口海向腹地的复杂网络划定方法，丰富了港口海向腹地的内涵及其划定方法。所构建的海向腹地网络演化模型拓展和深化了传统的复杂网络演化模型，并更深刻地刻画了港口海运联系的生成机制，具有较强的理论价值。

（二）现实意义

本书在现实价值方面，对于政府部门规划港口体系、港口调整发展策略、托运人选择最佳港口以及航运公司规划航线网络等均具有重要意义。

第一，对于政府部门而言，把握面向"冰上丝绸之路"的沿海港口体系的演化趋势，有助于预判港航市场的发展走向并做出相应举措，以适应市场环境的变化。同时，依据港口货物吸引潜力对面向"冰上丝绸之路"的港口体系货运功能类型和货运空间类型的划定，以及对于港口陆向腹地和海向腹地的划定，为政府部门对港口体系进行合理定位和规划、明确临港产业的发展方向、优化港口网络布局等提供了实际的参考意见。

第二，对于港口而言，知晓自身在货运功能、货运空间、陆向腹地和海向腹地的演化方向，有助于港口了解潜在市场并能明确在竞争市场上的优劣势，从而可以结合自身条件适时地调整发展策略，以充分发挥港口潜力。

第三，对于托运人而言，货运效用最大化是托运人始终追求的目标。本书对港口陆向腹地和海向腹地的划定，为托运人了解港口能力、选择最佳港口提供了借鉴。

第四，对于航运公司而言，本书对于港口体系货运功能类型、货运空间类型和港口海向腹地网络的研究结果，有助于航运公司选择合适的挂靠港并调整和优化航线支线网络布局，借此提升综合竞争力。

第 一 章

相关概念理论及研究假设和逻辑

对"冰上丝绸之路"、港口体系以及中国沿海港口体系概念的把握是本书研究的基础,应用的相关理论是本书研究的理论支撑,研究假设与逻辑则说明了本书的写作前提与逻辑体系。因此,本章将详细阐述相关概念理论及研究假设和逻辑。

第一节　相关概念

面向"冰上丝绸之路"的中国沿海港口体系演化问题涉及3个重要概念,即"冰上丝绸之路"、港口体系以及中国沿海港口体系。本节将对这3个概念进行界定与阐释。

一　"冰上丝绸之路"

关于"冰上丝绸之路",学术界还未给出明确的概念。依据李振福和刘硕松的研究,"冰上丝绸之路"的概念有广义和狭义之分。[①]

广义的"冰上丝绸之路"应该辐射整个北极航线和北极区域,

① 李振福、刘硕松:《东北地区对接"冰上丝绸之路"研究》,《经济纵横》2018 年第 5 期。

包括两层含义：一是俄罗斯认为的广义"冰上丝绸之路"，曾任中国驻俄大使的李辉通过翻译俄罗斯的"冰上丝绸之路"概念，认为"冰上丝绸之路"指穿越北极圈，连接北美、东亚和西欧三大经济中心的海运航道；① 二是中国视域下的"冰上丝绸之路"，此时的"冰上丝绸之路"不仅有回应俄罗斯概念的初衷，也包含符合中国发展愿景的更大战略构想，即扩展"冰上丝绸之路"的内涵和外延，实现"一带一路"向北方的更广阔延伸。因此，中国视域下的广义"冰上丝绸之路"是指以中国为始发地，为实现北极航线的开发及沿线港口与腹地的发展，与经由北极航线区域的国家和地区开展经济、政治、文化的合作，共同建设中国经北冰洋连接欧洲与北美地区的蓝色经济通道。

广义概念指明了"冰上丝绸之路"更为长期、深远的发展方向，但是考虑到"冰上丝绸之路"的建设进程以及目前的建设主体——俄罗斯北方海航道，最先可能对中国沿海港口体系的演化产生影响，本书采用了"冰上丝绸之路"的狭义概念。俄罗斯一直存在将北方海航道建设成为世界过境通道的愿景，并将其称为"冷丝绸之路"②。俄罗斯表示希望以此和中国提出的"一带一路"对接，借机振兴北方海航道，实现其北极地区发展的战略目标。因此狭义的"冰上丝绸之路"指中俄为实现北方海航道的开发及沿线港口与腹地的发展，通过建立完善的政策法律制度，进行全面的航道及资源的开发利用以及基础设施建设和旅游、科考等一系列合作，共同建设中国经北冰洋连接俄罗斯西部地区的蓝色经济通道。

---

① 中国新闻网：《中国驻俄大使：打造"冰上丝绸之路"对中俄均有重要意义》，2017 年 11 月 15 日，http：//www. chinanews. com/gj/2017/11 – 15/8376615. shtml，2017 年 11 月 22 日。

② Nakanune，"'Милитаризация' Арктики и круглосуточный Северный морской путь. Члены Госкомиссии обсудили реальное наполнение 'холодного' Шелкового пути"，（July 2015），https：//www. nakanune. ru/news/2015/12/7/22422398/.

二 港口体系

港口体系的概念发轫于港口地理和系统论的有机结合,[①] 目前学术界关于港口体系的概念尚未有定论。根据研究需求的不同,学者们针对"港口体系"给出了不同的见解;[②] 从海岸线的角度,港口体系是一组具有相同地理特征的(如海岸线、海湾等)、服务于一定腹地范围的港口集合;[③] 从经济角度,港口体系指一个经济发展在较大程度上受区域内港口发展影响的地理区域,强调区域内港口的相互影响;从航运网络角度,某一船公司航线服务网络所覆盖的全部港口也可以看作一个港口体系。[④] 国内学者多引用曹有挥的定义:港口体系指一定地域范围内一系列规模不等、职能各异、相互联系、彼此牵制的港口有机整体。[⑤] 通过大量梳理港口体系的相关研究,总结得出港口体系的具体内容包括:不同规模港口的数量和组合特征、不同功能港口的数量和组合特征、各级各类港口的地理空间结构特征以及港口间的腹地范围及腹地间的相互关系特征、港口间的分工与联系等。[⑥]

[①] 曹有挥:《安徽省长江沿岸港口体系的初步研究》,《地理科学》1995 年第 2 期。

[②] 徐梦俏:《基于"区域—港口—货流"的世界集装箱海运网络复杂性相关研究》,博士学位论文,大连海事大学,2016 年。

[③] Theo E. Notteboom and Jean-Paul Rodrigue, "Port Regionalization: Towards a New Phase in Port Development", *Maritime Policy & Management*, Vol. 32, No. 3, July 2005, pp. 297 – 313.

[④] César Ducruet, Stanislas Roussin, Jin-Cheol Jo, "Going West? Spatial Polarization of the North Korean Port System", *Journal of Transport Geography*, Vol. 17, No. 5, September 2009, pp. 357 – 368.

[⑤] 曹有挥:《安徽省长江沿岸港口体系的初步研究》,《地理科学》1995 年第 2 期。

[⑥] 曹有挥、曹卫东、金世胜等:《中国沿海集装箱港口体系的形成演化机理》,《地理学报》2003 年第 3 期;王成金、César Ducruet:《现代集装箱港口体系演进理论与实证》,《地理研究》2011 年第 3 期;César Ducruet, "Network Diversity and Maritime Flows", *Journal of Transport Geography*, Vol. 30, June 2013, pp. 77 – 88;N. C. Mitchel, "Irish Ports: Recent Developments", *Irish Geographical Studies* (Belfast), 1970;César Ducruet, Hans R. A. Koster, Daniel J. Van der Beek, "Commodity Variety and Seaport (接下页)

由此可知，功能结构、空间结构与腹地是港口体系的主要内容，港口体系的演化趋势也是由其主要内容的演化而构成的，其中货运功能结构与货运空间结构分别是功能结构与空间结构的主导部分，腹地又包括陆向腹地和海向腹地。因此，本书聚焦港口体系演化的主要内容——货运功能结构、货运空间结构、陆向腹地和海向腹地，分别预测其面向"冰上丝绸之路"的演化情况，继而总结面向"冰上丝绸之路"的中国沿海港口体系的演化趋势。其中货运功能结构用于描述港口在港口体系中的货运地位和作用以及主要的货运功能；货运空间结构指一定地域范围内相关港口在货运空间上的分布、联系和组合状态；[①]陆向腹地可以看作由选择某一港口的具有货运需求的内陆托运人的地理位置所形成的区域的集合；海向腹地被认为是通过港口航运服务所连接的港口和海外市场。[②]

三　中国沿海港口体系

依据对港口体系的定义和理解，本书将中国沿海港口体系定义为中国沿海地区（包含辽宁、河北、北京、天津、山东、江苏、上

（接上页）Performance", *Regional Studies*, Vol. 44, No. 9, January 2010, pp. 1221 – 1240; Jason Monios, Gordon Wilmsmeier, Adolf K. Y. Ng, "Port System Evolution—The Emergence of Second-Tier Hubs", *Maritime Policy & Management*, Vol. 46, No. 1, January 2019, pp. 61 – 73; Likun Wang, Anne Goodchild, Yong Wang, "The Effect of Distance on Cargo Flows: A Case Study of Chinese Imports and Their Hinterland Destinations", *Maritime Economics & Logistics*, Vol. 20, No. 3, September 2018, pp. 456 – 475; David Guerrero, "Impacts of Transport Connections on Port Hinterlands", *Regional Studies*, Vol. 53, No. 4, April 2019, pp. 540 – 549; Ticiana Grecco Zanon Moura, Lorena Garcia-Alonso, Ignacio del Rosal, "Influence of the Geographical Pattern of Foreign Trade on the Inland Distribution of Maritime Traffic", *Journal of Transport Geography*, Vol. 72, October 2018, pp. 191 – 200.

① 曹有挥：《安徽省长江沿岸港口体系规模组合与空间结构分析》，《地理科学》1998 年第 3 期。

② Jean-Paul Rodrigue, *Claude Comtois and Brian Slack*, *The Geography of Transport Systems*, New York: Routledge, 2009.

海、浙江、福建、广东、广西、海南共 12 个省市和自治区）一系列
规模不等、功能各异、相互联系、彼此牵制的沿海港口有机整体，
具体内容包括不同规模港口的数量和组合特征、不同功能港口的数
量和组合特征、各级各类港口的地理空间结构特征、港口间的腹地
范围及腹地间的相互关系特征、港口间的分工与联系等。其中，沿
海港口的界定遵循交通运输部 2006 年制定的《全国沿海港口布局规
划》以及"长江南京以下港口为海洋港口"的传统界定法则。

中国沿海港口经过多年发展，已经初步形成了布局合理、功能
互补、层次清晰的港口体系。中国沿海地区现已形成由环渤海、长
江三角洲、东南沿海、珠江三角洲和西南沿海组成的 5 个规模化、
集约化、现代化的港口群体，以及包括煤炭运输系统、石油运输系
统、铁矿石运输系统、集装箱运输系统、粮食运输系统、商品汽车
运输及物流系统、陆岛滚装运输系统以及旅客运输系统在内的系统
配套、能力充分、物流成本低的八大运输系统，对满足国家能源、
原材料等大宗物资运输、支持国家外贸快速稳定发展、保障国家参
与国际经济合作和竞争发挥了重要作用。①

第二节　理论基础

本节主要从港口体系演化理论、空间相互作用理论、随机效用
理论和复杂网络理论 4 个方面介绍面向"冰上丝绸之路"的中国沿
海港口体系演化研究中涉及的基础理论。

一　港口体系演化理论

港口体系是港口研究的基本内容，相关学者致力于从时间和空

---

① 中国政府网：《交通部公布〈全国沿海港口布局规划〉》（全文），2007 年 7 月
20 日，http：//www.gov.cn/gzdt/2007 - 07/20/content_691642.htm，2018 年 4 月 15 日。

间上探析港口体系的发展规律。自 20 世纪 60 年代以来，体现了各时期港口发展新特点和特殊机制的港口体系理论不断被提出，其中以 Bird 的 "Anyport 模型"、Taaffe 的 "六阶段模型" 和 Hayuth 的 "五阶段模型" 最为经典。本书以三大经典模型为主线，对港口体系演化理论的重要研究成果进行梳理。

（一）Bird 的 "Anyport 模型"

1963 年，Bird 在长期考察英国港口发展规律的基础上，从港口活动的地理空间覆盖角度，提出了单个港口发展的六阶段演化模型——"Anyport 模型"。① 针对在海运技术和港口装卸工艺日益提升以及港口贸易量逐渐增长背景下港口需要不断拓展空间场地的现象，"Anyport 模型" 将港口码头的发展阶段归纳为 "原始发展阶段—边缘扩张阶段—边缘巩固阶段—船坞建造阶段—港池式码头发展阶段—专业化码头阶段" 共 6 个阶段。该模型通过分析港口功能提升及其物理形态的空间扩展，揭示了港口与城市的空间分离趋势。②

尽管 Bird 的 "Anyport 模型" 局限于单一港口的演化，但为以后港口发展的研究提供了一个普适性的分析框架，学者们陆续探讨了其他区域港口的发展特征，对该模型进行了修正和扩展。例如，Hoyle 应该用该模型考察了东非区域的海港发展，还提出了注重设施发展与港城关系的 "Anyport-type" 模型；③ Notteboom 和 Rodrigue 认

① James Harold Bird, *The Major Seaports of the United Kingdom*, London: Hutchinson & Co Ltd Press, 1963.

② Peter J. Rimmer, "The Search for Spatial Regularities in the Development of Australian Seaports 1861 – 1961/2", *Geografiska Annaler: Series B, Human Geography*, Vol. 49, No. 1, January 1967, pp. 42 – 54.

③ Brian Stewart Hoyle, "East African Seaports: An Application of the Concept of 'Anyport'", *Transactions of the Institute of British Geographers*, Vol. 44, No. 44, December 1968, pp. 163 – 183; Brian Stewart Hoyle, "The Port-City Interface: Trends, Problems and Examples", *Geoforum*, Vol. 20, No. 4, January 1989, pp. 429 – 435.

为港口设施的发展表现为布局、拓展膨胀和专业化 3 个阶段。[①]

(二) Taaffe 的 "六阶段模型"

20 世纪 60 年代后，学者们从单一港口转向港口体系的历史形态研究。1963 年，Taaffe、Morrill 和 Gould 考察了加纳和尼日利亚港口的时序发展历程，凝练出了 "六阶段模型"，用于描述港口体系的演化规律，该模型中所提的区域港口体系发展的 6 个阶段包括：港口孤立发展阶段、铁路运输发展和港口货流集聚阶段、内陆支线运输发展阶段、内陆交通流集聚阶段、内陆节点间广泛连接阶段以及内陆运输干线通道形成阶段。[②] Taaffe 的 "六阶段模型" 着眼于港口的区域门户功能，重点关注了内陆腹地交通运输网络发展对港口体系演化的影响，被公认为最经典的港口演化模型。

虽然 Taaffe 的 "六阶段模型" 忽视了海向腹地交通运输网络对港口体系演化的作用，但深刻启发了后续的港口体系研究，激起了专家学者对港口体系演化研究的强烈兴趣。Slack 考虑了多式联运的影响，将 Taaffe 的 "六阶段模型" 拓展为 7 个阶段；[③] Rimmer 通过分析新西兰港口体系的发展过程，将 Taaffe 的 "六阶段模型" 总结为 "四阶段模型"，[④] 而后，又在考察澳大利亚港口体系的基础上，将 "四阶段模型" 更正为 "五阶段模型"；[⑤] Hilling 研究了加纳港口

---

① Theo E. Notteboom and Jean-Paul Rodrigue, "Port Regionalization: Towards a New Phase in Port Development", *Maritime Policy & Management*, Vol. 32, No. 3, July 2005, pp. 297 – 313.

② Edward J. Taaffe, Richard L. Morrill, Peter R. Gould, "Transport Expansion in Underdeveloped Countries: A Comparative Analysis", *Geographical Review*, Vol. 53, No. 4, November 1963, pp. 503 – 529.

③ B. Slack, "Intermodal Transportation in North America and the Development of Inland Load Centers", *The Professional Geographer*, Vol. 42, No. 1, February 1990, pp. 72 – 83.

④ Peter J. Rimmer, "The Changing Status of New Zealand Seaports, 1853 – 1960", *Annals of the Association of American Geographers*, Vol. 57, No. 1, March 1967, pp. 88 – 100.

⑤ Peter J. Rimmer, "The Search for Spatial Regularities in the Development of Australian Seaports 1861 – 1961/2", *Geografiska Annaler: Series B, Human Geography*, Vol. 49, No. 1, February 1967, pp. 42 – 54.

体系的演化特征，修正了 Taaffe 模型和 Rimmer 模型，认为核心港口的发展并不一定会导致小港口的消亡，后者可以作为前者的喂给港而存在。①

（三）Hayuth 的"五阶段模型"

集装箱海运技术的发展极大地影响了港口体系的演变，1981年，Hayuth 将集装箱化融进港口体系，提出了刻画集装箱港口体系演化的"五阶段模型"，即将集装箱港口体系的发展阶段划分为"前集装箱化—集装箱港口初步发展—扩散、巩固和集中—中心枢纽港—边缘挑战"5 个阶段。② 该模型考虑了海运航线空间组织对集装箱港口体系演化的影响，弥补了 Taaffe "六阶段模型"在港口海向腹地方面的缺失，成为集装箱港口体系演变的经典理论。

在 Hayuth 所做工作的启发下，学者们陆续研究了其他区域的集装箱港口体系，并结合区域特征对 Hayuth "五阶段模型"进行了修正。Notteboom 和 Rodrigue 在 Hayuth 的五阶段基础上增加了集装箱港口体系发展的区域化发展阶段，将 Hayuth 的"五阶段模型"扩展为"六阶段模型"；③ Rodrigue 和 Notteboom 进一步将集装箱港口体系的区域化发展现象区分为基于陆向腹地和基于海向腹地的区域化发展；④ 王成金和 Ducruet 提出了集装箱港口体系发展的六阶段模型，即前集装箱化阶段、技术试验阶段、技术传播扩散阶段、枢纽港中

---

① D. Hilling, "The Evolution of a Port System—The Case of Ghana", *Geography*, Vol. 62, No. 2, June 1977, pp. 97 – 105.

② Yehuda Hayuth, "Containerization and the Load Center Concept", *Economic Geography*, Vol. 57, No. 2, April 1981, pp. 160 – 176.

③ Theo E. Notteboom and Jean-Paul Rodrigue, "Port Regionalization: Towards a New Phase in Port Development", *Maritime Policy & Management*, Vol. 32, No. 3, July 2005, pp. 297 – 313.

④ Jean-Paul Rodrigue and Theo Notteboom, "Foreland-Based Regionalization: Integrating Intermediate Hubs with Port Hinterlands", *Research in Transportation Economics*, Vol. 27, No. 1, January 2010, pp. 19 – 29.

心阶段、离岸枢纽与扩散化阶段、区域化阶段。①

二　空间相互作用理论

基于经济学、统计力学、物理学的理论及方法，美国地理学家乌尔曼于 1956 年提出了空间相互作用理论，该理论将空间相互作用的基本形式分为了人流、物流、资金流、信息流和技术流 5 种，致力于研究不同地区之间发生的商品、人口与劳动力、资金、技术、信息等要素的相互传输过程，刻画了区域间的联系和互动。② 空间相互作用理论发展至今，已成为交通地理学、区域经济学等领域的经典理论。

空间相互作用理论提出了地区间产生相互作用的 3 个基础条件：互补性（Complementarily）、中介机会（Intervening Opportunity）及可运输性（Transferability）。互补性即通过满足供需双方而在区域间产生运输关系的现象，是空间相互作用产生的重要前提和基础，区域间的资源禀赋差异越大，越有可能出现互补性；中介机会指影响区域间空间相互作用过程的机会，互补性为区域间的商品、人口与劳动力、资金、技术、信息等要素的流通创造了条件，在运输过程中则可能受到多种因素的影响，只有不被外界因素干扰，才能在区域间建立运输关系；可运输性是指地区之间具备可行的交通联系通道以及交通运输工具，但是距离依然是阻碍空间相互作用的重要因素，距离越近，可运输性越高，反之则会降低。

空间相互作用强度可以定量描述不同地区之间在经济、社会等方面的联系状况。③ 区域经济学、经济地理学、交通地理学等不同学

---

① 王成金、César Ducruet：《现代集装箱港口体系演进理论与实证》，《地理研究》2011 年第 3 期。

② E. L. Ullman, *American Commodity Flow*, Seattle：University of Washington Press, 1957.

③ 孙久文、罗标强：《基于修正引力模型的京津冀城市经济联系研究》，《经济问题探索》2016 年第 8 期。

科针对空间相互作用强度的定量测度提出了一系列的计算模型，现将代表性模型介绍如下。

（一）引力模型

19 世纪，依据空间相互作用中的距离衰减原理和 Isaac Newton 的万有引力公式，引力模型被构造出来用于测度两个地区间的空间相互作用强度，其公式为：

$$F_{ij} = G \frac{M_i M_j}{d_{ij}^{\beta}} \tag{1.1}$$

式中，F_{ij} 为 i 地与 j 地的空间相互作用力；M_i 和 M_j 分别是地区 i 和地区 j 的"质量"，一般用人口规模或 GDP 来表示；d_{ij} 是地区 i 和 j 之间的空间距离；G 为常数 1；β 是距离摩擦系数，一般取 2。

（二）雷利—康弗斯模型

1929 年，雷利将引力模型应用于经济贸易领域，提出了《雷利零售引力法则》（Reilly's Law of Retail Gravitation），后康弗斯于 1949 年扩展了雷利的理论，确立了断裂点（Breaking Point）这一概念，并给出了计算方法：

$$B_{ik} = \frac{d_{ij}}{1 + \sqrt{\dfrac{O_i}{O_j}}} \tag{1.2}$$

式中，k 为断裂点位置；B_{ik} 为城市 i 到断裂点 k 的距离；O_i 和 O_j 分别为 i 城市和 j 城市的人口规模。断裂点用于均分市场，i 城和 j 城对处于断裂点位置的居民去购物的引力是相等的。

（三）潜力模型

1940 年，J. Q. Stewart 在引力模型的基础上提出了潜力模型，在这里，潜力即用重力度量法度量所获得的通达性。潜力模型与引力模型相比，引力模型得到的是两区域之间的相互作用量，而潜力模型则是计算区域的总体作用力。其公式为：

$$F_i = \sum_{j=1}^{n} F_{ij} = \sum_{j=1}^{n} \frac{P_i P_j}{r_{ij}^2} \tag{1.3}$$

式中，P_i 和 P_j 分别是区域 i 和 j 的人口规模、经济规模或其他质量指标规模；r 是区域 i 和 j 之间的距离。

（四）威尔逊模型

1967 年，威尔逊提出了最大熵模型，指出在系统封闭的条件下，当宏观态稳定时，系统的熵达到最大。其公式为：

$$F_{ij} = GM_i M_j \exp(-\beta d_{ij}) \tag{1.4}$$

式中，F_{ij} 为 i 地与 j 地的空间相互作用力；M_i 和 M_j 分别是地区 i 和地区 j 的"质量"，一般用人口规模或 GDP 来表示；d_{ij} 是地区 i 和 j 之间的空间距离；G 为常数 1；β 是距离摩擦系数，一般取 2。

三　随机效用理论

效用（Utility）是经济学中一个重要的概念，一般作为消费者通过消费选择或在满足需求中获得的欢愉及满足的一个度量。作为交通领域中的一项重要理论，随机效用理论（Random Utility Theory）基于决策者是交通出行选择的最小决策单位以及决策者在交通行为方式选择时追求"效用"最大化这一假设前提，利用概率论来刻画在一个相互排斥但总体上完备的方案集上的选择问题。

从理论思想和模型结构组成来看，随机效用理论具有以下 3 个方面的特点：[1] 一是当决策者无法获得完整准确的交通出行信息，或者对出行方案信息不能很好把握时，则获得的方案选择结果具有不确定性；二是决策者所感知的效用最大方案不一定跟理论上效用最大的方案一致；三是随机概率项能很好地解释效用函数中因决策者个人属性千差万别、选择方案特性及其他不易测量的因素或是测量数据存在的误差。

效用函数是表现出行者偏好结构的实数值函数。令 S_m 是决策者 m 的选择方案集，其选择方案 i 的效用为 U_{mi}，该出行者从 S_m 中选择

---

[1]　丁丽：《基于随机效用理论的常规公交线网可达性研究》，硕士学位论文，西南交通大学，2016 年。

方案 i 须满足：

$$U_{mi} > U_{mj}, \ i \neq j, \ j \in S_m \tag{1.5}$$

在实际中，效用是一个随机变量，通常将效用函数分为效用确定项和随机项两部分，并假设二者之间相互独立且为线性关系。若决策者 m 选择方案 i 的效用为 U_{mi}，则 U_{mi} 表示为：

$$U_{mi} = V_{mi} + \varepsilon_{mi} \tag{1.6}$$

$$V_{mi} = V_{mi}(X_{mi}) \tag{1.7}$$

$$\varepsilon_{mi} = U_{mi}(\overline{X_{mi}}) + \Delta U_{mi}(X_{mi}) \tag{1.8}$$

式中，V_{mi} 表示效用函数中可观测到的确定项，也是可测属性 X 的函数；ε_{mi} 为效用函数中的概率项，也称误差项，反映了个体的特性和偏好，也包括观测和度量错误，具有待定义的概率分布；ΔU_{mi} 是反映个体特有的喜好与平均个体喜好差别的函数。V_{mi} 与变量 X_{mi} 通常被设定为线性关系，其表达式如下：

$$V_{mi} = \sum_{k=1}^{k} \beta_k \times x_{mik} \tag{1.9}$$

式中，参数 β 假定是一个对所有个体都相同（固定系数模型）的常数，但随着方案的不同而不同。

此时，根据效用最大化理论，决策者 m 选择方案 i 的概率 P_{mi} 表示为：

$$\begin{aligned} P_{mi} &= P(U_{mi} > U_{mj}, \ i = j, \ j \in S_m) \\ &= P(V_{mi} + \varepsilon_{mi} > V_{mj} + \varepsilon_{mj}, \ i \neq j, \ j \in S_m) \end{aligned} \tag{1.10}$$

式中，$0 \leqslant P_{mi} \leqslant 1$，$\sum_{i \in S_m} P_{mi} = 1$。

基于随机效用理论所生成的离散选择模型（Discrete Choice Model）广泛应用于交通领域。Logit 模型是一种常见的离散选择模型，并衍生发展出了其他离散选择模型，形成了完整的离散选择模型体系，如二项 Logit 模型（Binary Logit Model）、多项 Logit 模型（Multinomial Logit Model）、巢式 Logit 模型（Nested Logit Model）、交叉巢式 Logit 模型（Cross Nested Logit Model）等。本书主要使用了巢式 Logit 模型和交叉巢式 Logit 模型，因此对这两个模型进行重点介绍。

　　巢式 Logit 模型是对交叉巢式 Logit 模型的改进，利用树状结构来刻画各选择项之间的相关关系，并通过集合划分转移至模型的结构内，从而避免了多项 Logit 模型的 IIA 特性，使得选择过程更加符合实际情况。以两层巢式 Logit 模型为例（图 1.1），设第一层选择枝的效用为 U_i（$i=1$, 2, …, a），效用确定项为 V_i（$i=1$, 2, …, a），第二层选择枝的效用为 U_{ij}（$j=1$, 2, …, b），b 表示 i 嵌套下的选择枝数目，效用确定项为 V_{ij}（$j=1$, 2, …, b），对各上层选择枝 i 来说，其构成独立的多项 Logit 模型。

　　对于第二层选择，各项的被选择概率为：

$$P(ij) = P(i) \times P(ij \mid i) \tag{1.11}$$

其中，条件概率为：

$$P(ij \mid i) = \frac{e^{\mu V_{ij}}}{\sum_{j=1}^{n} e^{\mu V_{ij}}} \tag{1.12}$$

式中，μ 为 Logit 模型参数，不同选择枝下的 μ 值不同。

　　对于第一层选择枝，选择枝 i 的被选择概率为：

$$P(i) = \frac{e^{\lambda V_i}}{\sum_{i=1}^{m} e^{\lambda V_i}} \tag{1.13}$$

式中，λ 为 Logit 模型参数。

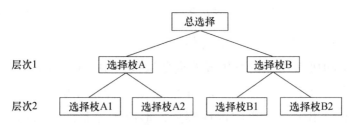

图 1.1　两层巢式 Logit 模型结构

　　然而，巢式 Logit 模型的每个下层选项都被限定在唯一的上层选项中，下层的选择枝不能同时属于两个上层嵌套，而交叉巢式 Logit

模型允许下层选项同时从属于多个上层选项，通过分配系数 α 确定该选项隶属不同上层选项的比例，更适合难以划分嵌套的情况。在两层交叉巢式 Logit 模型中（图 1.2），同样设定第一层选择枝的效用为 U_i（$i=1$，2，$\cdots$，a），效用确定项为 V_i（$i=1$，2，$\cdots$，a），第二层选择枝的效用为 U_{ij}（$j=1$，2，$\cdots$，b），效用确定项为 V_{ij}（$j=1$，2，$\cdots$，b）。

对于第二层选择，各项的被选择概率为：

$$P(ij) = \sum_{i=1}^{m} P(i) \times P(ij \mid i) \tag{1.14}$$

其中，条件概率为：

$$P(ij \mid i) = \frac{(\alpha_{ij} e^{v_{ij}})^{1/\mu}}{\sum_{j=1}^{n} (\alpha_{ij} e^{v_{ij}})^{1/\mu}} \tag{1.15}$$

式中，α_{ij} 是嵌套 i 下的 j 个选择枝的相关参数。

对于第一层选择枝，选择枝 i 的被选择概率为：

$$P(i) = \frac{\left[\sum_{j=1}^{n} (\alpha_{ij} e^{v_{ij}})^{1/\mu}\right]^{\lambda}}{\sum_{i=1}^{m} \left[\sum_{j=1}^{n} (\alpha_{ij} e^{v_{ij}})^{1/\mu}\right]^{\lambda}} \tag{1.16}$$

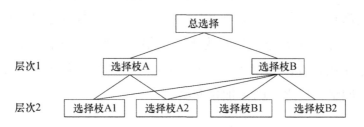

图 1.2　两层交叉巢式 Logit 模型结构

四　复杂网络理论

当前学术界还没有对复杂网络的统一定义，钱学森给出了复杂网络的一个较严格的定义：具有自组织、自相似、吸引子、小世界、无标度中部分或全部性质的网络。复杂网络理论现已被广泛应用于各种交通网络研究中，[①] 复杂网络的复杂性主要表现在以下几个方面：

第一，结构复杂：节点数目巨大，网络结构呈现多种不同特征。

第二，网络进化：表现在节点或连接的产生与消失上。

第三，连接多样性：节点之间的连接权重存在差异，且有可能存在方向性。

第四，动力学复杂性：节点集可能属于非线性动力学系统。

第五，节点多样性：复杂网络中的节点可以代表任何事物。

第六，多重复杂性融合：以上多重复杂性相互影响，导致更为难以预料的结果。

复杂网络为探讨社会经济中各种复杂系统的性质和演化提供了一种理论范式，其核心思想是利用网络来刻画复杂系统中的各类要素及要素间的关系，强调系统结构的拓扑性质，以揭示现实系统的本质特征。节点和边是构成复杂网络的基础，二者构建复杂网络的过程可以用图论语言来表示。假设图 $G = (V, E)$ 构成一个复杂网络，其中集合 $V(G)$ 为图的节点集，集合 E 则为图的边集，E 中的每条边都有 V 中的一对节点 (i, j) 与之对应。若节点对 (i, j) 和 (j, i) 表示同一条边，则 G 为无向网络，否则为有向网络。更进一步，令 A 代表 G 的邻接矩阵，$A = (a_{ij})_{V \times V}$，若 a_{ij} 仅为 0 或 1，则 G 为无权网络，反之，则为加权网络。

---

① Mengqiao Xu, Zhenfu Li, Yanlei Shi, Xiaoling Zhang, Shufei Jiang, "Evolution of Regional Inequality in the Global Shipping Network", *Journal of Transport Geography*, Vol. 44, April 2015, pp. 1 – 12; Wenya Wang, Zhenfu Li, Xin Cheng, "Evolution of the Global Coal Trade Network: A Complex Network Analysis", *Resources Policy*, Vol. 62, August 2019, pp. 496 – 506; 卢弋、谢志杰、王鑫伟：《基于复杂网络的城市轨道交通应急点规划研究》，《中国安全生产科学技术》2020 年第 S1 期；胡军、王雨桐、何欣蔚等：《基于复杂网络的全球航空网络结构分析与应用》，《计算机科学》2021 年第 S1 期。

（一）复杂网络的网络形态

复杂网络一般存在 4 种网络形态，即规则网络、小世界网络、随机网络以及无标度网络（图 1.3）。

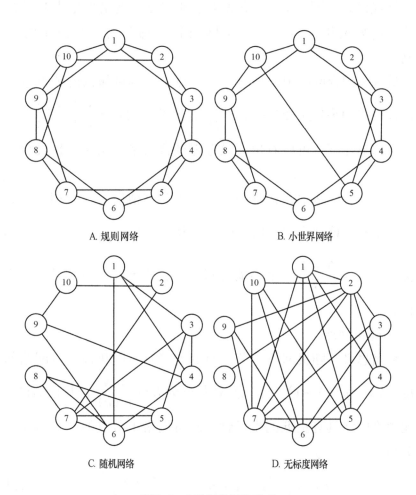

A. 规则网络　　　　　　　　　　　　B. 小世界网络

C. 随机网络　　　　　　　　　　　　D. 无标度网络

图 1.3　4 种复杂网络示意

1. 规则网络

规则网络是最简单的复杂网络，主要特征为节点依循相同的规律进行连接，因此在所构成的网络中，各个节点具有相似的特性。最具代表性的规则网络包括全局耦合网络、最近邻耦合网络和星形耦合网络。

全局耦合网络中的任意两个节点都存在一条连接边,因此,每个节点的平均路径长度和聚类系数均为1,且度值均为 $N-1$(N 为网络规模)。全局耦合网络适用于利用复杂网络理论来基础性地描述小世界网络,但是当复杂网络较为稀疏时,其使用将受到限制。

最近邻耦合网络中的任意一个节点只和其区域内的节点进行连接,该网络的平均路径长度 $L \approx \dfrac{N}{2K}$,聚类系数 $C = \dfrac{3(K-2)}{4(K-1)}$,$K$ 代表网络的节点度。可以看出,最近邻耦合网络平均路径长且聚类程度高。

星形耦合网络中存在唯一一个节点与其他所有节点相连,故呈现星形结构。该网络的平均路径长度为 $L = 2 - \dfrac{2}{N}$,$N \to \infty$,$L \to 2$,聚类系数 $C = \dfrac{N-1}{N}$。星形耦合网络具有稀疏性、小世界性和高聚类性。

2. 随机网络

顾名思义,随机网络中节点对的连接具有随机性。该网络的平均度 $<k> = p(N-1)$,平均路径长度为 $L \approx \dfrac{\ln N}{\ln(k)}$,并且随机网络相比规则网络具有更低的聚类性。随机网络中节点的度分布符合泊松分布:

$$p(k) = \binom{N}{k} p^k (1-p)^{N-k} \approx \frac{<k>^k e^{-<k>}}{k!} \qquad (1.17)$$

3. 小世界网络

Watts 和 Strogtz 在 1998 年首次引入了小世界网络模型,该模型的特点是网络中大部分的节点不与彼此邻接,但大部分节点可以从任一其他点经少数几条边就可到达,因此小世界网络会呈现较小的最短路径长度和较小的聚类系数的特征。[①] 许多现实网络都表现出了小世界现象，例如社交网络、互联网的底层架构、基因网络以及本书研究的港口的海向腹地网络等。

4. 无标度网络

在现实世界的许多网络中，网络中的少数节点往往拥有大量的连接，大部分节点却很少，且节点的度分布符合马太定律（20/80）。考虑到这种现象，无标度网络应运而生，专门用于描述节点度值的波动范围很大且符合幂律分布的网络。无标度网络的平均路径长度小于小世界网络，但相对小世界网络具有较高的聚类系数。

基于无标度网络存在的增长性和偏好依附性两种基本特性，Barabási 与 Albert 提出了无标度网络模型——BA 模型，用于解释幂律分布的生成机理。[②] 该模型的构造算法为：首先，构建由 m_0 个节点组成的初始网络；其次，每单位时间步 Δt 内加入一个新的节点 j 按照择优概率 $\prod_i$ 与初始网络中的老节点 i 相连，择优概率与老节点的度值 k_i 相关，表达式为 $\prod_{j \to i} = \dfrac{k_i}{\sum_n k_n}$；最后，经过 t 次时间步的演化后，生成网络节点总数为 $t + m_0$、连边总数为 mt 的无标度网络。

Barrat 等进一步提出了加权复杂网络的演化模型——BBV 模型，[③] 其算法为：首先，构建由 m_0 个节点组成的初始网络，初始网络节点间的连边权重为 w_0；其次，每单位时间步 Δt 内加入一个新的节点 j 按照择优概率 $\prod_i$ 与初始网络中的老节点 i 相连（新边权重为

① Duncan J. Watts and Steven H. Strogatz, "Collective Dynamics of Small-World Networks", *Nature*, Vol. 393, No. 6684, June 1998, pp. 440–442.

② Albert-László Barabási and Réka Albert, "Emergence of Scaling in Random Networks", *Science*, Vol. 286, No. 5439, October 1999, pp. 509–12.

③ Alain Barrat, Marc Barthélemy, Alessandro Vespignani, "Modeling the Evolution of Weighted Networks", *Physical Review E*, Vol. 70, No. 6, December 2004, pp. 066149-1–066149-12.

w_0），择优概率与老节点的度强度值 S_i 相关，表达式为 $\prod_{j \to i} =$ $\dfrac{S_i}{\sum_n S_n}$ ；再次，在新节点 j 加入后调整老节点 i 与其邻居节点的边权，其调整规则如公式（1.18）与公式（1.19）所示，具体变化过程如图1.4所示；最后，经过 t 次时间步的演化后，生成网络节点总数为 $t + m_0$ 的加权无标度网络。

$$w_{in} \to w_{in} + \Delta w_{in} \tag{1.18}$$

$$\Delta w_{in} = \lambda \frac{w_{in}}{S_i} \tag{1.19}$$

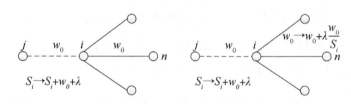

图1.4　边权调整过程

（二）复杂网络的特征指标

复杂网络可以由一系列的特征指标来描述其内部特征，基本的复杂网络特征指标介绍如下：

1. 节点平均度（Average Degree）与度分布（Degree Distribution）

节点平均度是网络中所有节点的度的平均值，其公式为：

$$K = \frac{1}{N} \sum_{i=1}^{N} k_i \tag{1.20}$$

式中，K 为节点的平均度，N 为节点总数，k_i 为节点 i 的节点度（Degree），即与节点 i 直接相连的节点的数目，可以反映该节点在网络中的直接影响力。

网络中各个节点的散布情况称之为节点的度分布，用概率分布函数 $p(k)$ 来表示，其公式为：

$$p(k) = \frac{n(k)}{\sum\limits_{i=1}^{N} n(i)} \tag{1.21}$$

式中，$n(k)$ 表示有 k 条边连接的节点数目。节点度分布服从幂律分布是判断一个网络为无标度网络的重要依据。

2. 节点强度（Strength）

节点强度表示某节点相连的所有边的权重之和，能够反映节点的重要程度，其公式为：

$$S_i = \sum_{j=1}^{N} w_{ij} \tag{1.22}$$

式中，S_i 为节点 i 的强度，w_{ij} 为节点 i 和节点 j 之间的权重。

3. 聚类系数（Clustering Coefficient）

聚集系数能够反映网络的节点之间的聚集成团的程度，具体来说，是一个点的邻接点之间相互连接的程度，其公式为：

$$C_i = \frac{2M_i}{k_i(k_i - 1)}, \ i = 1, 2, \cdots, N \tag{1.23}$$

式中，M_i 为节点 i 的相邻节点间存在的边数。

4. 平均路径长度（Average Path Length）

平均路径长度是网络中所有节点对之间最短路径经过边数的平均值，用于反映节点间的平均分离程度，其公式为：

$$L = \frac{2}{N(N-1)} \sum_{i=1}^{N} \sum_{j=i+1}^{N} d_{ij} \tag{1.24}$$

式中，d_{ij} 为连接节点 i 和节点 j 所需经过的最少边数，节点对之间的最长路径为该网络的直径。

5. 节点介数（Betweenness）

节点介数用于描述网络中经过该节点的所有最短路径的数量比例，反映的是该节点对复杂网络中信息资源的干预程度，是一个重要的全局几何量，其公式为：

$$B_k = \sum_{(i,j)} B_k(i, j) = \sum_{(i,j)} \frac{c_k(i, j)}{c(i, j)} \tag{1.25}$$

式中，$c_k(i, j)$ 为节点 i、j 间的最短路径中经过节点 k 的路径个数，$c(i, j)$ 为节点 i 和节点 j 之间最短路径的个数。

第三节　研究假设与研究逻辑

本书对面向"冰上丝绸之路"的中国沿海港口体系演化问题进行了定量分析，在研究过程中对一些研究环节提出了前提假设。为此，本节将对本书研究的前提假设、设置假设的原因以及合理性做出具体解释，并且对本书整体的研究逻辑进行详细阐述，使本书的研究思路和研究目的更加清晰明确。

一　研究假设

本书整体研究基于以下两点假设：

（一）研究区域和研究对象假设

本书整体上以中国东部沿海地区及其港口作为研究区域和研究对象，但需要说明的是，虽然在《全国沿海港口布局规划》中将中国东部沿海地区划分为环渤海、长江三角洲、东南沿海、珠江三角洲和西南沿海五大沿海地区，但是在研究过程中发现，"冰上丝绸之路"对中国沿海港口体系演化的影响具有明显的南北地理分化倾向。因此，本书将地理位置偏南的东南沿海、珠江三角洲和西南沿海 3 个沿海地区视为南部沿海地区，将环渤海和长江三角洲分别视为北部和中部沿海地区，全书以北部、中部和南部三大沿海地区及其港口作为研究的地理区划及分析主体，以更直观地说明面向"冰上丝绸之路"的中国沿海港口体系的演化趋势。并且在实际研究时，每一章节根据研究的具体内容及其研究特性来选择相应的港口作为研究对象，以此为基础用来刻画北部、中部和南部沿海地区港口在面向"冰上丝绸之路"的演化趋势。

(二) 演化情景假设

港口体系演化问题的研究一般基于历史性的时间序列数据,然而,当前"冰上丝绸之路"仍处于发展建设阶段,研究其对中国沿海港口体系所带来的影响显然不能依循传统的研究范式。考虑到该问题,本书设置了具有时间演化性质的以中国沿海港口体系现状和"冰上丝绸之路"建设完成后为主体的演化情景,用于分析面向"冰上丝绸之路"的中国沿海港口体系的演化,第二章到第五章的核心章节根据具体的研究内容和演化情景选择了适宜的研究方法。其中,"冰上丝绸之路"建设完成是假设"冰上丝绸之路"的航线已能够进行商业性通航,而不是仅能进行短期性的试航,此时"冰上丝绸之路"才有能力影响中国沿海港口体系的演化趋势。在预测"冰上丝绸之路"建设完成后的港口体系发展态势时,"冰上丝绸之路"下的港口体系数据还未可知,所以所用数据以具有长时期稳定性的现实数据为基础,保证了核心章节指标数据设置的一致性,同时对未来可能变化较大的数据进行了敏感性分析,以提高预测的准确性。

此外还需要说明的是,中欧间的货物运输方式除了海运,还包括陆上运输(如中欧班列)和航空运输等,这些运输方式的发展也会影响港口体系的演化。然而,考虑到本书的主旨是预测面向"冰上丝绸之路"的中国沿海港口体系的一种演化趋势,在后续研究时,演化情景中不考虑未来陆上运输和航空运输的发展变化,这可以更好地排除无关变量,更准确地评估"冰上丝绸之路"对中国沿海港口体系演化的影响。

二 研究逻辑

在研究的过程中,本书采用了"发现问题→解读问题→紧抓问题本质→制订实施方案→得出结论"的研究逻辑,具体如下。

(一) 本书内含的总体问题

"冰上丝绸之路"的开发、建设和运营将打通中国经北冰洋与西北欧地区的贸易路径，便利区域之间的贸易往来，同时将改变中国沿海港口的区位条件，推动中国沿海港口体系的演化。因此，本书内含的总体问题可以归纳为：预测和分析面向"冰上丝绸之路"的中国沿海港口体系的演化趋势，从而为政府部门对沿海港口体系进行合理的定位和布局提供参考。

为将总体问题落实到具体的研究上，首先需要理解中国沿海港口体系演化的内涵。中国沿海港口体系是指中国沿海地区（包含辽宁、河北、北京、天津、山东、江苏、上海、浙江、福建、广东、广西、海南共12个省市和自治区）一系列规模不等、功能各异、相互联系、彼此牵制的沿海港口有机整体，具体内容包括不同规模港口的数量和组合特征、不同功能港口的数量和组合特征、各级各类港口的地理空间结构特征、港口间的腹地范围及腹地间的相互关系特征、港口间的分工与联系等。可知，功能结构、空间结构与腹地是中国沿海港口体系的主要内容，中国沿海港口体系的整体演化情况也是由其主要内容的演化而构成的，其中货运功能结构与货运空间结构分别是功能结构与空间结构的主导部分，腹地又包括陆向腹地和海向腹地。

因此，在紧抓中国沿海港口体系演化主要内容的基础上，以总体问题为核心，形成了四大主要节点问题：一是面向"冰上丝绸之路"的中国沿海港口体系货运功能结构的演化，二是面向"冰上丝绸之路"的中国沿海港口体系货运空间结构的演化，三是面向"冰上丝绸之路"的中国沿海港口体系陆向腹地的演化，四是面向"冰上丝绸之路"的中国沿海港口体系海向腹地的演化。在问题提出、问题分析和问题解决过程中，将充分考虑中国沿海港口体系目前的特征和"冰上丝绸之路"对中国沿海港口体系演化带来的影响，以理论与实证相结合的研究手段进行系统性研究。

（二）本书的研究对象

本书拟在清晰界定"冰上丝绸之路"、港口体系和中国沿海港口体系概念的前提下，研究面向"冰上丝绸之路"的中国沿海港口体系货运功能结构演化、中国沿海港口体系货运空间结构演化、中国沿海港口体系陆向腹地演化以及中国沿海港口体系海向腹地演化，在上述研究基础上总结面向"冰上丝绸之路"的中国沿海港口体系的演化趋势，并提出"冰上丝绸之路"建设和中国沿海港口体系规划与发展的政策建议。

（三）本书各章节的构成以及各章节之间的逻辑关系

绪论和第一章是全书的基础，绪论阐述了本书的研究背景、相关文献资料、研究思路及技术路线以及研究的目的和意义。第一章阐释了相关的概念、理论以及研究假设和研究逻辑，其中对"冰上丝绸之路"、港口体系和中国沿海港口体系的概念的界定，指出了本书将从货运功能结构、货运空间结构、陆向腹地和海向腹地 4 个方面来研究面向"冰上丝绸之路"的中国沿海港口体系演化问题，明确了本书在总体研究问题上的具体研究内容。

第二章到第五章是本书的核心章节，这 4 章遵循由"港口点联系→港口局部空间联系→港口国内内陆联系→港口国外海向联系"的研究路径，以中国沿海港口体系现状与"冰上丝绸之路"建设完成后作为港口体系的基本演化情景，展开对面向"冰上丝绸之路"的中国沿海港口体系演化问题的系统性研究。该研究路径符合港口体系的一般演化规律，能够从系统性和整体性的视角分析面向"冰上丝绸之路"的中国沿海港口体系的演化态势。第二章从"港口点联系"视角研究了面向"冰上丝绸之路"的中国沿海港口体系货运功能结构的演化，利用计算所得的港口货物吸引潜力，从综合型/专业型、功能等级、功能规模和功能层次 4 个方面预测分析了面向"冰上丝绸之路"的中国沿海港口体系的货运功能结构的演化情况，基于港口体系的货运功能结构特征，对中国沿海港口的货运功能进行了分类。第三章从"港口局部空间联系"视角研究了面向"冰上丝绸之路"的中国沿海港口体系货运空间结构的演化，从港口体系和港口两个维度预测了面向"冰上丝绸之路"的中国沿海港口体系的货运空间结构的演化方向，利用空间聚类结果对中国沿海港口体系的货运空间类型进行了多角度识别,从空间角度挖掘港口的货运特征。第四章从"港口国内内陆联系"视角研究面向"冰上丝绸之路"的中国沿海港口体系陆向腹地的演化,对港口的优势陆向腹地、概率陆向腹地和主要竞争陆向腹地进行了划分,刻画了中国沿海港口体系陆向腹地的演化情况,从启示、原因和政策含义 3 个方面对实证结果进行了分析。第五章从"港口国外海向联系"视角研究面向"冰上丝绸之路"的中国沿海港口体系海向腹地的演化,对中国沿海港口体系的海向腹地网络、海向港口型腹地以及海向国家型腹地的演化情况进行了预测和分析。

第六章是对第二章到第五章核心研究成果的总结和提炼,用来总结面向"冰上丝绸之路"的中国沿海港口体系的演化趋势,并提出"冰上丝绸之路"建设和中国沿海港口体系规划与发展的政策建议。

第七章是对本书研究工作的总结提炼,指出了研究的不足,并对后续的研究方向作出了展望。

第四节　本章小结

作为研究基础,本章从相关概念、理论基础和研究假设、研究逻辑 3 个方面进行了讨论。在相关概念方面,界定和阐释了"冰上丝绸之路"、港口体系以及中国沿海港口体系的概念,明确了本书研究主体的关键内涵。在理论基础方面,选取港口体系演化理论、空间相互作用理论、随机效用理论和复杂网络理论作为本书的理论支撑并进行了介绍。在研究假设与研究逻辑方面,阐述了研究区域、对象和演化情景的假设,描述了本书的总体问题、研究对象以及各章节之间的逻辑关系。本章内容为本书后续的研究奠定了概念、理论与逻辑基础。

第 二 章

中国沿海港口体系货运
功能结构演化

货运功能结构是港口体系演化的主要内容之一，其考察的是港口体系中港口自身的货运功能特征，因而本章从"港口点联系"的视角开启了本书的研究工作。

国际海上贸易的繁荣对港口的发展提出了更高的要求，港口的发展有赖于港口各项功能的有效发挥。货运功能是港口的基本功能，货运功能结构也是港口体系的一个重要内容，用于描述港口在港口体系中的货运地位和作用以及主要的货运功能。研究货运功能结构有助于揭示港口之间的运营差异，从而可以合理配置港口的货运功能，增强港口之间的异质性，促进港口体系的协调发展。

"冰上丝绸之路"的建设将首先打通中国经北冰洋与西北欧地区的贸易路径，便利区域之间的贸易往来，这种情况将导致中欧海运贸易间货流结构的变化，一些主要货流将成为影响港口体系货运功能结构的关键。因此，中国沿海港口体系针对中欧海运贸易的货运功能结构将最先受到"冰上丝绸之路"的冲击，进而影响中国沿海港口体系货运功能结构的整体演化进程。

基于上述考虑，本章确定了中国通过"冰上丝绸之路"与西北欧进行海上贸易的重要货物，设置了货运功能结构的演化情景，界定了港口货物吸引潜力的概念，构建了港口货物吸引潜力模型，基于计算得出的港口货物吸引潜力，从综合型/专业型、港口功能等级、港口功能规模和港口功能层次 4 个方面探讨了面向"冰上丝绸之路"的中国沿海港口体系货运功能结构的演化情况，根据港口货运功能的特点，对港口的货运功能类型进行了划分。

第一节　研究对象及货种选择

根据中国沿海港口的整合情况，本章选择北部沿海地区（大连、丹东、营口、锦州、秦皇岛、唐山、天津、黄骅、烟台、威海、青岛、日照）、中部沿海地区（连云港、镇江、南通、扬州、南京、江阴、苏州、上海、嘉兴、宁波—舟山、台州、温州）和南部沿海地区（福州、莆田、泉州、厦门、汕头、汕尾、惠州、深圳、东莞、广州、江门、中山、珠海、阳江、茂名、湛江、海口、洋浦、八所、北部湾）共 44 个港口作为研究对象。

港口体系货运功能结构的研究是在"冰上丝绸之路"背景下选择中国与西北欧海上贸易中的重要货物的基础上进行的。

"冰上丝绸之路"的关键地理区域与俄罗斯北方海航道一致。自 2009 年布鲁格航运公司首航北方海航道以来，许多商船开始通过北方海航道运输货物。如表 2.1 和表 2.2 所示，北方海航道的货物总量每年都在增长，运输潜力可观。此外，北极丰富的石油、天然气、矿石、木材和其他资源储量决定了石油、天然气、铁矿石和件杂货在北方海航道总货运量中占有重要份额。

表 2.1　　　　　　　　北方海航道各年份货物运输规模　　　　　　　单位：万吨

年份	总货运量	过境运输量
2013	391.4	117.6

续表

年份	总货运量	过境运输量
2014	398.2	27.4
2015	543.1	3.9
2016	747.9	21.4
2017	1050	19.4
2018	2018	49.1
2019	3150	69.7
2020	3300	128.1

注：数据来源于俄罗斯 Northern Sea Route Information Office。

2.2　　　　　　　通过北方海航道的通航船舶分类统计

年份	通航总数/艘	货物运输		油气运输		铁矿石运输		件杂货运输	
		船舶数量（艘）	在通航总量占比（%）	船舶数量（艘）	在货物运输占比（%）	船舶数量（艘）	在货物运输占比（%）	船舶数量（艘）	在货物运输占比（%）
2011	41	31	75.61	15	48.39	3	9.68	2	6.45
2012	46	33	71.74	24	72.73	3	9.10	0	0
2013	71	49	69.01	32	65.31	3	6.12	13	26.53
2014	53	41	77.36	25	60.98	1	2.44	15	36.59
2015	18	11	61.11	2	18.18	0	0	4	36.36
2016	19	10	52.63	0	0	0	0	8	80.00
2017	27	25	92.59	5	20.00	0	0	8	32.00
2018	27	24	88.89	3	12.50	2	8.33	11	45.83
2019	37	35	94.59	25	25.71	3	8.57	14	40.00
2020	64	52	81.25	7	13.46	16	30.77	25	48.08

注：数据来源于俄罗斯 NSR Information Office；除货物运输船外，北方海航道的其他通航船舶还包括破冰船、潜水船、巡洋舰、边防船、拖船、科考船等。

北极拥有丰富的自然资源，如石油、天然气、矿石和煤炭等。根据德国《明镜周刊》和美国地质调查局的勘探结果，"冰上丝绸之路"经过的北极地区约有 331.5 亿 bbl 石油和 1225.8 万亿 ft^3 天然气，矿石储量占北极地区总量的 50% 以上。阿拉斯加北部的煤炭理论储量约为 4000 亿吨，北极东部地区也有着丰富的森林资源。

在中欧贸易中，根据 2020 年 5 月的石油价格，俄罗斯已成为中国最大的原油供应国，约占中国原油进口总量的 15.8%，亚洲对挪威的石油进口也在增加。2018 年，中海油与挪威国家石油公司在北京签署了战略合作协议，这对促进中挪石油贸易具有重要意义。中俄亚马尔液化天然气项目已开始通过北极东北航线向中国运输液化天然气。李贺和李振福认为，尽管东北航线不会改变中国传统的铁矿石进口来源（澳大利亚和巴西），但预计它将改变芬兰、挪威、瑞典和俄罗斯向远东出口铁矿石的方式。① 范厚明和刘益迎指出，北极航线将对中国的集装箱、原油进口和散货运输（即矿石和煤炭）贸易产生积极影响。② 2023 年，中国原油、天然气和铁矿石的对外依存度分别达到 78%、43% 和 85%，全国的煤炭、木材等行业的形势也不容乐观。"冰上丝绸之路"将进一步加强中国与西北欧的贸易联系，为拓展上述资源的进口渠道带来机遇。鉴于上述情况，石油、液化天然气（LNG）、铁矿石、煤炭和木材将成为面向"冰上丝绸之路"的中国—西北欧海上贸易的重要货物。此外，中国与西北欧的集装箱贸易不容忽视，"冰上丝绸之路"将起到分担集装箱货流的作用，中国与西北欧贸易的繁荣也将进一步刺激"冰上丝绸之路"集装箱运量的增长。③

综上所述，在仅考虑中国通过"冰上丝绸之路"与西北欧进行海上贸易的情况下，石油、LNG、铁矿石、煤炭、木材和集装箱将更有可能成为中国与西北欧之间的重要海运货物，对这些货物具有

---

① 李贺、李振福：《东北航线驱动下环渤海港口规模雁阵演化研究》，《极地研究》2015 年第 3 期。

② 范厚明、刘益迎：《北极通航对中国海运贸易的影响分析》，《对外经贸实务》2015 年第 9 期。

③ 张侠、寿建敏、周豪杰：《北极航道海运货流类型及其规模研究》，《极地研究》2013 年第 2 期。

突出吸引潜力的沿海港口将获得更大的经济发展机遇。

第二节　研究方法

一　货运功能结构演化情景设置

鉴于"冰上丝绸之路"仍在建设中，本章假设了两个具有时间演化性质的情景来预测中国沿海港口体系货运功能结构在面向"冰上丝绸之路"的可能演化情况。

情景1：在该情景中，使用44个港口的货物吞吐量来刻画当前中国沿海港口体系的货运功能结构特征。由于大多数LNG港口仍在建设中，因此用LNG港口的最大设计接收能力来代替LNG港口的吞吐量。总吞吐量是通过加和所有货种的标准化吞吐量来获得的。该情景的设置不仅明确了中国沿海港口体系目前的货运功能结构，而且可以用于观察"冰上丝绸之路"建设完成后货运功能结构的演变。

情景2：在该情景中，"冰上丝绸之路"建设完成且其航线实现了商业通航，这将打通中国经北冰洋与西北欧地区的贸易路径，便利区域间的贸易往来，由"冰上丝绸之路"运输而来的货物将源源不断地运往中国沿海港口，每个港口所能承接的货量会影响中国沿海港口体系货运功能结构的塑造。由于"冰上丝绸之路"仍在建设中，沿海港口承担的货运量还未可知，而港口能力则与其货运量的多少，或者从根本上说与航运公司选择该港口挂靠的意愿有直接关系，[1] 因此，该情景下的货运功能结构将以沿海港口承接货物的潜力为依据进行预测。

需要说明的是，中欧间的货物运输方式除了海运，还包括陆上

---

[1]　Ada Suk-Fung Ng, Dongyang Sun, Jyotirmoyee Bhattacharjya, "Port Choice of Shipping Lines and Shippers in Australia", *Asian Geographer*, Vol. 30, No. 2, April 2013, pp. 143 – 168.

运输（如中欧班列）和航空运输等，这些运输方式的发展也会影响港口体系的演化。然而，考虑到本章的主旨是预测面向"冰上丝绸之路"的中国沿海港口体系货运功能结构的一种演化趋势，在后续研究的演化情景中，不考虑未来陆上运输和航空运输的发展变化，可以更好地排除无关变量，更为准确地评估"冰上丝绸之路"对中国沿海港口体系演化的影响。

二 港口货物吸引潜力模型

上节所确定的重要货物以中国沿海港口的进口为主，进口吸引潜力决定了港口可承接的货运量，也相应地决定了港口体系的货运功能结构。用港口的潜力值来代替还未可知的"冰上丝绸之路"下的港口的货运量，更适合前瞻性研究"面向'冰上丝绸之路'的中国沿海港口体系货运功能结构"这一问题。鉴于此，本章界定了港口货物吸引潜力的概念，港口货物吸引潜力即港口在远期可吸引货量的能力，可以作为推测未来港口在竞争环境下能够吸引某地货量多寡的依据。

港口吸引货物的潜力符合空间相互作用中距离衰减的规律。Huff 模型是度量空间相互作用强度的一个通用模型，其考虑了不同地区之间对货物的竞争。[1] 在 Huff 模型和最大熵形式的引力模型的基础上，[2] 构建了港口货物吸引潜力模型，用以得出港口的货物吸引潜力值。其公式为：

$$P_{jk}^{land} = \sum_{l=1}^{N^{land}} \theta_{jl}^{land} \left[\frac{\delta_{jk} A_{jk} \exp(-\beta C_{jkl})}{\sum_{j=1}^{N^{port}} \delta_{jk} A_{jk} \exp(-\beta C_{jkl})} \right] \quad (2.1)$$

$$C_{jkl} = \sum_{a=1}^{n^{land}} \omega_{ja} c_{jkla} \quad (2.2)$$

---

① D. L. Huff, "A probabilistic Analysis of Shopping Center Trade Areas", *Land Economics*, Vol. 39, No. 1, February 1963, pp. 81 – 90.

② A. G. Wilson, "A Statistical Theory of Spatial Distribution Models", *Transportation Research*, Vol. 1, No. 3, July 1967, pp. 253 – 269.

式中，P_{jk}^{land} 是港口 k 对于 j 类货种的陆侧可达性；N^{land} 表示陆侧行政单元数；θ_{jl}^{land} 是内陆 l 的需求度，即该地对于 j 类货种的生产与消费的差额；δ_{jk} 是港口 k 对于 j 类货种的修正系数；A_{jk} 是港口 k 对于 j 类货种的吸引强度；β 是空间阻尼系数；N^{port} 表示港口数；C_{jkl} 是港口 k 运输 j 类货种到达内陆 l 的广义陆侧运输成本；n^{land} 是陆侧运输方式数；ω_{ja} 是 j 类货种中 a 类运输方式的权重；c_{jkla} 是港口 k 对于 j 类货种到达内陆 l 的 a 类运输方式的运输成本。

$$P_{jk}^{port} = \sum_{k'=1}^{N^{port}} \theta_{jk'}^{port} \left[\frac{\delta_{jk}A_{jk}\exp(-\beta C_{jkk'})}{\sum_{k'=1}^{N^{port}}\delta_{jk}A_{jk}\exp(-\beta C_{jkk'})} \right] \qquad (2.3)$$

式中，P_{jk}^{port} 是港口 k 对于 j 类货种的转运能力；N^{port} 表示港口数；θ_{jk}^{port} 是港口 k 对于 j 类货种的吞吐能力，即港口 k 的吞吐量占港口体系总吞吐量的比例；$C_{jkk'}$ 是港口 k 和 k' 间的运输 j 类货种的航运成本。

$$P_{jk}^{sea} = \frac{\delta_{jk}A_{jk}\exp(-\beta C_{jk})}{\sum_{j=1}^{N^{port}}\delta_{jk}A_{jk}\exp(-\beta C_{jk})} \qquad (2.4)$$

$$C_{jk} = \sum_{b=1}^{n^{sea}} \omega_{jb}c_{jkb} \qquad (2.5)$$

式中，P_{jk}^{sea} 是港口 k 对于 j 类货种的海上效用；N^{port} 表示港口数；C_{jk} 是从 j 类货物的供给地运往港口 k 的广义航运成本；n^{sea} 表示海上供给地数量；ω_{jb} 是由 j 类货种的供给地 b 所提供的货物的权重；c_{jkb} 是港口 k 与供给地 b 之间运输 j 类货种的广义航运成本。

利用 TOPSIS 法来综合评估 P_{jk}^{land}、P_{jk}^{port} 和 P_{jk}^{sea}，以获得港口 k 对 j 类货物的吸引潜力 P_{jk}。[1] 港口 k 的总货物吸引潜力表示为：

---

[1] C. L. Hwang and K. Yoon, *Multiple Attribute Decision Making*: *Methods and Applications*, New York: Springer-Verlag, 1981; Grace W. Y. Wang, Qingcheng Zeng, Kevin Li, Jinglei Yang, "Port Connectivity in a Logistic Network: The Case of Bohai Bay, China", *Transportation Research Part E*: *Logistics and Transportation Review*, Vol. 95, November 2016, pp. 341 – 354.

$$P_k = \sum_{j=1}^{n} P_{jk} \tag{2.6}$$

式中，n 表示所研究的货种数量。

采用指标评价法计算港口吸引强度 A_{jk}，以反映港口承接货流的能力。由于"冰上丝绸之路"仍处于建设阶段，为了更合理地评价沿海港口的吸引强度，有必要选择长时期相对稳定和有影响力的因素。港口基础设施和腹地条件已被证明与港口实力密切相关，[①] 同时考虑了国家政策对港口未来发展的影响（表2.3）。采用因子分析法得到港口吸引强度。

对于不同货种的港口基础设施条件，在查阅港口评价指标相关资料的过程中发现，不同货种所对应的港口码头具有不同的基础设施建造特征，一般会有其常用的并且具有特色的描述用语，如用"储罐库容"等来描述石油港口的规模，用"最大设计接收能力"和"总有效存储容量"等来描述 LNG 港口的规模，所以本书在指标设置时采用了这些常用的描述语言。石油和液化天然气为液态属性，所以对这两类货物来说没有"堆场面积"的概念，而分别以"码头储罐库容"和"总有效存储容量"为替代，均表示港口可存放的不同货种的多寡。另外，本着数据收集的可获得性和代表性的原则，石油港口和液化天然气港口的接卸效率以及液化天然气港口的码头前沿水深等数据无法获取，造成二者的评价指标要少于其他货种，但是仍可以认为所选取的指标能够代表不同石油或液化天然气港口的基础设施建设水平。

---

① Jingzheng Ren, Liang Dong, Lu Sun, "Competitiveness Prioritisation of Container Ports in Asia Under the Background of China's Belt and Road Initiative", *Transport Reviews*, Vol. 38, No. 4, March 2018, pp. 436 – 456; Jihong Chen, Yijie Fei, Paul Tae-Woo Lee, Xuezong Tao, "Overseas Port Investment Policy for China's Central and Local Governments in the Belt and Road Initiative", *Journal of Contemporary China*, Vol. 28, No. 116, March 2019, pp. 196 – 215.

表 2.3　　　　　　　　　不同类型货物的港口吸引强度评价指标

货种	港口基础设施条件	腹地条件	国家政策
石油	①泊位通过能力 ②最大靠泊能力 ③万吨以上泊位数 ④泊位长度 ⑤码头储罐库容 ⑥码头前沿水深	①货物周转量 ②人均 GDP ③固定资产投资 ④进出口总额 ⑤第二产业增加值 ⑥第三产业增加值	①国家战略政策 ②港口发展政策 ③港口货种扶持政策
LNG	①最大设计接收能力 ②最大靠泊能力 ③泊位长度 ④专用码头数量 ⑤总有效存储容量	①货物周转量 ②人均 GDP ③固定资产投资 ④进出口总额 ⑤第二产业增加值 ⑥第三产业增加值	①国家战略政策 ②港口发展政策 ③港口货种扶持政策
铁矿石	①泊位通过能力 ②最大靠泊能力 ③万吨以上泊位数 ④泊位长度 ⑤堆场面积 ⑥码头前沿水深 ⑦接卸效率	①货物周转量 ②人均 GDP ③固定资产投资 ④进出口总额 ⑤第二产业增加值 ⑥第三产业增加值	①国家战略政策 ②港口发展政策 ③港口货种扶持政策
煤炭	①泊位通过能力 ②最大靠泊能力 ③万吨以上泊位数 ④泊位长度 ⑤堆场面积 ⑥码头前沿水深 ⑦接卸效率	①货物周转量 ②人均 GDP ③固定资产投资 ④进出口总额 ⑤第二产业增加值 ⑥第三产业增加值	①国家战略政策 ②港口发展政策 ③港口货种扶持政策

货种	港口基础设施条件	腹地条件	国家政策
木材	①泊位通过能力 ②最大靠泊能力 ③万吨以上泊位数 ④泊位长度 ⑤堆场面积	①货物周转量 ②人均 GDP ③固定资产投资 ④进出口总额 ⑤第二产业增加值 ⑥第三产业增加值	①国家战略政策 ②港口发展政策 ③港口货种扶持政策
集装箱	①集装箱港口吞吐能力 ②最大靠泊能力 ③泊位数量 ④泊位长度 ⑤堆场面积 ⑥码头前沿水深 ⑦平均船时装卸量 ⑧港口平均候泊时间	①货物周转量 ②人均 GDP ③固定资产投资 ④进出口总额 ⑤第二产业增加值 ⑥第三产业增加值	①国家战略政策 ②港口发展政策 ③港口货种扶持政策

部分指标描述如下：

LNG 港口指标包括运营和在建港口，相关基础设施数据的选择以港口 LNG 接收站长期规划设计的最大规模为准。

所选的港口基础设施和国家政策指标具有长期稳定性，而腹地条件的指标具有较大的可变性。为提高预测的准确性，所有腹地条件指标均采用发展值来反映不同指标的相对大小和未来变化率。例如，货物周转量的发展值＝4 年内货物周转量的标准化平均值×（1＋4 年内货物周转率的标准化平均变化率）。以大连市为例，进一步测度了腹地条件指标的敏感性。表 2.4 至表 2.6 的结果显示，吸引强度和吸引潜力对腹地条件指标并不敏感，即使腹地条件指标在变化率为＋100％时，也是稳定的。因此，所选取的指标对面向"冰上丝绸之路"的港口体系货运功能结构的预测具有较大的可信度。

　　国家战略政策指标以中国 25 个主要沿海港口和"一带一路"15 个重点建设港口为依据。属于这两类中的任何一类的港口赋值为 1；否则，赋值为 0。如果它们属于所有类别，则赋值为 2。[①]

　　根据 2014—2018 年新华·波罗的海国际航运中心发展指数的评价结果，上海、宁波—舟山、广州、青岛、大连、深圳、天津、厦门为国际航运中心，对应的港口赋值为 1。此外，中远集团将大连港作为北极航线商业运营的永久始发港。因此，大连港赋值为 2。[②]

　　中国已经规划了相应的沿海港口煤炭、原油、铁矿石和集装箱运输体系。港口货种支持政策指标表示，如果港口包括在任一运输体系中，赋值为 1；否则，赋值为 0。[③]

表2.4　　　　　　　　大连腹地条件指标下港口铁矿石吸引强度
对各指标平均值的敏感性　　　　　单位：%

腹地条件	−20		+20		+50		+100	
	大连	平均	大连	平均	大连	平均	大连	平均
货物周转量	−0.25	−0.01	0.25	0.01	0.60	0.02	1.23	0.05
人均 GDP	−0.90	−0.05	0.09	0.07	2.24	0.24	4.20	0.61
固定资产投资	−0.59	−0.02	0.59	0.02	1.49	0.06	3.00	0.12
进出口总额	−0.19	0	0.19	0	0.47	0.02	0.94	0.04

　　[①] Deqiang Li, Laijun Zhao, Chenchen Wang, Wenjun Sun, Jian Xue, "Selection of China's Imported Grain Distribution Centers in the Context of the Belt and Road Initiative", *Transportation Research Part E: Logistics and Transportation Review*, Vol. 120, December 2018, pp. 16 – 34.

　　[②] Deqiang Li, Laijun Zhao, Chenchen Wang, Wenjun Sun, Jian Xue, "Selection of China's Imported Grain Distribution Centers in the Context of the Belt and Road Initiative", *Transportation Research Part E: Logistics and Transportation Review*, Vol. 120, December 2018, pp. 16 – 34.

　　[③] Deqiang Li, Laijun Zhao, Chenchen Wang, Wenjun Sun, Jian Xue, "Selection of China's Imported Grain Distribution Centers in the Context of the Belt and Road Initiative", *Transportation Research Part E: Logistics and Transportation Review*, Vol. 120, December 2018, pp. 16 – 34.

腹地条件	－20		＋20		＋50		＋100	
	大连	平均	大连	平均	大连	平均	大连	平均
第二产业增加值	－1.33	－0.06	1.33	0.07	3.30	0.17	6.50	0.35
第三产业增加值	－0.11	0	0.11	0	0.29	0.01	0.57	0.03

注："大连"是指平均值变化对大连吸引强度的影响，"平均"是指平均值变化对各港口吸引强度的平均影响。

表2.5　　　　　大连腹地条件指标下港口铁矿石吸引强度
对各指标平均变化率的敏感性　　　单位：%

腹地条件	－20		＋20		＋50		＋100	
	大连	平均	大连	平均	大连	平均	大连	平均
货物周转量	－0.04	0	0.04	0	0.11	0	0.22	0
人均GDP	－0.13	0	0.13	0	0.33	0.02	0.65	0.05
固定资产投资	－0.20	0	0.20	0	0.49	0.02	0.98	0.04
进出口总额	－0.02	0	0.02	0	0.05	0	0.11	0
第二产业增加值	－0.18	0	0.18	0	0.44	0.02	0.89	0.04
第三产业增加值	－0.03	0	0.03	0	0.07	0	0.15	0

注："大连"是指平均变化率变化对大连吸引强度的影响，"平均"是指平均变化率变化对各港口吸引强度的平均影响。

表2.6　　　　　大连腹地条件指标下港口铁矿石吸引潜力
对各指标平均值提高100%的敏感性　　　单位：%

腹地条件	＋100	
	大连	平均
货物周转量	1.25	0.04
人均GDP	0.66	0.03
固定资产投资	2.97	0.10
进出口总额	0.11	0
第二产业增加值	6.66	0.18
第三产业增加值	0.58	0.02

注：这里选取最大变化率，即＋100%，观察吸引潜力对腹地指标的敏感性。

三　港口功能模型

本章利用港口功能模型来反映港口的货运功能结构。[①]

$$H_k = \frac{n}{n-1}(b_{jk} - \bar{b}_k)^2 \tag{2.7}$$

式中，H_k 是离散指数，用于反映港口 k 的吞吐量或吸引潜力的离散程度；b_{jk} 是 j 类货物在港口 k 中所有货物的占比；$\bar{b}_k$ 是港口 k 所有货物的平均占比；$H_k \in [0, 1]$，H_k 值越高，表明港口的专业化特征越显著。

$$M_{jk}^{status/scale} = \frac{(X_{jk} - \bar{X})}{\sqrt{\dfrac{\sum\limits_{j=1}^{n}(X_{jk} - \bar{X})^2}{n}}} \tag{2.8}$$

式中，$M_{jk}^{status/scale}$ 是功能强度指数；M_{jk}^{status} 代表功能等级维度，X_{jk} 是 j 类货物在港口 k 中所有货物的占比，$\bar{X}$ 是港口 k 所有货物的平均占比；M_{jk}^{scale} 是功能规模维度，X_{jk} 是港口 k 的 j 类货物的吞吐量或吸引潜力，$\bar{X}$ 是所有港口 j 类货物的平均吞吐量或吸引潜力；$M_{jk}^{status/scale} > 0$ 表明港口的货物运输具有一定的功能强度。

四　位序—规模法则

位序—规模法则被广泛应用于层次体系的研究，[②] 本章利用该方法来分析港口货运功能的层次结构，其常用的蒙特卡洛表达式如下所示：

$$O_{jk} = O_{j1} \times K^{-q} \tag{2.9}$$

$$\ln O_{jk} = \ln O_{j1} - q\ln K \tag{2.10}$$

① 王伟、王成金、金凤君：《基于货物结构的中国沿海港口运输职能判别》，《地理研究》2018 年第 3 期。

② G. K. Zipf, "The P1 P2/D Hypothesis: On the Intercity Movement of Persons", *American Sociological Review*, Vol. 11, No. 6, December 1946, pp. 677–686.

式中，O_{jk} 是第 k 个港口在 j 类货物中的规模；O_{j1} 是 j 类货物中首位港口的规模；K 是港口的位序；q 是齐夫指数。$q=1$、$q>1$ 和 $q<1$ 分别表示港口体系的货运功能层次结构处于最优分布、帕累托分布（集中）和对数正态分布（均衡）状态。

五　数据来源及参考

对于 P_{jk}^{land}，所选取的地区包含中国除香港、澳门和台湾以外的 31 个省份，货物的生产量和消费量从各省的统计年鉴获得。在 C_{jkl} 中，ω_{ja} 通过参考孙明和孟达斌、尹丕、游艳雯等、王年以及杨忠振、郭利泉获得；[1] c_{jkla} 取决于运输速度和费率（表 2.7），其中速度来自中华人民共和国行业标准《公路工程技术标准》（JTG B01 - 2014）和中国铁路客户服务中心，费率来源于《汽车运价规则》《道路运输价格管理条例》《石油价格管理办法（试行）》和《天然气管道运输价格管理办法（试行）》。时间价值是根据 UN Comtrade、Eurostat 和 Clarckson 数据库获得的数据计算得出，其中集装箱数据的处理方法参考了丁超君和李振福的研究。[2]

表 2.7　　　　　　　　　陆侧运输成本相关参数

货物	运输方式	速度 km/h	费率 RMB/（t·km）	ω_{ja} %	时间价值 USD/（t·day）
石油	铁路	70	0.138	40	0.35
	管道	/	0.7 RMB/（kt·km）	60	

① 孙明、孟达斌：《提升铁路成品油运输市场竞争力的思考》，《铁道货运》2019 年第 7 期；尹丕：《木材运输技术的几种方法及其发展趋势》，《科技创新与应用》2013 年第 33 期；游艳雯、郑平标、秦欢欢等：《我国铁路铁矿石运输发展探析》，《铁道货运》2017 年第 4 期；王年：《关于运输方式对煤炭销售的影响要点分析》，《现代工业经济和信息化》2019 年第 4 期；杨忠振、郭利泉：《中国对外贸易的海运可达性评价》，《经济地理》2016 年第 1 期。
② 丁超君、李振福：《海运货物价值流分配机理研究》，《国际经贸探索》2018 年第 10 期。

续表

货物	运输方式	速度 km/h	费率 RMB/（t·km）	ω_{ja} %	时间价值 USD/（t·day）
LNG	高速公路	90	0.85	50	0.45
	管道	/	0.65 RMB/（km³·km）	50	
铁矿石	高速公路	90	0.35	85	0.064
	铁路	70	0.086	15	
煤炭	高速公路	90	0.4	10	0.086
	铁路	70	0.103	90	
木材	高速公路	90	0.103	70	0.36
	铁路	70	0.4	30	
集装箱	高速公路	90	8 RMB/（TEU·km）	84	17.5 USD/（TEU·day）
	铁路	70	2.025RMB/（TEU·km）	16	

注：选择 2020 年 3 月人民币对美元汇率：1 元人民币 ≈ 0.14136 美元。

对于 P_{jk}^{port} 和 P_{jk}^{sea}，通过参考 Zhang 等、耿晨以及骆巧云、寿建敏的工作来计算获得航运成本（C_{jkk} 和 C_{jk}）。[1] 时间价值如表 2.7 所示。表 2.8 列出了面向"冰上丝绸之路"的可能与中国进行贸易往来的主要西北欧国家及各国内的代表性港口。贸易数据来自 UN Comtrade、Eurostat 和 Clarckson 数据库。集装箱数据的处理方法参考了丁超君和李振福的研究。[2] 海运距离利用 Searates 网站和 http：// www. freemaptools. com/website 网站测量获得。

---

① Yiru Zhang, Qiang Meng, Szu Hui Ng, "Shipping Efficiency Comparison Between Northern Sea Route and the Conventional Asia-Europe Shipping Route via Suez Canal", *Journal of Transport Geography*, Vol. 57, December 2016, pp. 241 – 249；耿晨：《干散货船大型化发展趋势及对航运企业影响》，硕士学位论文，大连海事大学，2014 年；骆巧云、寿建敏：《北极东北航道 LNG 运输经济性与前景分析》，《大连海事大学学报》2016 年第 3 期。

② 丁超君、李振福：《海运货物价值流分配机理研究》，《国际经贸探索》2018年第 10 期。

表 2.8　　　　　　　　　　　各国分货种代表性港口

国家	石油	LNG	铁矿石	煤炭	木材	集装箱
俄罗斯	圣彼得堡（Saint Petersburg）	萨贝塔（Sabetta）	摩尔曼斯克（Murmansk）	摩尔曼斯克（Murmansk）	伊加尔卡（Igarka）	
挪威	奥勒松（Aalesund）	奥勒松（Aalesund）	纳尔维克（Narvik）			
芬兰			科科拉（Kokkola）		哈米纳—科特卡（HaminaKotka）	
瑞典			吕勒奥（Lulea）			
荷兰		鹿特丹（Rotterdam）				鹿特丹（Rotterdam）
德国						汉堡（Hamburg）
比利时						安特卫普（Antwerp）

为计算 A_{jk} ，港口基础设施条件、吞吐量和腹地数据来源于《中国港口年鉴》《中国航运数据库》和各港港务局官方网站。空间阻尼系数 β 设为 0.003。[①]

第三节　货运功能结构演化分析

一　综合型/专业型港口演化

通过分析港口各类货物的规模比例，可以判别港口货运功能的

---

① Eirini V. Stamatopoulou and Harilaos N. Psaraftis, "Northern Sea Route: Effect on Modal Shift & Modal Choice", Paper Delivered to International Association of Maritime Economists Conference, Marseille, France, July 3 – 5, 2013.

综合或专业化程度。综合型港口的不同货种的货物规模差异较小；专业型港口的货运能力集中在少数几种货物类型上；普通型港口介于两类港口之间。图 2.1 显示了港口货物吞吐量（$H_k^{throughput}$）和港口货物吸引潜力（$H_k^{potential}$）的离散指数 H_k。使用 Jenks Natural Breaks 法将 $H_k^{throughput}$ 和 $H_k^{potential}$ 分为 3 类：低值、中值和高值，拥有低值、中值和高值的港口分别被划分为综合型、普通型和专业型港口。

如图 2.1 所示，北部和中部港口之间的 $H_k^{throughput}$ 和 $H_k^{potential}$ 的差异并不显著。然而，这种差异在南部港口间在不断增大，并且 $H_k^{potential}$ 基本上一直大于 $H_k^{throughput}$，因此，港口的主要货物集中在几种类型，分散性在不断增加。这可能是由于海上距离远的劣势使得南部港口对非专业货种的吸引力降低，从而突出了少数专业货种的地位，扩大了港口吸引的各类货种的运量差异。值得注意的是，大型港口的综合性特征要强于小型港口（见图 2.1②和图 2.1③），这一发现与 Ducruet 等的研究结果一致。①

由表 2.9 进一步发现：

对于情景 2 下的港口分布，综合型港口共有 21 个，约占全部港口的 47.7%，其中天津的综合性程度最高。这类港口在 3 个沿海地区均有分布，但主要集中在北部和中部沿海地区。这一分布与情景 1 的港口分布大致相同，但在情景 1 中，综合港口的数量为 23 个，天津也是情景 1 港口体系中综合性程度最高的港口。

普通型港口在情景 2 下是 13 个港口，在情景 1 是 14 个港口。在两种情景下，普通型港口主要分布在南部沿海地区。

在情景 2 下，共有 10 个专业型港口，约占港口总数的 22.7%，其中秦皇岛的专业化程度最高。这类港口大多位于长江以南，集中在南部沿海地区。这种分布情况与情景 1 的港口体系分布大致相同。

① César Ducruet, Hans R. A. Koster, Daniel J. Van der Beek, "Commodity Variety and Seaport Performance", *Regional Studies*, Vol. 44, No. 9, January 2010, pp. 1221 – 1240.

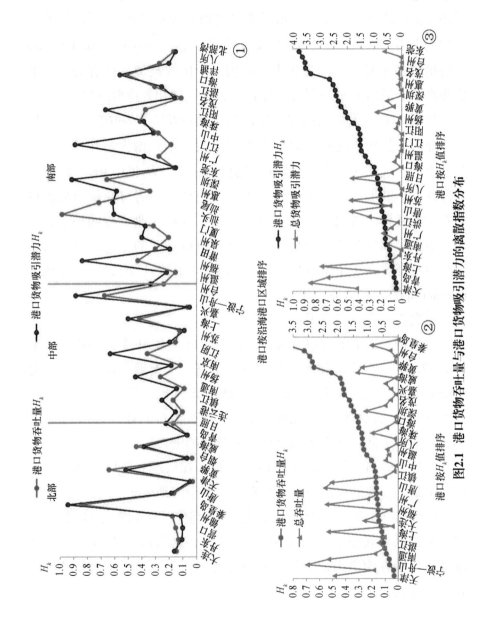

图2.1　港口货物吞吐量与港口货物吸引潜力的离散指数分布

表 2.9　　　　　　　　　　　　　综合型/专业型港口

港口类型	情景1	情景2
综合型港口	大连、丹东、营口、锦州、唐山、天津、烟台、青岛、日照、连云港、镇江、南通、南京、苏州、上海、宁波—舟山、温州、福州、厦门、广州、中山、湛江、北部湾	大连、丹东、营口、锦州、唐山、天津、烟台、青岛、日照、连云港、南通、南京、苏州、上海、宁波—舟山、福州、泉州、广州、湛江、八所、北部湾
普通型港口	威海、扬州、江阴、嘉兴、莆田、泉州、汕头、深圳、江门、珠海、阳江、茂名、海口、八所	黄骅、威海、镇江、扬州、嘉兴、温州、厦门、汕头、江门、珠海、阳江、海口、洋浦
专业型港口	秦皇岛、黄骅、台州、汕尾、惠州、东莞、洋浦	秦皇岛、江阴、台州、莆田、汕尾、惠州、深圳、东莞、中山、茂名

以上分布结果与中国沿海港口的货运布局有关。根据国家沿海港口布局规划，中国已经形成了石油、铁矿石、煤炭和集装箱的专业运输体系，该体系中的港口大多位于北部和中部沿海地区，许多木材和 LNG 港口也属于这两个地区。因此，区域内的港口货运功能比较健全和综合。相比之下，南部港口与北部和中部的港口在石油和铁矿石的基础设施方面存在差距，同时集装箱在南方却有优势，所以南部沿海地区的港口货运功能结构失衡，港口多为普通型港口和专业型港口。

二　港口功能等级演化

本章将 M_{jk}^{status}（功能等级）值大于 0 的货物划分为主要货物（针对情景 1）或主要潜力货物（针对情景 2），以反映不同货物在一个港口中的重要性，[1] 划分结果如表 2.10 所示。

———————

① 王伟、王成金、金凤君：《基于货物结构的中国沿海港口运输职能判别》，《地理研究》2018 年第 3 期。

表2.10　　　　　　功能等级维度上港口的主要货物或主要潜力货物

港口	情景1	情景2	港口	情景1	情景2	港口	情景1	情景2
大连[a]	①②	①②	扬州[b]	④	④	惠州[c]	①	①
丹东[a]	③④⑥	③⑤⑥	南京[b]	①③	①③	深圳[c]	②⑥	⑥
营口[a]	①	①	江阴[b]	④	④	东莞[c]	⑥	⑥
锦州[a]	①④	③④	苏州[b]	④⑤	④⑤	广州[c]	④⑥	⑤⑥
秦皇岛[a]	④	④	上海[b]	⑥	⑥	江门[c]	④	④⑥
唐山[a]	③④	④	嘉兴[b]	④	④	中山[c]	⑤⑥	⑥
天津[a]	②④	②	宁波—舟山[b]	①	①	珠海[c]	②④	②
黄骅[a]	④	④	台州[b]	④	④	阳江[c]	③④	③④
烟台[a]	①	②⑤	温州[b]	②④	②	茂名[c]	①②	②
威海[a]	④	④	福州[c]	③④	③④	湛江[c]	①③	③⑤
青岛[a]	①③	②③	莆田[c]	②④	②	海口[c]	⑤⑥	⑤⑥
日照[a]	③	③⑤	泉州[c]	①	①⑥	洋浦[c]	②⑤	②
连云港[b]	④⑤⑥	④⑤	厦门[c]	⑥	⑥	八所[c]	①	①④
镇江[b]	③④	④⑤	汕头[c]	④⑥	④⑥	北部湾[c]	②④	①
南通[b]	③④	④	汕尾[c]	④	④			

注：①石油，②LNG，③铁矿石，④煤炭，⑤木材，⑥集装箱；a北部港口，b中部港口，c南部港口。

在情景1的港口体系中，丹东和连云港两港拥有3类主要货物，23个港口拥有2类主要货物，19个港口拥有1类主要货物，其中有12个、9个、10个、25个、5个和10个港口分别以石油、LNG、铁矿石、煤炭、木材和集装箱作为主要货物。在情景2，只有丹东有3种主要潜力货物，17个港口有2种主要潜力货物，26个港口有1种主要潜力货物，其中有8个、10个、7个、19个、9个和11个港口分别以石油、LNG、铁矿石、煤炭、木材和集装箱为主要潜力货物。总体上与情景1相比，港口的主要（潜力）货物有所减少。据观察，在这两种情况下，煤炭在大多数港口的货物运输中都占有重要地位。虽然当前"冰上丝绸之路"的煤炭运量较小，但随着"冰上丝绸之路"货运能力的逐渐发展，煤炭有望成为大多数港口的主要货物。[①]

在空间分布上，情景 2 中以石油为主要潜力货物的港口在沿海地区均匀分布。以 LNG、铁矿石、煤炭和木材为主要潜力货物的港口均集中在北部和中部沿海地区；以集装箱为主要潜力货物的港口主要集中在南部沿海地区。总体上，北部和中部港口拥有更多的主要潜力货物，这表明其在面向"冰上丝绸之路"的发展中将更加多样化。由于港口对所有货物的承载能力相对稳定，因此情景 2 下的主要潜力货物分布情况与情景 1 港口体系主要货物的分布状况相似。

通过分析港口的综合/专业型与其主要（潜力）货物类型数量之间的关系，发现综合型港口有 2—3 种类型，而普通型港口和专业型港口有 1—2 种类型。拥有更多主要（潜力）货物类型的港口通常具有更突出的综合性特征，[②] 这是因为这两个指标都是衡量港口自身对各种货物承载能力的差异。

三　港口功能规模演化

功能规模维度用于评估在沿海港口体系中对某一货物类型的运输起到支点作用的港口。对于一种货物类型，将 M_{jk}^{scale}（功能规模）值大于 0 的港口归类为该货物港口体系中的主要港口，划分结果如表 2.11 所示。

---

① 张侠、寿建敏、周豪杰：《北极航道海运货流类型及其规模研究》，《极地研究》2013 年第 2 期。

② 王伟、王成金、金凤君：《基于货物结构的中国沿海港口运输职能判别》，《地理研究》2018 年第 3 期。

表2.11 功能规模维度的主要港口

港口	情景1	情景2	港口	情景1	情景2	港口	情景1	情景2
大连[a]	①②⑥	①②⑥	扬州[b]			惠州[c]	①	
丹东[a]			南京[b]			深圳[c]	②⑥	⑥
营口[a]	①		江阴[b]			东莞[c]		
锦州[a]			苏州[b]	③④⑤	③④⑤	广州[c]	⑤⑥	⑤⑥
秦皇岛[a]	④	④	上海[b]	②③④⑥	②③④⑥	江门[c]		
唐山[a]	②③④	②③④	嘉兴[b]			中山[c]		
天津[a]	①②③④⑥	②③④⑥	宁波—舟山[b]	①②③④⑥	①②③④⑥	珠海[c]	②	
黄骅[a]	④	③④	台州[b]			阳江[c]		
烟台[a]	⑤	⑤	温州[b]			茂名[c]		
威海[a]			福州[c]			湛江[c]		
青岛[a]	①②③⑥	①②③⑥	莆田[c]	②		海口[c]		
日照[a]	①③⑤	③⑤	泉州[c]			洋浦[c]	②⑤	
连云港[b]			厦门[c]	⑥	⑥	八所[c]		
镇江[b]			汕头[c]			北部湾[c]	②	
南通[b]			汕尾[c]					

注：①石油，②LNG，③铁矿石，④煤炭，⑤木材，⑥集装箱；a北部港口，b中部港口，c南部港口。

在情景2中，有14个港口将是某些货物类型的主要港口，这些港口集中在北部和中部沿海地区。这种情况与情景1的港口体系不同：一方面，情景1港口体系的主要港口数量为20个，超过了情景2中的数量；另一方面，情景1港口体系的主要港口均匀分布在各个沿海地区，而在情景2中的主要港口位于宁波—舟山以北。这种情况表明，北部和中部沿海地区的港口更有可能成为通过"冰上丝绸之路"进行货物运输的主力军。

不同货物类型的主要港口具有不同的空间分布特征。在情景1的港口体系下，主要的石油港口包括大连、营口、天津、青岛、日照、宁波—舟山和惠州，这些港口都是中国石油运输体系规划中的港口，为中国石化产业的发展提供了重要保障。然而，大连、青岛和宁波—舟山由于地理位置和港口实力的优势，在情景 2 下具有更大的竞争优势。目前，中国正在大力建设 LNG 接收站以缓解资源短缺的情况，因此，LNG 的主要港口遍布沿海地区，包括大连、唐山、天津、青岛、上海、宁波—舟山、莆田、深圳、珠海、洋浦和北部湾。在这些地区中，莆田、深圳、珠海、洋浦和北部湾由于海运成本的增加而不再是"冰上丝绸之路"的主要 LNG 港口。就铁矿石而言，唐山、天津、青岛、日照、苏州、上海和宁波—舟山是主要港口，且均位于长江以北，其中大部分是中国铁矿石运输系统中的规划港口。情景 2 下的主要铁矿石港口除了黄骅的地位有所改善外，与情景 1 相比变化较小。情景 1 中煤炭的主要港口集中在北部和中部沿海地区。秦皇岛、唐山、天津、黄骅为煤炭下水港，苏州、上海、宁波—舟山为煤炭接卸港，符合中国的煤炭运输体系的布局。上述港口在面向"冰上丝绸之路"后仍将发挥重要作用。烟台、日照、苏州、广州、洋浦不仅是重要的木材进口港，也是中国木材加工业的后方保障。由于通航成本的影响，在情景 2 中洋浦的地位将被削弱。无论是在情景 1 还是在情景 2，大连、天津、青岛、上海、宁波—舟山、厦门、深圳和广州一直是主要的集装箱港口。八大港口是中国集装箱运输体系的主干港，对支撑中国对外贸易的高速稳定发展发挥着重要作用。

四 港口功能层次演化

通过比较港口货物吸引潜力排名与港口货物吞吐量的排名发现（图 2.2），北部和中部沿海地区的港口货物吸引潜力排名大多在上升，南部沿海地区的港口货物吸引潜力排名大多在下降。这一结果表明，除了受港口自身条件的限制外，在海上效用的影响下，"冰上丝绸之路"的建设将给北部和中部的大部分港口带来更大的发展机遇。

图 2.3 显示了两种情景下每种货物的无标度区和位序—规模的分布参数。所有货物吞吐量和吸引潜力的规模分布情况均符合齐夫

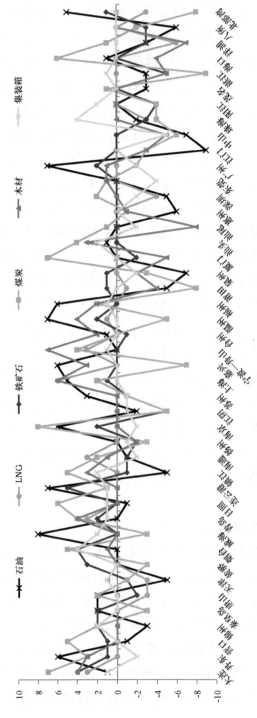

图2.2　不同货物的港口货物吸引潜力与港口货物吞吐量的位序变化

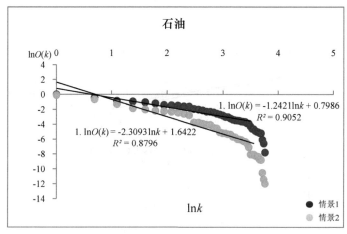

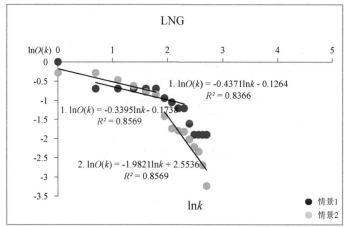

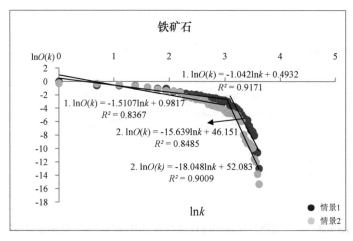

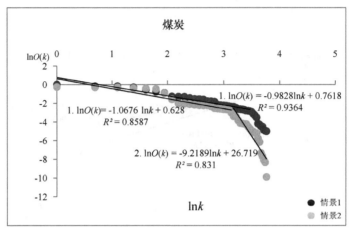

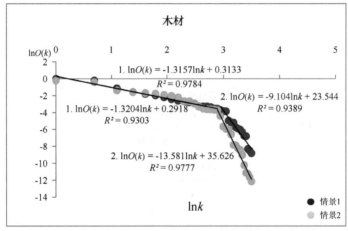

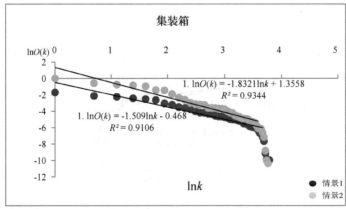

图 2.3　港口货物吞吐量和港口货物吸引潜力的位序—规模双对数图

法则，表明港口之间存在多分形结构，不同货运功能层次的港口之间存在明显的分层现象，以下是不同货物类型的层次分布特点。

石油：情景1中港口体系的位序—规模分布与情景2的分布相似。货物吸引潜力和货物吞吐量主要分布在一个无标度区，呈现局部单分形结构。大、中、小港口的货运功能规模差异处于均衡状态，表明石油港口体系相对成熟。20世纪80年代以来，中国石油港口体系经历了一个漫长的发展过程，通过不断开发大型油田、建设输油管道、改革石油流通体制和增加对外贸易等，中国石油港口获得了发展机遇，规模布局逐步成熟。同时，$Zipf$指数 q 大于1，表明石油港口体系为集中分布态势。由于大型石化企业分布不均，高等级港口比低等级港口更具有吸纳货物的优势。值得注意的是，情景2下的 q 值大于情景1的 q 值，表明未来将呈现更显著的集中化特征。

LNG：在情景2中，位序—规模分布由情景1的单分形结构变为双分形结构，大港口与中小港口的规模差距拉大。无论在情景1还是在情景2，无标度区1的 q 值都小于1，因此，空间形态是对数正态分布，主要港口之间的差距很小。这可能是因为中国的LNG港口正处于大规模建设阶段，中小型专业化码头尚未出现所导致的，所以港口之间的实力差异还不明显。无标度范围2的 q 值大于无标度范围1，因此，情景2中小港口之间存在最大的规模差异。

铁矿石：在两种情景下，由于存在两个无标度区，大港口与中小港口之间都存在着较大的规模差距。q 值大于1，说明港口体系是具有集中意义的帕累托分布，在情景2，q 值越大，集中化分布特征越明显。与情景2的大多数其他货物相比，铁矿石显示更为集中的分布是由相应的专业码头分布不均所造成的，建设力度较大的铁矿石港口一般位于北部和中部沿海地区。

煤炭：在情景2，位序—规模分布由情景1的单分形结构转变为双分形结构，大港口与中小港口的规模差距拉大。在情景1，q 值小于1，因此，空间形态呈对数正态分布，主要港口之间的差距很小。21世纪以来，沿海煤炭运输功能的大规模发展所造成的内陆工业发展对煤炭需求的大幅度增加是情景 1 中呈现对数正态分布的主要原因。然而，在情景 2，无标度区 1 和 2 的 q 值均大于 1，呈集中分布态势，这意味着未来主要港口之间的规模差异将更为显著。

木材：在这两种情景下都观察到两个无标度区，这表明大型港口和中小型港口之间存在较大的规模差距。q 值大于 1，说明港口体系为集中分布，在情景 2 下的 q 值更大，表明集中化态势在"冰上丝绸之路"建设完成后将更加明显。中国的木材运输主要集中在几个港口，这使得木材港口体系呈现明显的集中化态势。

集装箱：吞吐量和吸引潜力主要集中在一个无标度区，表明集装箱港口体系已经相对成熟。随着腹地经济的不断崛起，中小型港口的集装箱运输逐渐成熟，形成了沿海地区多门户开放体系和运输格局，促进了集装箱港口体系的均衡发展。指数 q 大于 1，表明港口体系为明显的集中化分布，港口之间规模等级差异较大，高等级港口可以吸引更大比例的货物，这是由轴辐式集装箱运输体系下大型港口的规模效应所造成的。情景 2 下的 q 值大于情景 1 的 q 值，表现出更显著的集中性特征。

综上，在功能层次维度上，不同的货种在不同的发展过程、管理体制、腹地产业结构等因素的影响下，呈现不同的等级规模分布特征。更重要的是，情景 2 中的港口功能层次比情景 1 的港口体系更加明显，不同规模港口之间的差距加大，因此，港口的发展变得更加不平衡。在无标度区内，高位序和低位序的港口变化较小，而中位序的港口变化较大，所以"冰上丝绸之路"对中型港口的影响要大于大型和小型港口。

第四节　货运功能类型划分

一　货运规模划分

明确货运规模有利于判别不同港口的货运能力，以反映其在港口体系中的货运地位和影响。P_k（港口 k 的总货物吸引潜力）可用于估算面向"冰上丝绸之路"的中国沿海港口与西北欧之间总货运量的相对大小。采用 Jenks Natural Breaks 分类法，将 P_k 分为 3 类：高值、中值和低值，相应的港口划分为大、中、小 3 类港口（表2.12）。大、中、小港口分别约占港口总数的 18%、30% 和 52%。根据 P_k 所占份额，预计大、中、小型港口将分别承担中国与西北欧大约 68%、25% 和 7% 的海运任务，高量级港口对货流的垄断程度高。大中型港口集中在北部和中部沿海地区，南部沿海地区分布着中小型港口，这一结果与港口功能规模演化的结果是一致的。在情景 2，有 14 个港口将是某些货种的主要潜力港口，且集中分布在北部和中部沿海地区。因此，大中型港口也出现在这两个地区。中型港口围绕着大型港口，显示出"中心—外围"的格局，将作为枢纽港的支线港或喂给港起到货物分流和辅助支持的作用。

表 2.12 　　　　　　　　　　　　　**大、中、小型港口**

类型	港口
大型港口	大连、唐山、天津、青岛、日照、苏州、上海、宁波—舟山
中型港口	营口、秦皇岛、黄骅、烟台、连云港、镇江、南通、南京、厦门、深圳、广州、珠海、北部湾
小型港口	丹东、锦州、威海、扬州、江阴、嘉兴、台州、温州、福州、莆田、泉州、汕头、汕尾、惠州、东莞、江门、中山、阳江、茂名、湛江、海口、洋浦、八所

二　货运功能划分

为了明确面向"冰上丝绸之路"的中国沿海港口的发展定位和发展潜力，综合考虑港口功能的综合型/专业型、功能规模和货运规模特征，将沿海港口划分为 9 类：

第一，大型—综合型—主要港：包括大连、唐山、天津、青岛、日照、苏州、上海和宁波—舟山。这些港口区位条件好，综合实力强，货运规模大，是各种货物的主要潜力港口，在国家航运发展中起着主导作用,有望成为面向"冰上丝绸之路"的国际航运中心。该类港口需要全面提高港口的基础设施服务水平,增加高靠泊能力、泊位数量,提高专业化水平和外贸能力,增强枢纽港地位,并能有效促进支线港和喂给港的发展。大型港口更有可能成为更多货物的主要港口,这也使得大型港口的综合性特征更加突出。①

第二,中型—综合型—主要港:包括烟台和广州。两港货运规模中等,发展多元化。烟台是木材的主要潜力港口,广州是木材和集装箱的主要潜力港口。两港适合作为面向"冰上丝绸之路"的地区性大港,应充分发挥其优势货物的优势,使其在某些货物类型的港口体系中发挥支撑作用,能够辅助枢纽港。

第三,中型—普通型—主要港:包括黄骅和厦门。黄骅是铁矿石和煤炭的主要潜力港口,厦门是集装箱的主要潜力港口。两港适合作为面向"冰上丝绸之路"的地区性大港。

第四,中型—专业型—主要港:包括秦皇岛和深圳。秦皇岛以煤炭运输为主,深圳以集装箱运输为主。两港适合作为面向"冰上丝绸之路"的地区性大港。

第五,中型—综合型—非主要港:包括营口、连云港、南通、南京和北部湾。这些港口货运规模中等,发展具有多样化,但没有在某类货物中占据重要地位。在大连、唐山等国际航运中心的带动下,营口、连云港、南通、南京的发展空间可期。

第六,中型—普通型—非主要港:包括镇江和珠海。这些港口虽然货运规模中等,但不是一些货种的主要港口。镇江更接近面向"冰上丝绸之路"的国际航运中心,发展潜力大于珠海。

第七,小型—综合型—非主要港:包括丹东、锦州、福州、泉州、湛江和八所。这些港口货运规模小,发展具有多样化,但发展空间有限,将作为面向"冰上丝绸之路"的支线港或喂给港而存在。

---

① César Ducruet, Hans R. A. Koster, Daniel J. Van der Beek, "Commodity Variety and Seaport Performance", *Regional Studies*, Vol. 44, No. 9, January 2010, pp. 1221-1240.

应发挥配套作用，做好国际航运中心和地区性大港的接卸工作。

第八，小型—普通型—非主要港：包括威海、扬州、嘉兴、温州、汕头、江门、阳江、海口和洋浦。因为实力弱小，这些港口将成为支线港或喂给港。

第九，小型—专业型—非主要港：包括江阴、台州、莆田、汕尾、惠州、东莞、中山和茂名。这些港口货运量小，主要专注于某些货种的运输，也将作为支线港或喂给港承担货物运输任务。

由以上分类结果可知，大型港口均为综合性港口，是因为大多数大型港口所依赖的城市产业结构比中小港口所依赖的城市产业结构更为复杂，进而前者的功能比后者更加多样化。这一结果也如本章的图2.1②和图2.1③所示。小型港口并没有成为任何货种的主要潜力港口，但如果能够成为某些货物的主要港口，其货运规模可以达到中等水平。这表明港口只有明确发展方向、强化自身特色，才能在港口体系中占有一席之地。

第五节　本章小结

本章基于"港口点联系"视角，研究了港口体系演化主要内容之一的货运功能结构。在具体研究中，确定了中国通过"冰上丝绸之路"与西北欧进行海上贸易的重要货物，设置了货运功能结构的演化情景，界定了港口货物吸引潜力的概念，构建了港口货物吸引潜力模型，基于计算得出港口货物吸引潜力，从综合型/专业型、港口功能等级、港口功能规模和港口功能层次方面对面向"冰上丝绸之路"的中国沿海港口体系货运功能结构的演化情况进行了预测和分析。结果表明，北部和中部港口的发展将更加多元化，并有望成为通过"冰上丝绸之路"进行货物运输的主力军。在面向"冰上丝绸之路"时，煤炭将在大多数港口的货物运输中占有重要地位。由于受海运距离的影响，"冰上丝绸之路"将给北部和中部港口带来更大的经济发展机遇。面向"冰上丝绸之路"的港口功能层次将更为明显，中型港口受"冰上丝绸之路"的影响最大。根据港口货运功能的特点，对港口的货运功能类型进行了划分，沿海港口按货运规模分为大、中、小型港口，这些港口又依据货运功能特征划分为大型—综合型—主要港、中型—综合型—主要港、中型—普通型—主要港、中型—专业型—主要港、中型—综合型—非主要港、中型—普通型—非主要港、小型—综合型—非主要港、小型—普通型—非主要港和小型—专业型—非主要港共9类，不同的港口类型将承担不同规模的货运任务，具有不同的发展潜力。

第 三 章

中国沿海港口体系货运空间结构演化

港口体系货运空间结构研究是超脱港口自身特性分析港口间在空间上相互关系的研究，所以本章从第二章的"港口点"视角进一步扩大视角，从"港口局部空间联系"视角研究货运空间结构这一港口体系演化中的主要内容。

港口的空间特征和发展对于理解港口区域至关重要。[①] 港口体系的货运空间结构是指一定地域范围内相关港口在货运空间上的分布、联系和组合状态，[②] 货物运输的集中与分散是港口体系货运空间结构的主要外在表现。[③] 在第二章研究了"冰上丝绸之路"的建设对于中国沿海港口体系货运功能结构的影响，同样地，"冰上丝绸之路"也将会首先冲击中欧海运贸易的货运空间结构，进而影响中国沿海

---

① Axel Merkel, "Spatial Competition and Complementarity in European Port Regions", *Journal of Transport Geography*, Vol. 61, May 2017, pp. 40 – 47.

② 曹有挥：《安徽省长江沿岸港口体系规模组合与空间结构分析》，《地理科学》1998 年第 3 期。

③ Albert Veenstra and Theo Notteboom, "The Development of the Yangtze River Container Port System", *Journal of Transport Geography*, Vol. 19, No. 4, July 2011, pp. 772 – 781; Phong Nha Nguyen, Su-Han Woo, Anthony Beresford, Stephen Pettit, "Competition, Market Concentration and Relative Efficiency of Major Container Ports in Southeast Asia", *Journal of Transport Geography*, Vol. 83, February 2020, pp. 1 – 10.

港口体系货运空间结构的整体演化进程,并且一些主要货流将是重塑港口体系货运空间格局的关键。

本章沿用了第二章的研究思路,在确定中国通过"冰上丝绸之路"与西北欧进行海上贸易的重要货物的基础上,设置了货运空间结构的演化情景,利用港口货物吸引潜力模型计算得出港口的货物吸引潜力,对面向"冰上丝绸之路"的中国沿海港口体系和沿海港口的空间异质性演化进行了分析,并根据空间聚类结果划分了货运空间类型,从空间角度挖掘港口的货运特征,从而帮助政府对港口体系进行合理的布局规划。

第一节　研究方法

一　货运空间结构演化情景设置

鉴于"冰上丝绸之路"仍在建设阶段,本章假设了两个具有时间演化性质的情景来预测中国沿海港口体系货运空间结构在面向"冰上丝绸之路"的可能演化情况。

情景1:在该情景中,使用44个腹地城市的港口货物吞吐量来刻画当前中国沿海港口体系的货运空间结构特征。大多数LNG港口仍在建设中,因此用LNG港口的最大设计接收能力来代替LNG港口的吞吐量。总吞吐量是通过加和所有货种的标准化吞吐量来获得的。该情景的设置不仅明确了中国沿海港口体系目前的货运空间结构,而且可以用于观察"冰上丝绸之路"建设完成后货运空间结构的演变。

情景2:在该情景,"冰上丝绸之路"建设完成且其航线实现了商业通航,这将打通中国经北冰洋与西北欧地区的贸易路径,便利区域间的贸易往来,由"冰上丝绸之路"运输而来的货物将源源不断地运往中国沿海港口,每个港口所能承接的货运量会影响中国沿海港口体系货运空间结构的塑造。由于"冰上丝绸之路"仍在建设阶段，沿海港口承担的货运量还未可知，而港口能力与其货运量的多少从根本上说与航运公司选择该港口挂靠的意愿有直接关系，[①] 因此，该情景下的货运空间结构将以沿海港口承接货物的潜力为依据进行预测。

需要说明的是，中欧间的货物运输方式除了海运，还包括陆上运输（如中欧班列）和航空运输等，这些运输方式的发展也会影响港口体系的演化。然而，考虑到本章的主旨是预测面向"冰上丝绸之路"的中国沿海港口体系货运空间结构的一种演化趋势，在后续研究时，演化情景中不考虑未来陆上运输和航空运输的发展变化，这可以更好地排除无关变量，更为准确地评估"冰上丝绸之路"对中国沿海港口体系演化的影响。

二　港口货物吸引潜力模型

港口的货物吞吐量是刻画港口体系货运空间结构特征的基础，然而，"冰上丝绸之路"仍处在建设阶段，中国沿海港口所能承担的货运量还未可知，在前文中所构建的港口货物吸引潜力模型便可以解决该问题。具体参见第二章第二节。

三　空间自相关分析

探索性空间数据分析（Explore Spatial Data Analysis，ESDA）基于地理学第一定律，用于检验某要素在空间单元及其邻域之间是否存在相关关系，并通过对事物或现象的空间分布格局的描述与可视化来探究数据的空间集聚性和空间异常，解释研究对象之间的空间相互作用机制。ESDA 包括全局空间自相关分析和局部空间自相关分析。

---

① Ada Suk-Fung Ng, Dongyang Sun, Jyotirmoyee Bhattacharjya, "Port Choice of Shipping Lines and Shippers in Australia", *Asian Geographer*, Vol. 30, No. 2, April 2013, pp. 143 – 168.

(一) 全局空间自相关

全局空间自相关用于度量整个区域内属性值的空间关联度和差异程度。Global Moran's I 是一种常用的全局度量指标,其计算公式如下:

$$I = \frac{n \sum_{i=1}^{n} \sum_{j=1}^{n} w_{ij}(x_i - \bar{x})}{(\sum_{i=1}^{n} \sum_{j=1}^{n} w_{ij}) \sum_{i=1}^{n} (x_i - \bar{x})^2} \qquad (3.1)$$

式中,n 为观测空间单元数目;x_i 和 x_j 代表某特征属性 x 在相应地域单元上的取值;$\bar{x} = \frac{1}{n} \sum_{i=1}^{n} x_i$;$w_{ij}$ 是空间权重矩阵。Moran's $I \in$ [−1,1],大于 0 表示正相关,要素属性为空间聚集分布模式;小于 0 为负相关关系,变量呈离散空间格局;等于 0 表示不相关,在空间上为随机分布。w_{ij} 是空间权重矩阵,用于量化空间单元 i 和 j 之间的作用程度,本书采用 k 邻近确定。

(二) 局部空间自相关

局部空间自相关用于弥补全局空间自相关无法度量要素在不同区域之间空间关联模式的缺陷,并可借助 Moran 散点图或 LISA 聚集图来将局部空间关系可视化,从而找出某种空间格局的显著区域。

Moran 散点图:Moran 散点图常用来研究局部空间的不稳定性,共分为 4 个象限。第一象限 (HH):区域空间单元与其邻近单元均为高值区,表现为高—高集聚,为均质性空间结构;第二象限 (LH):低值区域空间单元被高值区域包围,表现为低—高集聚,存在空间异质性;第三象限 (LL):区域空间单元与其邻近单元均为低值区,为低—低集聚;第四象限 (HL):高值区域空间单元被低值单元包围,为高—低集聚。

局部空间自相关:局部空间自相关指标 (Local Indicators of Spatial Association, LISA) 揭示局部单元服从全局总趋势的程度,空间位置 i 的局部 Moran's I 表示为:

$$I_i = \left(\frac{x_i - \bar{x}}{m}\right)\sum\nolimits_{j=1}^{n} w_{ij}(x_i - \bar{x}) \tag{3.2}$$

$$m = \frac{\left(\sum\nolimits_{j=1, j \neq i}^{n} x_j^2\right)}{((n-1) - \bar{x}^2)} \tag{3.3}$$

式中，I_i 为局部空间自相关指数，其他参数的含义同式（3.1）。由局部 Moran's I 所获得的空间关联模式可细分为 4 种类型：$I_i > 0$，高高集聚和低低集聚，即分别位于 Moran 散点图的第一象限和第三象限；$I_i < 0$，低高关联和高低关联，即分别位于 Moran 散点图的第二象限和第四象限。

四　数据来源及参考

对于 P_{jk}^{land}，所选取的地区包含中国除香港、澳门和台湾以外的 31 个省份，货物的生产量和消费量从各省的统计年鉴获得。在 C_{jkl} 中，ω_{ja} 通过参考孙明和孟达斌、尹丕、游艳雯等、王年以及杨忠振和郭利泉获得；[①] c_{jkla} 取决于运输速度和费率（表3.1），其中速度来自中华人民共和国行业标准《公路工程技术标准》（JTG B01 - 2014）和中国铁路客户服务中心，费率来源于《汽车运价规则》《道路运输价格管理条例》《石油价格管理办法（试行）》和《天然气管道运输价格管理办法（试行）》。时间价值是根据 UN Comtrade、Eurostat 和 Clarckson 数据库获得的数据计算得出，其中集装箱数据的处理方法参考了丁超君和李振福的研究。[②]

---

① 孙明、孟达斌：《提升铁路成品油运输市场竞争力的思考》，《铁道货运》2019 年第 7 期；尹丕：《木材运输技术的几种方法及其发展趋势》，《科技创新与应用》2013 年第 33 期；游艳雯、郑平标、秦欢欢等：《我国铁路铁矿石运输发展探析》，《铁道货运》2017 年第 4 期；王年：《关于运输方式对煤炭销售的影响要点分析》，《现代工业经济和信息化》2019 年第 4 期；杨忠振、郭利泉：《中国对外贸易的海运可达性评价》，《经济地理》2016 年第 1 期。

② 丁超君、李振福：《海运货物价值流分配机理研究》，《国际经贸探索》2018 年第 10 期。

表 3.1　　　　　　　　　　　　陆侧运输成本相关参数

货物	运输方式	速度 km/h	费率 RMB/（t·km）	ω_{ja} %	时间价值 USD/（t·day）
石油	铁路	70	0.138	40	0.35
	管道	—	0.7 RMB/（kt·km）	60	
LNG	高速公路	90	0.85	50	0.45
	管道	—	0.65 RMB/（km³·km）	50	
铁矿石	高速公路	90	0.35	85	0.064
	铁路	70	0.086	15	
煤炭	高速公路	90	0.4	10	0.086
	铁路	70	0.103	90	
木材	高速公路	90	0.103	70	0.36
	铁路	70	0.4	30	
集装箱	高速公路	90	8 RMB/（TEU·km）	84	17.5 USD/（TEU·day）
	铁路	70	2.025 RMB/（TEU·km）	16	

注：选择 2020 年 3 月人民币对美元汇率：1 元人民币≈0.14136 美元。

对于 P_{jk}^{port} 和 P_{jk}^{sea}，通过参考 Zhang 等、耿晨以及骆巧云和寿建敏的工作来计算获得航运成本（C_{jkk} 和 C_{jk}）。[①] 时间价值如表 3.1 所示。表 3.2 列出了面向"冰上丝绸之路"的与中国进行贸易往来的可能的主要西北欧国家及各国内的代表性港口。贸易数据来自 UN Comtrade、Eurostat 和 Clarckson 数据库。集装箱数据的处理方法参考

---

① Yiru Zhang, Qiang Meng, Szu Hui Ng, "Shipping Efficiency Comparison Between Northern Sea Route and the Conventional Asia-Europe Shipping Route via Suez Canal", *Journal of Transport Geography*, Vol. 57, December 2016, pp. 241 - 249；耿晨：《干散货船大型化发展趋势及对航运企业影响》，硕士学位论文，大连海事大学，2014 年；骆巧云、寿建敏：《北极东北航道 LNG 运输经济性与前景分析》，《大连海事大学学报》2016 年第 3 期。

了丁超君和李振福的研究。[①] 海运距离利用 Searates 网站和 http：//
www. freemaptools. com/website 网站测量获得。

表 3. 2　　　　　　　　　　　各国分货种代表性港口

国家	石油	LNG	铁矿石	煤炭	木材	集装箱
俄罗斯	圣彼得堡（Saint Petersburg）	萨贝塔（Sabetta）	摩尔曼斯克（Murmansk）	摩尔曼斯克（Murmansk）	伊加尔卡（Igarka）	
挪威	奥勒松（Aalesund）	奥勒松（Aalesund）	纳尔维克（Narvik）			
芬兰			科科拉（Kokkola）		哈米纳 – 科特卡（HaminaKotka）	
瑞典			吕勒奥（Lulea）			
荷兰		鹿特丹（Rotterdam）				鹿特丹（Rotterdam）
德国						汉堡（Hamburg）
比利时						安特卫普（Antwerp）

为计算 A_{jk}，港口基础设施条件、吞吐量和腹地数据来源于《中
国港口年鉴》《中国航运数据库》和各港港务局官方网站。空间阻
尼系数 β 设为 0. 003。[②] 此外，空间属性数据来自国家基础地理信息
中心 1：400 万矢量数据。

---

①　丁超君、李振福：《海运货物价值流分配机理研究》，《国际经贸探索》2018
年第 10 期。

②　Eirini V. Stamatopoulou and Harilaos N. Psaraftis，"Northern Sea Route：Effect on
Modal Shift & Modal Choice"，Paper Delivered to International Association of Maritime Econo-
mists Conference，Marseille，France，July 3 – 5，2013.

第二节 货运空间结构演化分析

一 港口体系的空间异质性演化

(一) 港口货物吸引潜力的空间分布

港口之间的货物吸引潜力差异较大,空间分布不均,然而,所有货物的空间分布具有明显的相似性,即在 3 个沿海地区中,北部和中部沿海地区的吸引潜力占据了沿海港口的主要份额。表 3.3 显示了不同地区的比例变化,可以看出,北部和中部沿海地区的货物吸引潜力占有率都有不同程度的上升,南部沿海地区对于每种货物的占有率则有所下降。

表3.3　　　　　　　　各沿海地区货物吸引潜力占比及比例变化　　　　单位: %

货物	北部 (+/-)	中部 (+/-)	南部 (+/-)
石油	46.32 (+0.2)	44.67 (+45.6)	9.01 (-60.96)
LNG	49.57 (+37.1)	34.50 (+76.9)	15.93 (-64.05)
铁矿石	59.70 (+11.8)	37.23 (+0.3)	3.07 (-67.58)
煤炭	45.56 (+2.6)	47.52 (+20.8)	6.92 (-57.98)
木材	47.44 (+16.7)	38.68 (+12.3)	13.88 (-44.23)
集装箱	32.90 (+10.4)	42.51 (+13.4)	24.59 (-24.93)
总值	47.08 (+12.0)	41.11 (+22.7)	11.81 (-53.07)

注: (+/-) 指情景 2 下不同沿海地区港口货物吸引潜力占比与情景 1 中港口货物吞吐量的占比变化。

港口的货物吸引潜力来自其陆侧可达性、转运能力和海上效用 [公式 (2.1) —公式 (2.6)]。如图 3.1 所示,在陆侧可达性方面,中部沿海地区靠近各种货物的主要需求省份,从而具有较高的陆侧可达性。北部沿海地区的天津、黄骅等港口具有发达的内陆运输网络和强大的港口实力，因而内陆通达性较高。港口的转运能力与其吞吐量密切相关，[①] 因此，转运能力的布局与情景1中港口吞吐量的布局相似。在海上效用方面，北多南少的显著格局主要是由航运成本的差异形成的。与南部沿海地区相比，北部和中部沿海地区的港口与西北欧港口间的航运成本更低，可能吸引更多的航运公司前来挂靠。

（二）全局空间自相关分析

全局 Moran's I 的估计值及其显著性检验如表3.4所示。结果表明，在情景1，铁矿石、煤炭和总值的 Moran's I 指数均在5%的显著性水平上通过显著性检验。Moran's I 值均为正，表明其在空间分布上具有明显的正相关关系，表现空间集聚的特征。虽然集装箱的 Moran's I 为正值，但未能通过检验，呈现微弱的空间集聚态势。其他货物，包括石油、LNG 和木材，都呈现不显著的分散分布，因为其 $|Z| < 1.96$。根据中国沿海港口的布局规划，中国已经形成了石油、铁矿石、煤炭、集装箱等专业港口货运体系。铁矿石和煤炭体系中的港口大多位于北部和中部沿海地区，因此，二者的空间集聚特征是显著的。规划中的石油和集装箱港口以及中国的主要木材港口位于多个沿海港口地区，因此空间分布相对分散。中国 LNG 港口正处于大规模建设阶段，中小型专业化码头尚未出现，因此空间差异并不显著。

情景2的空间格局与情景1不同。经检验，LNG、铁矿石、煤炭、木材和总值具有明显的空间集聚特征。Moran's I 指数：铁矿石 > LNG > 煤炭 > 总值 > 木材，表明不同货物的空间集聚程度不同。铁矿石的集中度最高，在空间上呈现较强的空间集聚趋势。

---

① Qingcheng Zeng, Grace W. Y. Wang, Chenrui Qu, Kevin X. Li, "Impact of the Carat Canal on the Evolution of Hub Ports Under China's Belt and Road Initiative", *Transportation Research Part E: Logistics and Transportation Review*, Vol. 117, September 2018, pp. 96 – 107.

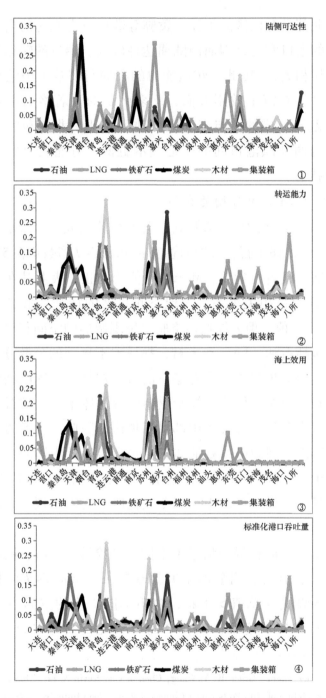

图3.1 陆侧可达性、转运能力、海上效用和标准化港口吞吐量

木材的 Moran's I 最小，显示相对较弱的集聚。如图 3.1 所示，吸引潜力较大的港口大多集中在北部和中部沿海地区，而南部沿海港口的吸引潜力较弱，因而空间上高值集聚与低值集聚的特征显著。石油和集装箱的 Moran's I 值略大于零，未通过显著性检验，说明空间近邻效应低。由图 3.1 可知，两类货种中吸引潜力占据前位的港口在地理空间上相距较远，更多表现为随机空间分布模式，一定程度上表明针对"冰上丝绸之路"，石油和集装箱港口体系中的大型港口对邻域港口的带动作用未能显现，其枢纽港的极化效应有待提升。

　　总体而言，面向"冰上丝绸之路"的各类货物在运输成本和自身实力的影响下，呈现明显的空间集聚特征，高、低值港口的空间分异更为明显。因此可以预测，面向"冰上丝绸之路"的中国沿海港口体系的发展将是不平衡的。

表 3.4　　　　　　　　　全局 Moran's I 对货物吸引潜力的估计

货物	情景 1			情景 2		
	Moran's I	Z	P	Moran's I	Z	P
石油	− 0.0068	0.2198	0.3600	0.0066	0.5229	0.2320
LNG	− 0.1036	− 0.2220	0.4720	0.2769	2.2040	0.0380
铁矿石	0.2126	1.9436	0.0390	0.3258	2.7810	0.0150
煤炭	0.2283	3.2536	0.0070	0.2759	3.6953	0.0050
木材	− 0.0361	− 0.0429	0.3750	0.1471	1.4808	0.0620
集装箱	0.0310	0.6773	0.2210	0.0424	0.8572	0.1730
总值	0.1377	2.5614	0.0210	0.1832	3.1831	0.0120

二　港口的空间异质性演化

　　对于港口体系的空间异质性格局，仅考察了吸引潜力在整个中国沿海港口体系的整体空间分布情况，未能体现其空间异质性规律。为测度局部地区的港口空间关联特征，需结合局部空间分析法做进一步的研究。情景 2 的局部空间特征分析如下所述（图 3.2）。

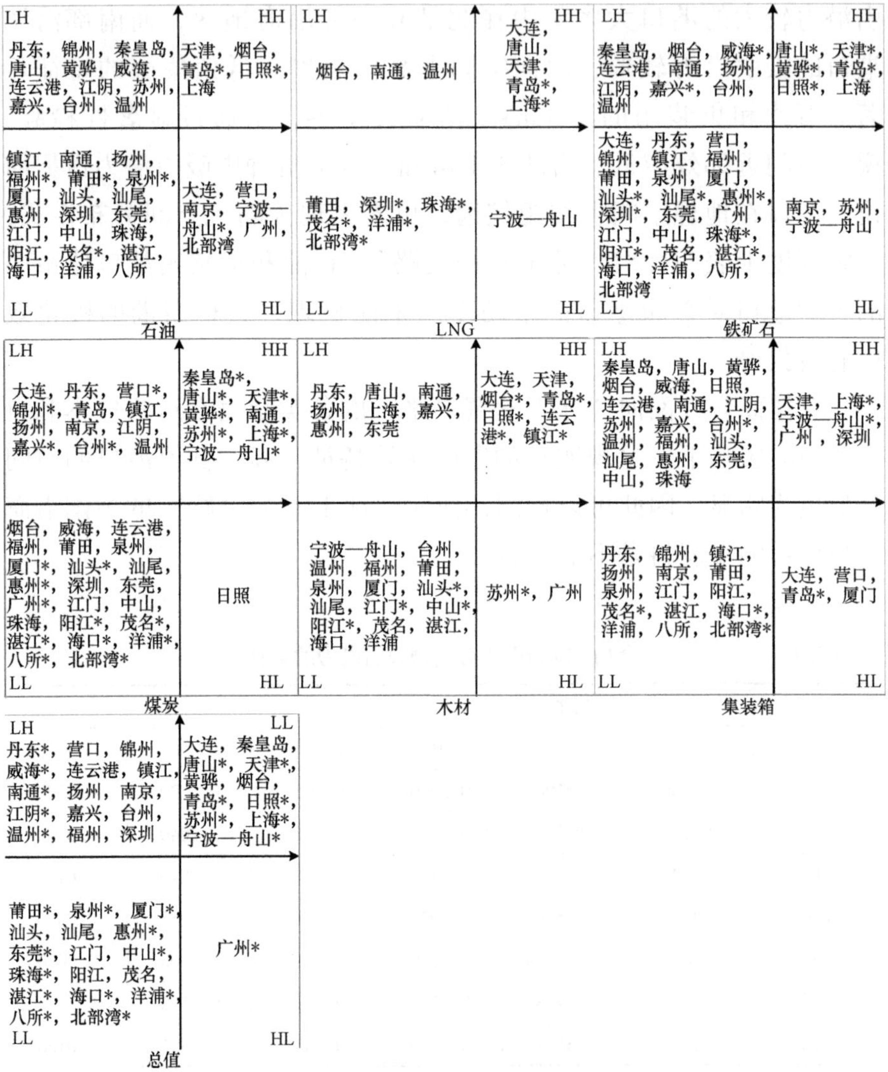
LH
HH
丹东，锦州，秦皇岛，唐山，黄骅，威海，连云港，江阴，苏州，嘉兴，台州，温州
天津，烟台，青岛*，日照*，上海
镇江，南通，扬州，福州*，莆田*，泉州*，厦门，汕头，汕尾，惠州，深圳，东莞，江门，中山，珠海，阳江，茂名*，湛江，海口，洋浦，八所
大连，营口，南京，宁波—舟山*，广州，北部湾
LL
HL
石油
LH
HH
烟台，南通，温州
大连，唐山，天津，青岛*，上海*
莆田，深圳*，珠海*，茂名*，洋浦*，北部湾*
宁波—舟山
LL
HL
LNG
LH
HH
秦皇岛，烟台，威海*，连云港，南通，扬州，江阴，嘉兴*，台州，温州
唐山*，天津*，黄骅*，青岛*，日照*，上海
大连，丹东，营口，锦州，镇江，福州，莆田，泉州，厦门，汕头*，汕尾*，惠州*，深圳*，东莞，广州，江门，中山，珠海*，阳江*，茂名，湛江*，海口，洋浦，八所，北部湾
南京，苏州，宁波—舟山
LL
HL
铁矿石
LH
HH
大连，丹东，营口*，锦州*，青岛，镇江，扬州，南京，江阴，嘉兴*，台州*，温州
秦皇岛*，唐山*，天津*，黄骅*，南通，苏州*，上海*，宁波—舟山*
烟台，威海，连云港，福州，莆田，泉州，厦门*，汕头*，汕尾，惠州*，深圳，东莞，广州*，江门，中山，珠海，阳江*，茂名*，湛江*，海口*，洋浦*，八所*，北部湾*
日照
LL
HL
煤炭
LH
HH
丹东，唐山，南通，扬州，上海，嘉兴，惠州，东莞
大连，天津，烟台*，青岛*，日照*，连云港*，镇江*
宁波—舟山，台州，温州，福州，莆田，泉州，厦门，汕头*，汕尾，江门*，中山*，阳江*，茂名，湛江，海口，洋浦
苏州*，广州
LL
HL
木材
LH
HH
秦皇岛，唐山，黄骅，烟台，威海，日照，连云港，南通，江阴，苏州，嘉兴，台州*，温州，福州，汕头，汕尾，惠州，东莞，中山，珠海
天津，上海*，宁波—舟山*，广州，深圳
丹东，锦州，镇江，扬州，南京，莆田，泉州，江门，阳江，茂名*，湛江，海口*，洋浦，八所，北部湾*
大连，营口，青岛*，厦门
LL
HL
集装箱
LH
LL
丹东*，营口，锦州，威海*，连云港，镇江，南通*，扬州，南京，江阴*，嘉兴，台州，温州*，福州，深圳
大连，秦皇岛，唐山*，天津*，黄骅，烟台，青岛*，日照*，苏州*，上海*，宁波—舟山*
莆田*，泉州*，厦门*，汕头，汕尾，惠州*，东莞*，江门，中山*，珠海*，阳江，茂名，湛江*，海口*，洋浦*，八所*，北部湾*
广州*
LL
HL
总值

图 3.2 情景 2 中 Moran's *I* 散点图和 LISA 聚集结果

注：“ * ”表示显著型港口。

石油：HH 型港主要分布在北部沿海地区。青岛和日照是显著的高值地区，青岛是中国最大的进口原油口岸，日照正在建设中国北方最大的原油配送中心，依托强大的炼油工业基础和强劲的腹地市

场需求，这两个港口有潜力成为面向"冰上丝绸之路"的原油贸易和配送中心。南部沿海地区是 LL 型港的主要分布区。HL 型港在三大沿海地区均有分布，其中宁波—舟山港是显著区域。宁波—舟山港 45 万吨级原油码头已经通过验收，可承接北极地区的原油运输。因为一些高值港口集中在北部和中部沿海地区，所以 LH 型港口均分布在这两个区域。

LNG：大多数 HH 港口主要位于北部沿海地区。在交通运输部办公厅印发的《环渤海地区液化天然气接收站重点布局规划（2022年）》中，规划建设大连、唐山、天津、青岛、烟台 5 个 LNG 港口，用于保障华北地区天然气的供应和运输安全。在政策的支持下，北部沿海地区将在接收北极 LNG 方面发挥关键作用。LL 港口主要分布在南部沿海地区，且这个地区为显著区域。宁波—舟山港是唯一的 HL 型港，其在该地区的枢纽地位可期。在青岛、宁波—舟山等吸引潜力强劲的港口的影响下，烟台、南通、温州成为 LH 型港。

铁矿石：HH 型港口集中在北部和中部沿海地区。北部沿海地区是唐山、天津、黄骅、青岛、日照的高高集聚，中部沿海地区则是上海的高高集聚，这些港口大部分是中国铁矿石运输系统中规划的港口。南部沿海地区的港口均为 LL 型。这些区域的吸引潜力很低，因而出现集中连片的低值区。只有南京、苏州和宁波—舟山是 HL 型港。与周边港口相比，这些港口实力突出，形成了空间"高地"。LH 型港口分布在北部和中部沿海地区，这是由于青岛、日照、上海、宁波—舟山等大型港口的存在对相对弱小的港口形成了包围之势。

煤炭：HH 型港分布在北部和中部沿海地区，中国煤炭运输系统规划中的港口大多位于这些地区。秦皇岛、唐山、天津和黄骅为煤炭下水港，苏州、上海和宁波—舟山为煤炭接卸港，上述港口将在面向"冰上丝绸之路"中发挥重要作用。LL 型港主要分布在南部沿海地区，且多为显著区域。日照是中国唯一的 HL 型港，其在北部沿海地区的地位十分突出。所有的 LH 型港都集中在北部和中部沿海地区。区域内大型煤炭港口的集聚,使大连、丹东、青岛等港口处于"空间洼地"状态。营口、锦州、嘉兴、台州由于与高值港口实力悬殊,共同构成 LH 型的显著区域。

木材:HH 型港只出现在北部和中部沿海地区,其中日照和镇江是显著的高值地区。日照和镇江是中国重要的木材进口港,也是中国木材加工业的后方保障。南部沿海地区的港口多为 LL 型,包括汕头、江门、中山和阳江在内的南部港口具有明显的低值集聚特征。苏州和广州是 HL 型港,未来这两个港口将对区域内的木材货运起到支撑作用。LH 港分布在 3 个沿海地区,其中以中部沿海地区居多。

集装箱:HH 型港分布在 3 个沿海地区,其中南部沿海地区的广州和深圳虽然海运成本较高,但拥有良好的集装箱货运基础,在中国与西北欧的集装箱贸易中也将发挥重要作用。上海和宁波—舟山因其良好的区位优势和强大的集装箱货运实力,成为 HH 型港的显著区域。LL 型港分布在所有沿海地区,但显著区集中在南部沿海地区。HL 型港分布在北部和南部沿海地区,青岛呈现明显的"空间高地"特征。3 个沿海地区的一些港口在区域内大型港口的影响下,获得了 LH 型的空间特征。

总值:HH 型港分布在北部和中部沿海地区,这些港口在各种货物中占有重要地位。LL 港口分布在南部沿海地区,大部分地区为低值集聚区。广州是唯一的 HL 型港,其具有引领南部沿海地区与西北欧发展海上贸易的巨大潜力。3 个沿海地区均分布有 LH 型港,其中丹东、威海、南通、江阴和温州在天津、青岛、上海、宁波—舟山、广州等大型港口的影响下,成为显著的 LH 区。

表 3.5 显示了情景 2 的局部空间格局与情景 1 相比发生的演化。在情景 2,中部沿海地区的一些 HH 港演变为了 LH 港。之所以出现这种情况,是因为"冰上丝绸之路"的建设将在很大程度上凸显该地区一些实力突出的港口的优势,从而拉大了如南通等中小型港口与大型港口之间的差距。更高的航运成本削弱了南部港口的竞争力,

导致低值集聚，因此，珠海由 HH 型港向 LL 型港演变。同样的原因也可以解释 HL 型港向 LH/LL 型港的演变。LH 型港向 LL 型港的演变主要发生在南部沿海地区。从 HL/LH 型港到 HH 型港以及从 LL 型港到 HH/HL/LH 型港的港口都位于北部和中部沿海地区。"冰上丝绸之路"强化了北部和中部沿海地区的区位优势，提高了其货运潜力，因此该地区许多港口成为高值港口。

在情景 2，北部和中部沿海地区港口的局部空间特征趋于高值，而南部港口则相反。所有货物都呈现"俱乐部趋同现象"，其特点是高值集聚和低值集聚。南部沿海地区的港口类型比较单一，基本都是 LL 型港，说明这些港口吸引西北欧货物的潜力较低，且没有区域性的枢纽港出现。然而在北部和中部沿海地区，由于部分大型港口的吸引潜力突出，周边港口的吸引潜力水平相对较弱，因此两地同时汇集了 HH、LL、HL 和 LH 4 种类型的港口，也表明北部和中部沿海地区对于"冰上丝绸之路"已经具有了一定的包含主副枢纽港、支线港和喂给港的层级结构体系。

表 3.5　　　　　　　　　局部空间演化（情景 1→情景 2）

演化	石油	LNG	铁矿石	煤炭	木材	集装箱	总值
HH→LH			南通[b]	镇江[b]，扬州[b]，江阴[b]		苏州[b]	南通[b]
HH→LL		珠海[c]					
HL→HH	日照[a]	唐山[a]，天津[a]		秦皇岛[a]	日照，		日照[a]
HL→LH							深圳[c]
HL→LL	泉州[c]，惠州[c]，湛江	洋浦[c]	营口[a]，湛江[c]	广州[c]，珠海[c]，北部湾[c]	湛江[c]，洋浦[c]		珠海[c]，洋浦[c]

续表

演化	石油	LNG	铁矿石	煤炭	木材	集装箱	总值
LH→HH					大连[a]，天津[a]，青岛[a]，镇江[b]		
LH→LL		莆田[c]，深圳[c]，茂名[c]，北部湾[c]	茂名[c]，海口[c]		海口[c]	江门[c]	
LL→HH		上海[b]					
LL→HL	广州[c]			日照[a]			
LL→LH	苏州[b]	南通[b]，温州[b]			唐山[a]，扬州[b]	日照[a]，福州[c]	福州[c]

注：a. 北部港口，b. 中部港口，c. 南部港口。

第三节 货运空间类型划分

经上节研究结果可知，6 类货种和潜力总值已呈现较为明显的空间分异特征，空间聚集性已经显现。港口在空间上聚集特征的同质性来源于不同港口群在空间类型上的一致性，因此有必要利用空间聚类结果对港口的空间类型进行多角度识别，从空间角度挖掘港口的货运特征，有助于对港口体系进行合理的货运定位和布局规划。

一 港口货运规模区划分

港口的货运规模是指导港口体系空间布局的重要因素，对港口体系货运规模区的识别利于明晰不同港口区域的运输规模及能力，并能反映其在运输体系中的总体地位和影响。吸引潜力总值的局部空间分析结果将在很大程度上代表"冰上丝绸之路"建设完成后，中国沿海各地区与西北欧贸易往来的总货运规模的相对大小。依据局部空间自相关的聚集结果，将沿海港口地区划分成三大货运规模空间（表3.6），即大型货运规模区（HH型＋HL型）、中型货运规模区（LH型）和小型货运规模区（LL型）。其中，大、中、小型货运规模区所含港口分别约占港口总数的27%、34%和39%。根据不同区域拥有的吸引潜力份额，预测大、中、小型货运规模区将在未来分别承担大约80%、14%和6%的中国—西北欧的货运任务，高量级地区对货流的垄断水平较高。

由表3.6可看出，三大货运规模区具有比较明显的空间聚集特征：

大型和中型货运规模区集中分布在北部和中部沿海地区，南部沿海地区则基本呈现小规模货运的特征。

表3.6 货运规模区分布

货运规模空间类型	港口
大型货运规模区	大连、秦皇岛、唐山、天津、黄骅、烟台、青岛、日照、苏州、上海、宁波—舟山、广州
中型货运规模区	丹东、营口、锦州、威海、连云港、镇江、南通、扬州、南京、江阴、嘉兴、台州、温州、福州、深圳
小型货运规模区	莆田、泉州、厦门、汕头、汕尾、惠州、东莞、江门、中山、珠海、阳江、茂名、湛江、海口、洋浦、八所、北部湾

大型货运规模区的"高比重、多抱团、居北方"的特点显著，具体可以细分为由大连、秦皇岛、唐山、天津和黄骅组成的环渤海湾大型货运区，由青岛、烟台和日照组成的山东半岛大型货运区，由上海、宁波—舟山和苏州组成的长江三角洲大型货运区以及由广州组成的珠江三角洲大型货运区。4个子大型货运区将分别承担由

"冰上丝绸之路"运输而来的大批量的货运任务,并且由于具有较为显著的高值聚集特征,在近邻效应的作用下,4个子大型货运区的发展还将带动周边地区的发展。

中型货运规模区基本环绕在大型货运区的周边,呈现"中心—外围"格局,内部港口将作为枢纽港的支线港或喂给港,起到货物分流和支持辅助的作用。

二　货运等级区划分

对不同货物下的港口区域进行等级划定,有助于发掘不同港口地区的优势功能,利于对其进行合理的功能定位和加强港口间的异质性,从而促进沿海港口体系的协调发展。以不同地区对分货种的货运吸引潜力的局部空间聚类结果为依据,将每类货种的货运空间划分为核心货运区(HH型和HL型的显著区)、主干货运区(HH型和HL型的非显著区)、潜力发展区(LH型)和边缘货运区(LL型)4种类型(表3.7),其各自的特征如下。

核心货运区:该区所包含的港口在各个货类中具有显著的优势地位,将在"冰上丝绸之路"建设完成后,成为该类货种在沿海港口体系中的枢纽型港口,并将引领周边地区的共同发展。通过表3.7可以发现,青岛、日照、苏州、上海、宁波—舟山在不同的核心货运区频繁出现,五大港口基本构成了分货种的核心区。可以预见,在良好的货运基础和区位条件的支持下,五大港口有极大潜力成为未来中国"冰上丝绸之路"的货运中心。

主干货运区:主干货运区的货运规模略次于核心区,但同样将在未来对该类货种承担大批量的货物运输任务,且是与核心区港口争抢西北欧货源的主要竞争者。

潜力发展区:区域内港口的吸引潜力相对较弱,且多围绕在核心区和主干区周围,可以作为核心港和主要港的支线港或喂给港来发展。由于区位优势较为突出,在大型港口的带动下,货运中心向周边地区的货物分流可以使这部分港口获得更多发展机会,因而该地区港口拥有良好的发展空间。

　　边缘货运区：由于吸引潜力与以上 3 个地区相比差距过大，其货源吸引能力明显不足，在竞争中处于弱势，因此边缘货运区将在"冰上丝绸之路"常态化运营后争取到极少的货运份额。该地区的港口多为地理区位偏南且本身实力弱小的港口，其未来发展空间有限，有可能被边缘化。

表 3.7　　　　　　　　　　　　货运等级区分布

货物/类型	核心货运区	主干货运区	潜力发展区	边缘货运区
石油	青岛、日照、宁波—舟山	大连、营口、天津、烟台、南京、上海、广州、北部湾	丹东、锦州、秦皇岛、唐山、黄骅、威海、连云港、江阴、苏州、嘉兴、台州、温州	镇江、南通、扬州、福州、莆田、泉州、厦门、汕头、汕尾、惠州、深圳、东莞、江门、中山、珠海、阳江、茂名、湛江、海口、洋浦、八所
LNG	青岛、上海	大连、唐山、天津、宁波—舟山	烟台、南通、温州	莆田、深圳、珠海、茂名、洋浦、北部湾
铁矿石	唐山、天津、黄骅、青岛、日照	南京、苏州、上海、宁波—舟山	秦皇岛、烟台、威海、连云港、南通、扬州、江阴、嘉兴、台州、温州	大连、丹东、营口、锦州、镇江、福州、莆田、泉州、厦门、汕头、汕尾、惠州、深圳、东莞、广州、江门、中山、珠海、阳江、茂名、湛江、海口、洋浦、八所、北部湾
煤炭	秦皇岛、唐山、天津、黄骅、苏州、上海、宁波—舟山	日照、南通	大连、丹东、营口、锦州、青岛、镇江、扬州、南京、江阴、嘉兴、台州、温州	烟台、威海、连云港、福州、莆田、泉州、厦门、汕头、汕尾、惠州、深圳、东莞、广州、江门、中山、珠海、阳江、茂名、湛江、海口、洋浦、八所、北部湾

续表

货物/类型	核心货运区	主干货运区	潜力发展区	边缘货运区
木材	烟台、青岛、日照、镇江、苏州	大连、天津、连云港、广州	丹东、唐山、南通、扬州、上海、嘉兴、惠州、东莞	宁波—舟山、台州、温州、福州、莆田、泉州、厦门、汕头、汕尾、江门、中山、阳江、茂名、湛江、海口、洋浦
集装箱	青岛、上海、宁波—舟山	大连、营口、天津、厦门、深圳、广州	秦皇岛、唐山、黄骅、烟台、威海、日照、连云港、南通、江阴、苏州、嘉兴、台州、温州、福州、汕头、汕尾、惠州、东莞、中山、珠海	丹东、锦州、镇江、扬州、南京、莆田、泉州、江门、阳江、茂名、湛江、海口、洋浦、八所、北部湾

三 综合货运空间划分

货运规模反映了不同港口地区未来所可能承担的货运份额，货运等级也仅体现港口地区对不同货物的重要性，而两者的关系是值得探讨的问题。不同港口地区在分货种中的货运地位不同，为更准确地衡量港口地区的货运能力，需要判断其综合货运地位。通过构建货运规模指标与重要度—平均度指标来测度沿海港口地区的综合货运空间类型。货运规模指标即所获得的大、中、小型货运规模区，重要度—平均度指标则代表了港口的最高货运及整体货运等级水平。港口重要度—平均度由以下公式判断：

$$O_k = \alpha_k(\gamma_k) \qquad (3.4)$$

式中，O_k 为港口 k 的综合货运等级；α 和 $\gamma \in [A, B, C, D]$，其中 A、B、C、D 分别代表分货种货运等级中的核心、主干、潜力及边缘级；α 为港口 k 的货运等级重要度，即在分货种货运等级中所处的最高级；γ 为平均度，为港口 k 在分货种货运等级中占比最高的级别，代表其货运级别的平均水平。若 $\alpha = \gamma$，则 $O_k = \alpha$。

由重要度—平均度指标所得的沿海港口的综合货运等级见表 3.8。

表3.8　　　　　　　　　　　　综合货运空间等级

等级	港口
A	青岛，日照，苏州，上海，宁波—舟山
$A(B)$	天津
$A(C)$	秦皇岛，唐山，黄骅，烟台
$A(D)$	镇江
B	大连，营口，南京
$B(C)$	连云港，南通
$B(D)$	厦门，深圳，广州，北部湾
C	丹东，威海，扬州，江阴，嘉兴，台州，温州
$C(D)$	锦州，福州，汕头，汕尾，惠州，东莞，中山，珠海
D	莆田，泉州，江门，阳江，茂名，湛江，海口，洋浦，八所

结合货运规模与重要度—平均度指标，沿海港口地区共识别出六类货运空间（表 3.9），不同的空间有不同的角色定位和发展前景。

大规模—核心区：青岛、日照、苏州、上海和宁波—舟山是靠近西北欧的港口。交通运输条件和经贸条件优越，综合实力雄厚，能够获得可观的货运份额。五大港口分布在各类货物的核心货运区，将在国家航运发展中发挥主导作用，应归类为"冰上丝绸之路"国际航运中心型港口。为更好地发挥其作用，须全面提高港口的基础设施服务水平，增加高靠泊能力泊位数量，提高专业化水平和对外贸易能力，增强其枢纽港地位，使其有效带动其周边支线港和喂给港的发展。

大规模—主干区：大连、秦皇岛、唐山、天津、黄骅、烟台和广州的综合实力与大型核心区港口相比存在差距。然而，凭借其良好的区位条件和货运实力，这些港口在许多货种中将发挥重要作用，可以获得较大的货运份额。应将该类港口规划为国内枢纽港。

中规模—主干区：该区域内的港口位于部分货种的核心或主要货运区，具有专业性。镇江是木材的核心港口之一，营口地处石油和集装箱的主要货运区。这些港口应定位为区域性重要港口，可利用其专业化优势，使其在部分货种的港口体系中发挥支撑作用，并辅助枢纽港的运营。

中规模—潜力区：区域内丹东、锦州等港口为中等货运规模，但不能承担核心或主要货运任务。然而，这些港口在空间邻近效应的影响下具有良好的发展前景，由于靠近核心货运区，有可能成为地方性大港。

小规模—潜力区：该区域内港口综合实力较小，只能赢得很小的货运份额。然而，这些港口分布在多个货种的潜力发展区，表明仍有较大发展空间，可被规划为重要的支线港或喂给港。

小规模—边缘区：由于分布在远离西北欧的南部沿海地区，相对北部和中部沿海地区来说，过高的航运成本大大削弱了其竞争力，使得该地区实力较弱，在未来的发展空间有限。此区域中的港口只能用作支线港或喂给港。

表3.9　　　　　　　　　　　综合货运空间类型

类型	港口
大规模—核心区	大连、烟台、青岛、日照、苏州、上海、宁波—舟山
大规模—主干区	秦皇岛、唐山、天津、黄骅、广州
中规模—主干区	营口、连云港、镇江、南通、南京、深圳
中规模—潜力区	丹东、锦州、威海、扬州、江阴、嘉兴、台州、温州、福州
小规模—潜力区	厦门、汕头、汕尾、惠州、东莞、中山、珠海、北部湾
小规模—边缘区	莆田、泉州、江门、阳江、茂名、湛江、海口、洋浦、八所

就其分布来看（表3.9），北部和中部沿海地区的货运空间类型多样，且存在明显的"中心—外围"格局，核心区由不同规模的主

干区和潜力区包围，已具有一定的港口体系层级结构；南部沿海地区的货运区构成则较为单一，以小规模潜力区和小规模—边缘区为主，规模等级层次尚未显现。因此，"冰上丝绸之路"的中国沿海港口体系结构的重心在北部和中部沿海地区。并且，北部沿海地区中位居中规模—主干区以上地位的港口占据多数，反映出该地区大型港口的综合性货流聚集能力要强于其他地区。此外，分析货运规模与重要度—平均度指标的关系可知，沿海港口基本符合货运规模越大，其综合货运等级越高的趋势。

第四节　本章小结

本章基于"港口局部空间联系"视角，研究了港口体系演化主要内容之一的货运空间结构。在具体研究中，确定了中国通过"冰上丝绸之路"与西北欧进行海上贸易的重要货物，设置了货运空间结构的演化情景，利用港口货物吸引潜力模型计算得出港口的货物吸引潜力，对面向"冰上丝绸之路"的中国沿海港口体系和沿海港口的空间异质性演化进行了分析，并根据空间聚类结果对面向"冰上丝绸之路"的中国沿海港口体系的货运空间类型进行了划分。结果显示，受自身实力和运输成本的影响，面向"冰上丝绸之路"的各类货物都表现了空间集聚的特征，高值港口与低值港口间的空间分异明显。北部和中部沿海地区港口的局部空间格局趋于高值，南部沿海地区港口则相反。北部和中部沿海地区对于"冰上丝绸之路"已经具有了一定的包含主副枢纽港、支线港和喂给港的层级结构体系。利用空间聚类结果，分别将中国沿海港口体系的货运规模区划分为了大型货运规模区、中型货运规模区和小型货运规模区 3 类，将不同货物的货运等级区划分为了核心货运区、主干货运区、潜力发展区和边缘货运区 4 种类型，将综合货运空间划分为了大规模—核心区、大规模—主干区、中规模—主干区、中规模—潜力区、小规模—潜力区和小规模—边缘区共 6 种类型。由货运空间类型划分结果可知,中国沿海港口体系结构的重心在北部和中部沿海地区,北部沿海地区大型港口的综合性货流聚集能力要强于其他地区。通过分析港口货运规模与重要度—平均度指标的关系可知,沿海港口基本符合货运规模越大,其综合货运等级越高的趋势。

第 四 章

中国沿海港口体系陆向腹地演化

本章进一步扩大视角，由第三章的"港口局部空间联系"视角拓展到"港口国内内陆联系"视角，研究港口体系演化的主要内容之一——港口陆向腹地。

港口陆向腹地可以看作由选择某一港口的具有货运需求的内陆托运人的地理位置所形成的区域的集合（图4.1）。托运人的选择是港口腹地的决定性因素，[①] 因为这是托运人选择港口所在运输链的结果。[②] 在一个完整的港口体系中，港口是运输链中的一个节点，而不是航线的终点。[③] 因此，托运人所选择的运输链是由港口所连接起来的一条完整的陆海货运路线。离散选择模型的原理解释了决策者是根据随机效用选择方案，即方案的效用越大，其被选择的可能性就越大。基于此，托运人更倾向于选择效用较高的运输链。特别是，

① Wayne K. Talley and Man Wo Ng, "Maritime Transport Chain Choice by Carriers, Ports and Shippers", *International Journal of Production Economics*, Vol. 142, No. 2, April 2013, pp. 311 – 316.

② Grace W. Y. Wang, Qingcheng Zeng, Kevin Li, Jinglei Yang, "Port Connectivity in a Logistic Network: The Case of Bohai Bay, China", *Transportation Research Part E: Logistics and Transportation Review*, Vol. 95, November 2016, pp. 341 – 354.

③ Grace W. Y. Wang, Qingcheng Zeng, Kevin Li, Jinglei Yang, "Port Connectivity in a Logistic Network: The Case of Bohai Bay, China", *Transportation Research Part E: Logistics and Transportation Review*, Vol. 95, November 2016, pp. 341 – 354.

托运人选择在这条运输链上的港口的概率越高，托运人所在的地理区域被划归到该港口的陆向腹地的可能性越大。

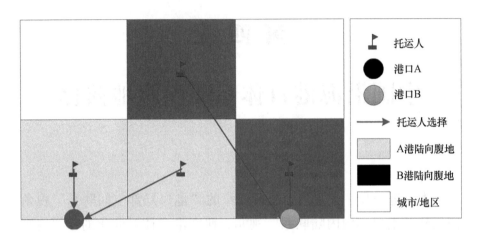

托运人

港口A

港口B

托运人选择

A港陆向腹地

B港陆向腹地

城市/地区

图4.1　港口陆向腹地示意

　　属性的差异使得不同的货物拥有不同的陆海货运链，从而形成了不同的港口陆向腹地范围。集装箱在海上往往采用班轮运输的形式，因而其所在的整体陆海运输链具有相对的固定性，更容易形成较为稳定的陆向腹地，同时运输链效用的变化更容易推动其腹地的演化。因此，本章重点关注面向"冰上丝绸之路"的中国沿海港口体系中集装箱陆向腹地的演化情况。

　　中欧集装箱船贸易占中国海上贸易的很大比例，在中欧集装箱海运贸易中，港口连接的运输链分为陆路和海上两部分。作为贸易流的重要组成，海运航线的效用不可避免地影响着整个运输链的效用水平。"冰上丝绸之路"的建设将为中欧的海上贸易开辟一条新的航线，这条新航线也将影响港口所在运输链的整体效用。

　　考虑到上述问题，本章将以3种假设情景为基础，利用离散选择模型对面向"冰上丝绸之路"的中国沿海港口体系陆向腹地的可能演变进行了预测和分析。其中，港口的优势陆向腹地、概率陆向腹地以及主要竞争陆向腹地被明确划分，并且从启示、原因和政策含义 3 方面对实证结果进行了分析。本章的研究成果可以为政府明确"冰上丝绸之路"对中国沿海港口体系陆向腹地的影响，进而识别目标客户群和货主以进行适应性规划和布局提供有益参考。

第一节　研究区域和演化情景设置

一　陆向腹地区域和港口选择

本章所研究的陆向腹地地理范围包括中国内陆的所有地区，腹地地理单元被精确划分为 2302 个县级行政区域。选择北部沿海地区（大连、天津和青岛）、中部沿海地区（上海和宁波—舟山）和南部沿海地区（厦门、广州和深圳）共 8 个港口作为中国出口欧洲的门户。8 个港口多年来一直位居中国集装箱吞吐量的前八位，同时也是中欧进行海上贸易的主要港口。基于突出的港口实力，各港口腹地基本包括周边中小港口的腹地，因此，本章选取的这 8 个港口陆向腹地的变化可以代表面向"冰上丝绸之路"的中国沿海港口陆向腹地变化的总体趋势。需要说明的是，本章仅考虑通过 8 个港口从内陆到欧洲的单位集装箱运输的效用，而不考虑苏伊士运河航线和"冰上丝绸之路"的航线的规模经济和拥挤效应。

二　陆向腹地演化情景设置

鉴于"冰上丝绸之路"仍在建设中，本章假设了 3 种具有时间演化性质的情景来研究 8 个港口的陆向腹地面向"冰上丝绸之路"时的可能演化。

情景 1：在目前的现实情况中，中欧海上贸易主要依靠苏伊士运河航线，因而在该情景下，只有苏伊士运河航线可供 8 个港口使用，且出口的目的地是欧洲最大的港口，也是中国出口欧洲最频繁的港口之一的鹿特丹港。该情景的设置不仅明确了 8 个港口目前的陆向腹地范围，而且可以用于观察"冰上丝绸之路"建设完成后陆向腹地的演变。

情景 2：在该情景中，中国和欧盟之间增加了一条新的海上航线，以实现南北两向的全面商业航行。此时，8 个港口有两种航线可供选择：苏伊士运河航线和"冰上丝绸之路"航线。东北航线的航行经济性一直存在争议，① 然而，自"冰上丝绸之路"提出以来，一些学者肯定了"冰上丝绸之路"对提高东北航线通航能力的价值：李振福等指出，"冰上丝绸之路"将提高北极航线的通行能力，给北极航线带来新的发展机遇；② 王志民和陈远航认为，"冰上丝绸之路"作为中俄发展战略对接的新起点，将打造升级版的"北海通道"；③ 杨振姣等认为，"冰上丝绸之路"的建设有助于北极航道的发展。④ 但是，考虑到北极地区自然条件的限制，本章认为"冰上丝绸之路"航线的通航时间仍不确定，短期内"冰上丝绸之路"航线实现全年通航的可能性仍然很低。因此，该情景下的"冰上丝绸之路"航线的航行期被保守地定在 7 月至 11 月，这是最适合北极航行的时期。在此期间，"冰上丝绸之路"有可能分担苏伊士运河航线

---

① V. C. Khon, I. I. Mokhov, M. Latif, V. A. Semenov, W. Park, "Perspectives of Northern Sea Route and Northwest Passage in the Twenty-First Century", *Climatic Change*, Vol. 100, June 2010, pp. 757 – 768; Albert Buixadé Farré, Scott R. Stephenson, Linling Chen, Michael Czub, Ying Dai, Denis Demchev, Yaroslav Efimov, Piotr Graczyk, Henrik Grythe, Kathrin Keil, Niku Kivekäs, Naresh Kumar, Nengye Liu, Igor Matelenok, Mari Myksvoll, Derek O'Leary, Julia Olsen, Sachin Pavithran. A. P., Edward Petersen, Andreas Raspotnik, Ivan Ryzhov, Jan Solski, Lingling Suo, Caroline Troein, Vilena Valeeva, Jaap van Rijckevorsel, Jonathan Wighting, "Commercial Arctic Shipping Through the Northeast Passage: Routes, Resources, Governance, Technology and Infrastructure", *Polar Geography*, Vol. 37, No. 4, October 2014, pp. 298 – 324.

② 李振福、陈卓、陈雪等：《北极航线开发与"冰上丝绸之路"建设：一个文献综述》，《中国海洋大学学报》（社会科学版）2018 年第 6 期。

③ 王志民、陈远航：《中俄打造"冰上丝绸之路"的机遇与挑战》，《东北亚论坛》2018 年第 2 期。

④ 杨振姣、王梅、郑泽飞：《北极航道开发与"冰上丝绸之路"建设的关系及影响》，《中国海洋经济》2019 年第 2 期。

的货运量。

　　情景3：在该极端情景中，"冰上丝绸之路"将提供唯一的海上航线。当然，这种情况发生的可能性非常低。尽管苏伊士运河航线存在许多问题（例如交通堵塞和海盗风险等），但它不能完全被"冰上丝绸之路"所取代。这一假设的目的是预测港口陆向腹地在一定时期内，当"冰上丝绸之路"的载货量远远超过苏伊士运河航线时的极端演化情况，这种极端情景可能发生在"冰上丝绸之路"的航运利润远远大于苏伊士运河航线时或苏伊士运河航线中断时，这种极端情景的设置是合理和必要的。历史上，苏伊士运河曾多次中断，并且在近期，2021年"长赐号"货船在苏伊士运河搁浅，造成运河堵塞6天，超过350艘船只被困。一旦苏伊士运河航线受阻，"冰上丝绸之路"可能成为航运利益相关者的首选航线，因为它是连接中国和欧洲的最短海上航线。根据对马六甲海峡和新加坡海峡中断的研究，当中断持续超过4.5天时，承运人开始使用替代航线，[①]所以可以推测航运利益相关者在处理航线事故时具有较强的应对能力，会尽可能地减少利益损失。因此，当苏伊士运河航线中断时，陆向腹地的格局可能在短时间内发生变化。对于这一低概率—高影响事件，必须给予足够的重视，从而为海事部门、托运人和承运人及时规划和部署提供参考。

第二节　模型构建和数据来源

一　模型构建

　　离散选择模型被广泛应用于交通领域用来模拟交通行为。统一

---

　　① Xiaobo Qu and Qiang Meng, "The Economic Importance of the Straits of Malacca and Singapore: An Extreme-Scenario Analysis", *Transportation Research Part E: Logistics and Transportation Review*, Vol. 48, No. 1, January 2012, pp. 258 – 265.

的货物运输路线的选择是一个涉及众多属性的复杂过程。[①] 本章重点考虑运输链的 3 个主要组成部分：陆运、港口装卸和海运，并为托运人设置了 3 条主要的陆上备选交通线，包括高速公路、铁路和由陆港连接的公铁联运。

托运人对运输链的选择分为港口、海上航线和陆上交通线 3 个层次。港口是连接多种内陆运输方式和多条航线的节点，首先将其定位在第 1 层次，[②] 其次将海上航线设置在第 2 层次，最后将陆上交通线设置在第 3 层次。因此，托运人首先选择港口，然后选择海上航线，最后选择陆上交通线。在模型选择上，第 1 层次和第 2 层次之间的决策关系符合巢式 Logit 模型的结构特征，但是在第 2 层次和第 3 层次，属于同一港口的陆上交通线也属于该港口所连接的苏伊士运河航线或"冰上丝绸之路"，基于此选择了交叉巢式 Logit 模型。最终，构建了一个混合交叉巢式 Logit 模型来表示 3 个情景的整个选择过程（图 4.2），其中 i、iy 和 iyj 分别表示同一运输链上的港口、海上航线和陆上交通线。在情景 1 和情景 3 的第 2 层次中只能选择每个港口下的 1 条海上航线（苏伊士运河航线或"冰上丝绸之路"的航线）。

概率公式表示为：

$$P_m(iyj) = \sum_{j \in R} \cdot P_m(i) P_m(iy \mid i) P_m(iyj \mid iy) \quad (4.1)$$

$$P_m(iy) = P(i) P(iy \mid i) \quad (4.2)$$

$$P_m(iyj \mid iy) = \frac{(\alpha_{iyj} e^{V_{iyj}})^{1/\varphi_{iy}}}{\sum_{j^* \in R} (\alpha_{iyj} e^{V_{iyj^*}})^{1/\varphi_{iy}}} \quad (4.3)$$

---

① Lorant Tavasszy, Michiel Minderhoud, Jean-Francois Perrin, Theo Notteboom, "A Strategic Network Choice Model for Global Container Flows: Specification, Estimation and Application", *Journal of Transport Geography*, Vol. 19, No. 6, November 2011, pp. 1163 – 1172.

② 蒋晓丹、范厚明、张琰雪等：《港口与运输方式及陆港联合选择的巢式 Logit 模型》，《交通运输系统工程与信息》2018 年第 5 期。

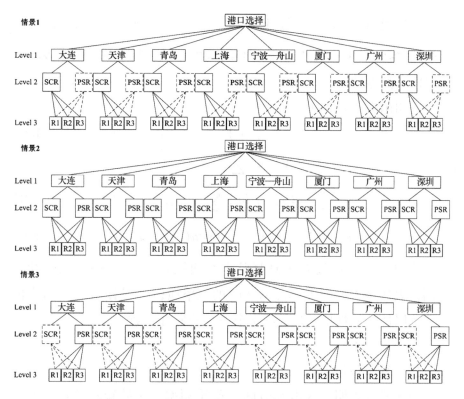

图4.2 三种情景下混合交叉巢式 Logit 模型的结构

注：SCR：苏伊士运河航线；PSR："冰上丝绸之路"的航线；R1：公路，R2：铁路，R3：公铁联运。

$$P_m(iy \mid i) = \frac{e^{\tau_i V_{iy}}}{\sum_{y^* \in L} e^{\tau_i V_{iy*}}} \qquad (4.4)$$

$$P_m(i) = \frac{e^{\mu V_i}}{\sum_{i^* \in T} e^{\mu V_{i*}}} \qquad (4.5)$$

式中，$P_m(iyj)$ 是托运人 m 选择陆上交通线 iyj 的概率；$P_m(i)$ 是托运人 m 选择港口 i 的概率；$P_m(iy \mid i)$ 是在托运人 m 选择港口 i 的情况下海上航线 iy 被选择的条件概率；$P_m(iyj \mid iy)$ 是托运人 m 选择海上航线 iy 的情况下陆上交通线 iyj 被选择的条件概率；R、L 和 T 分别是 iyj、iy 和 i 的集合；V_{iyj} 是托运人 m 选择陆上交通线 iyj 的系统效用；V_{iy}是iy的系统效用；V_i是i的系统效用；α_{iyj}是iyj在iy的分配系数，$0 \leqslant \alpha_{iyj} \leqslant 1$，且$\sum_j \alpha_{iyj} = 1$；$\mu$、$\tau_i$和$\varphi_{iy}$分别是层次1、层次2和层次3的参数。

效用函数表示如下：

$$U_{iyj} = V_{iyj} + V_{iy} + V_i + \varepsilon_{iyj} + \varepsilon_{iy} + \varepsilon_i \qquad (4.6)$$

$$V_{iyj} = \sum_{k=1}^{k_3} \beta_k x_{km} \qquad (4.7)$$

$$V_{iy} = \sum_{k=1}^{k_2} \beta_k x_{km} + ln \left[\sum_{j \in R} (\alpha_{iyj} e^{Viyj})^{1/\varphi_{iy}} \right]^{\varphi_{iy}} \qquad (4.8)$$

$$V_i = \sum_{k=1}^{k_1} \beta_k x_{km} + 1/\tau_i ln \left(\sum_{y \in L} e^{\tau_i V_{iy}} \right) \qquad (4.9)$$

式中，U_{iyj}是托运人m选择陆上交通线iyj的效用；ε_{iyj}、ε_{iy}和ε_i分别代表托运人m选择iyj、iy和i的概率项；x_{km}是托运人m考虑的第k个属性的属性值；β_k是第k个属性的属性系数。

二 系统效用函数

一些研究表明，成本和时间、班轮频率、集装箱吞吐量、海运费率和时间是影响托运人选择港口的重要因素，[1] 航行成本、时间和风险会显著影响航运公司在两条航线之间的选择决策，[2] 航运费用代

---

[1] Semih Onut, Umut R. Tuzkaya, Ercin Torun, "Selecting Container Port via a Fuzzy ANP-Based Approach: A Case Study in the Marmara Region, Turkey", *Transport Policy*, Vol. 18, No. 1, January 2011, pp. 182 – 193; Adams B. Steven and Thomas M. Corsi, "Choosing a Port: An Analysis of Containerized Imports into the U. S. ", *Transportation Research Part E: Logistics and Transportation Review*, Vol. 48, No. 4, July 2012, pp. 881 –895; Javier Cantillo, Victor Cantillo, Julian Arellana, "Modelling with Joint Choice of Ports and Countries of Origin and Destination: Application to Colombian Ports", *Maritime Policy & Management*, Vol. 45, No. 6, March 2018, pp. 720 – 738.

[2] Sung-Woo Lee and Ju-Mi Song, "Economic Possibilities of Shipping Through Northern Sea Route", *The Asian Journal of Shipping and Logistics*, Vol. 30, No. 3, December 2014, pp. 415 –430; Hua Wang, Yiru Zhang, Qiang Meng, "How Will the Opening of the Northern Sea Route Influence the Suez Canal Route? An Empirical Analysis with Discrete Choice Models", *Transportation Research Part A: Policy and Practice*, Vol. 107, January 2018, pp. 75 – 89.

表了托运人可能支付的最低集装箱费率。因此，航运成本、时间和风险是托运人和航运公司在选择航线时需要共同考虑的属性。

根据以上分析，混合交叉巢式 Logit 模型的简化系统效用函数如下式所示：

$$V_i^{Level1} = \beta_1 x_i^{cost} + \beta_2 x_i^{time} + \beta_3 x_i^{scale} + \beta_4 x_i^{SCR, frequency} \tag{4.10}$$

$$x_i^{cost} = C_i^{port} + \varepsilon x_i^{time} \tag{4.11}$$

式中，V_i^{Level1} 是层次 1 的系统效用；x_i^{cost} 是总港口成本；x_i^{time} 是在港口的平均停留时间；x_i^{scale} 是集装箱装卸规模；$x_i^{SCR, frequency}$ 是通过苏伊士运河航线到鹿特丹港的班轮频率；C_i^{port} 是港口费用；ε 是单位时间价值。

$$V_{iy}^{Level2} = \beta_5 x_{iy}^{cost} + \beta_6 x_{iy}^{time} + \beta_7 x_{iy}^{risk} \tag{4.12}$$

$$x_{iy}^{cost} = \begin{cases} C_{iy}^{SCR, freight} + \varepsilon T_{iy}^{SCR, time}, \forall y \in SCR \\ C_{iy}^{PSR, freight} + \varepsilon T_{iy}^{PSR, time}, \forall y \in PSR \end{cases} \tag{4.13}$$

$$x_{iy}^{time} = \begin{cases} T_{iy}^{SCR, time}, \forall y \in SCR \\ T_{iy}^{PSR, time}, \forall y \in PSR \end{cases} \tag{4.14}$$

$$x_{iy}^{risk} = \begin{cases} F_{iy}^{SCR, risk}, \forall y \in SCR \\ F_{iy}^{PSR, risk}, \forall y \in PSR \end{cases} \tag{4.15}$$

式中，V_{iy}^{Level2} 是第二层次的系统效用；x_{iy}^{cost} 是苏伊士运河航线/"冰上丝绸之路"航线的总航运成本；x_{iy}^{time} 是苏伊士运河航线/"冰上丝绸之路"航线的总航行时间；x_{iy}^{risk} 是苏伊士运河航线/"冰上丝绸之路"航线的航行风险；$C_{iy}^{SCR, freight}$ 和 $C_{iy}^{PSR, freight}$ 分别是苏伊士运河航线和"冰上丝绸之路"航线的运费；$T_{iy}^{SCR, time}$ 和 $T_{iy}^{PSR, time}$ 分别是苏伊士运河航线和"冰上丝绸之路"航线的航行时间；$F_{iy}^{SCR, risk}$ 和 $F_{iy}^{PSR, risk}$ 分别是苏伊士运河航线和"冰上丝绸之路"航线的航行风险。

$$V_{iyj}^{Level3} = \beta_8 x_{iyj}^{cost} + \beta_9 x_{iyj}^{time} \tag{4.16}$$

$$
\begin{aligned}
x_{iyj}^{cost} &= C_{iyj}^{land} + C_{iyj}^{time\,value} \\
&= \begin{cases}
D_{iyj}^{road} \delta^{road} + \varepsilon(D_{iyj}^{road} / \overline{V}^{road} + \overline{T}^{port}) , \forall j \in Road \\[2mm]
D_{iyj}^{rail} \delta^{rail} + \varepsilon(D_{iyj}^{rail} / \overline{V}^{rail} + \overline{T}^{port}) , \forall j \in Rail \\[2mm]
(D_{iyj}^{road^*} \delta^{road} + D_{iyj}^{rail^*} \delta^{rail} + \overline{C}^{dry\,port} - \overline{C}^{subsidies}) \\[2mm]
\quad + \varepsilon(D_{iyj}^{road^*} / \overline{V}^{road} + D_{iyj}^{rail^*} / \overline{V}^{rail} + \overline{T}^{dry\,port}) , \forall j \in R-R
\end{cases}
\end{aligned}
$$

$$\tag{4.17}$$

$$
x_{iyj}^{time} = \begin{cases}
D_{iyj}^{road} / \overline{V}^{road} + \overline{T}^{port} , \forall j \in Road \\[2mm]
D_{iyj}^{rail} / \overline{V}^{rail} + \overline{T}^{port} , \forall j \in Rail \\[2mm]
D_{iyj}^{road^*} / \overline{V}^{road} + D_{iyj}^{rail^*} / \overline{V}^{rail} + \overline{T}^{dry\,port} , \forall j \in R-R
\end{cases} \tag{4.18}
$$

式中，V_{iyj}^{Level3} 是第 3 层次的系统效用；x_{iyj}^{cost} 是总陆运成本；x_{iyj}^{time} 是总陆运时间；C_{iyj}^{land} 是陆运成本；$C_{iyj}^{time\,value}$ 是陆运的时间价值；D_{iyj}^{road} 是最短高速公路距离；δ^{road} 是平均高速公路运费率；$\overline{V}^{road}$ 是平均高速公路货运速度；$\overline{T}^{port}$ 是港口平均通关时间；D_{iyj}^{rail} 是最小公路距离；δ^{rail} 是铁路平均货运费率；$\overline{V}^{rail}$ 是铁路平均货运速度；$D_{iyj}^{road^*}$ 是公铁联运在高速公路阶段的距离；$D_{iyj}^{rail^*}$ 是公铁联运在铁路路段的距离；$\overline{C}^{dry\,port}$ 是陆港的平均作业费用；$\overline{C}^{subsidies}$ 是公铁联运的补贴；$\overline{T}^{dry\,port}$ 是陆港平均作业时间。

三 数据来源

在港口层面，x_i^{cost}、x_i^{time} 和 x_i^{scale} 来自 2017—2019 年《中国港口年鉴》和 JC Trans（http：//www. jc56. com/tools/portfees. shtml）。$x_i^{SCR,frequency}$ 来自 2019 年全球六大航运公司（马士基、MSC、中远、CMACGM、HPL、EMC）的官方网站。此外，ε 设定为 0. 73USD/h/

TEU，计算数据来自欧盟统计局数据库（Eurostat Database）和克拉克森数据库（Clarckson Database）。

在海上航线层面，对于 $C_{iy}^{SCR,freight}$ 和 $C_{iy}^{PSR,freight}$，航运成本计算的参考船舶分别为 CMA CGM Ganges（巴拿马型，10000 TEU）和 APL China（巴拿马型，5108TEU，Arc 4）。航行时间保守地定在 7 月至 11 月。为了计算 $T_{iy}^{SCR,time}$ 和 $T_{iy}^{PSR,time}$，集装箱船的速度分别设定为 18k（普通海面）和 13k（结冰海面，2200 n miles）。[①] 航行风险具有主观性，难以衡量，因此，通过参考 Wang 等的工作，将 $F_{iy}^{SCR,risk}$ 和 $F_{iy}^{PSR,risk}$ 分别设定为 100 和 145。[②]

在陆上交通线层面，D_{iyj}^{road} 和 D_{iyj}^{road*} 来自 71118 高速公路网。D_{iyj}^{rail} 和 D_{iyj}^{rail*} 来自 2016 年《中长期铁路网规划》中的货运铁路网。δ^{road} 和 δ^{rail} 取自交通部发布的《国际集装箱汽车运输费收规则》和国家发展改革委《关于调整铁路货运价格进一步完善价格形成机制的通知》（发改价格〔2015〕183 号），分别设置为 8RMB/km/TEU 和 2.025RMB/km/TEU。$\overline{V}^{road}$ 和 $\overline{V}^{rail}$ 取自《中华人民共和国行业标准：公路工程技术标准（JTG B01 - 2014）》和中国铁路客户服务中心网站，分别设为 90km/h 和 70km/h。在中国，陆港的费用和时间是不公开和透明的。根据在沈阳港、大连港和宁波港的平均调查结果，结合网上公布的西安国际陆港的收费公告，将 $\overline{C}^{dry port}$、$\overline{C}^{subsidies}$ 和 $\overline{T}^{dry port}$ 分别设定为 414RMB/TEU、100RMB/TEU 和 6h/TEU。$\overline{T}^{port}$ 被设定为 10h/TEU，这也是调查的平均值。

8 个港口的其他变量值如表 4.1 所示。

---

① Yiru Zhang, Qiang Meng, Szu Hui Ng, "Shipping Efficiency Comparison Between Northern Sea Route and the Conventional Asia-Europe Shipping Route via Suez Canal", *Journal of Transport Geography*, Vol. 57, December 2016, pp. 241 - 249.

② Hua Wang, Yiru Zhang, Qiang Meng, "How Will the Opening of the Northern Sea Route Influence the Suez Canal Route? An Empirical Analysis with Discrete Choice Models", *Transportation Research Part A: Policy and Practice*, Vol. 107, January 2018, pp. 75 - 89.

表 4.1   8 个港口部分变量的值

变量	大连	天津	青岛	上海	宁波—舟山	厦门	广州	深圳
x_i^{time} (day/TEU)	4.9	5.3	4.8	4.9	5.2	5.8	7.1	7.8
x_i^{scale} (10000TEU/year)	944	1452	1805	3713	2156	813	1619	2398
$x_i^{SCR,frequency}$ (routes/week)	18	22	24	41	39	24	6	36
C_i^{port} (RMB/TEU)	580	955	625	520	580	776	880	870
$C_{iy}^{SCR,freight}$ (USD/TEU)	527	587	530	503	483	462	495	426
$T_{iy}^{SCR,time}$ (day)	34	36	33	31	30	30	30	27
$C_{iy}^{PSR,freight}$ (USD/TEU)	386	396	384	383	386	401	415	414
$T_{iy}^{PSR,time}$ (day)	24	25	24	24	24	25	26	26

采用声明偏好调查来获得托运人对港口选择的偏好，共有 63 名来自托运人和专家的受访者接受了调查。模型中的一些参数需要估计，过度参数化会降低模型的自由度及其对样本数据的适应性，[1] 因此将混合交叉巢式 Logit 模型中的参数 φ_{iy} 设置为 1，并将 τ_i 和 μ 设置为 0.9。[2] 分配参数 α_{iyj} 在情景 1 中设置为 1 ($y \in$ SCR) 和 0 ($y \in$ PSR)，在情景 3 中设置为 1 ($y \in$ PSR) 和 0 ($y \in$ SCR)，在情景 2 中设置为 0.5。[3] 其他参数用 Biogeme 软件编程采用最大似然估计法计算求得。

从表 4.2 可以看出，该模型拟合度高，数据解释能力强（Rho-

---

① Stephane Hess and John W. Polak, "Exploring the Potential for Cross-Nesting Structures in Airport-Choice Analysis: A Case-Study of the Greater London Area", *Transportation Research Part E: Logistics and Transportation Review*, Vol. 42, No. 2, March 2006, pp. 63 – 81.

② 蒋晓丹、范厚明、张琰雪等:《港口与运输方式及陆港联合选择的巢式 Logit 模型》,《交通运输系统工程与信息》2018 年第 5 期；周竹萍、蔡逸飞、胡启洲等:《基于巢式和交叉巢式 logit 的行人步行行为模型》,《系统工程理论与实践》2017 年第 1 期。

③ Stephane Hess and John W. Polak, "Exploring the Potential for Cross-Nesting Structures in Airport-Choice Analysis: A Case-Study of the Greater London Area", *Transportation Research Part E: Logistics and Transportation Review*, Vol. 42, No. 2, March 2006, pp. 63 – 81.

square >0.5）。陆上交通线设置在第 2 层次，海上航线设置在第 3 层次的混合交叉巢式 Logit 模型也被拟合。陆路层次和海路层次的 Rho-square 分别为 0.544 和 0.579，说明陆上交通线设置在第 3 层次、海上航线设置在第 2 层次的模型结构拟合精度更高。在 5% 显著水平上，x_i^{cost}、x_i^{time}、x_{iy}^{cost}、x_{iy}^{time}、x_{iy}^{risk}、x_{iyj}^{cost} 和 x_{iyj}^{time} 的系数均为负，表明这些属性对运输链的效用有显著的负效应，同时，$x_i^{SCR,frequency}$ 产生了显著的正向效应。x_i^{scale} 也产生了负向影响，但是由于其负向影响并不显著，在剔除该属性后进行了重新估计，重新估计的结果与第 1 层次的初始估计结果相比差异不大。

表4.2　　　　　　　　　　　　　　**估计结果**

层次					
1	系数	β_1	β_2	β_3	β_4
	估计值	-0.020 (-0.0197)	-0.442 (-0.442)	-0.0007	0.115 (0.114)
	p 值	0 (0)	0 (0)	0.11	0 (0)
	Final log likelihood	-143.207 (-144.522)			
	Rho-square	0.575 (0.571)			
2	系数	β_5	β_6	β_7	
	估计值	-0.011	-0.245	-0.087	
	p 值	0	0	0	
	Final log likelihood	-167.286			
	Rho-square	0.628			
3	系数	β_8	β_9		
	估计值	-0.0048	-0.178		
	p 值	0	0		
	Final log likelihood	-168.921			
	Rho-square	0.557			

注：括号中的是重新估计的参数。

第三节　陆向腹地演化分析

一　港口优势陆向腹地演化

各县域单位选择 8 个港口的概率各不相同，本章将选择 1 个港口的概率最高的托运人所在的地理区域视为该港的优势陆向腹地。表 4.3 展示了港口优势陆向腹地的划分和演化情况，现对其分析如下。

情景 1：截至目前，还没有对中国港口出口欧洲港口的腹地划分的研究，但是根据徐维祥和许言庆的研究工作，[①] 在情景 1 所划分的陆向腹地区域在合理的空间范围内，也验证了本章在划定港口陆向腹地方面的可信性。在该情景下，优势陆向腹地的分布向右下方倾斜，这与运输网络布局和托运人追求最小运输距离（成本和时间）有关。北部、中部和南部港口的陆向腹地分别约占陆向腹地总数的 35.62%、31.88% 和 32.5%。青岛、上海和深圳的陆向腹地数量分别位居北部港口、中部港口和南部港口的首位，分别约占 56.2%、75.3% 和 84.2%。新疆中部、宁夏南部和山东南部是北部港口的陆向腹地边界，西藏南部、四川中部和广州北部是南部港口的陆向腹地边界，中部港口的陆向腹地位于两个边界之间。

情景 2：腹地的地理分布趋于平缓，北部、中部和南部港口的陆向腹地数量占比分别约为 40.05%、28.42% 和 31.53%。北部港口的陆向腹地数量增加，中部和南部港口的陆向腹地数量减少。天津对北部港口数量增加的贡献最大，其陆向腹地数量增加了约 142%。相比之下，所有中部港口的陆向腹地数量都有所下降，其中上海陆向腹地的数量下降了约 12.7%，跌幅最大。地处南部地区的厦门和

---

① 徐维祥、许言庆：《我国沿海港口综合实力评价与主要港口腹地空间的演变》，《经济地理》2018 年第 5 期。

广州的陆向腹地数量略有增加，主要原因是该情景下深圳陆向腹地的流失。北部港口的陆向腹地总体向南延伸，覆盖西北、华北和东北地区，中部港口的陆向腹地则向华中和华东地区汇聚，而南部港口的陆向腹地已经失去了四川的一部分。"冰上丝绸之路"的加入改变了原来由港口所连接的运输链的效用，从而改变了陆向腹地的格局。

情景3：北部、中部和南部港口的陆向腹地数量分别约占49.87%、27.76%和22.37%。中部和北部港口的陆向腹地数量都有所增加，其中北部港口的涨幅最大。青岛和上海分别以约33.9%和8.5%的增长率成为这两个地区陆向腹地数量增长的最大贡献者。北部港口的陆向腹地向南延伸至四川中南部，中部港口在西北方向的陆向腹地向东南方向收缩，腹地范围以中国的中南部和东南部为主，并往西向西藏方向扩展，南部港口的陆向腹地已被压缩到华南地区。

表4.3　　　　　　　　　　　　港口优势陆向腹地占比　　　　　　　　单位：%

港口	情景1	情景2	情景3
大连	9.86	9.64	9.86
天津	5.73	13.86	17.85
青岛	20.03	16.55	22.16
上海	24.02	20.98	22.76
宁波—舟山	7.86	7.44	5.00
厦门	5.13	5.56	6.78
广州	0	1.69	15.55
深圳	27.37	24.28	0.04

二　港口概率陆向腹地演化

港口可以由任何县级单位选择，概率陆向腹地用于体现每个县域单元选择港口的概率。对概率陆向腹地的划分有助于识别不同陆向腹地对于港口的重要性。下面分析 8 个港口在不同情景下的概率陆向腹地演化情况。

北部港口：高概率腹地 $[P_m(i) > 0.35]$ 主要集中在中国内陆的北部地区，随着情景的演化，南部地区选择北部港口的概率也在不断增加。东北地区逐渐成为大连的高概率陆向腹地，中概率陆向腹地 $[0.15 < P_m(i) \leq 0.35]$ 则主要分布在北部，并逐渐向北延伸，其在华北和西北的陆向腹地由低概率腹地 $[P_m(i) \leq 0.15]$ 转变为中等概率腹地。内蒙古和京津冀地区逐渐成为天津的高概率陆向腹地，天津西北部的部分中概率陆向腹地演变为高概率陆向腹地。青岛的高概率陆向腹地主要向山东扩展，中概率腹地幅员辽阔并向南扩展，覆盖了西北、华北和东北的广阔土地。

中部港口：高概率陆向腹地稳定在长江三角洲地区，但中概率陆向腹地的范围变化较大。在情景 1，华东和西北地区是主要的中概率陆向腹地，但是由于托运人到达上海的交通成本更低、时间更短，宁波—舟山的中概率陆向腹地数量要少于上海。在情景 2，两港的中概率陆向腹地失去了在中国北部和西北部地区的部分，并向东南部收缩。上海的中概率陆向腹地整体南移，而宁波—舟山的腹地则聚集在华中和华东地区。

南部港口：广州和深圳的概率陆向腹地分布相比厦门来说更相似，因为两港的地理位置更为接近。两港在华南地区分布有高概率陆向腹地，而东北方向的腹地则形成多个不同层次的概率分布区。高、中概率陆向腹地不断向南压缩，部分高概率陆向腹地演化为了中概率陆向腹地。这表明，在情景 2 以后，广州和深圳的优势陆向腹地受到北部和中部港口的挤压，对东北方向托运人的吸引力逐渐减弱。值得注意的是，广州的高概率陆向腹地在情景 2 开始出现，这是因为"冰上丝绸之路"在一定程度上弥补了广州的弱势，从而增强了其对深圳的竞争力。厦门的高概率陆向腹地一直聚集在福建，并延伸到广东，其中概率陆向腹地在情景 1 和情景 2 变化不大，主要分布在西南、华中和华南地区，但从四川到福建的中概率陆向腹地范围在情景3有所缩小，降幅较大。

三 港口主要竞争陆向腹地演化

一个县域单元选择8个港口的概率不同，其选择的概率最大的前两位港口将有可能在该区域产生最强的竞争关系，同时，这个县域单元也成为这两个港口的主要竞争陆向腹地。根据3种假设情景下港口最强竞争关系存在阶段的差异，将港口的主要竞争陆向腹地分为3类（表4.4）。

（一）竞争存在于3种假设情景

大连和天津：主要竞争陆向腹地的数量较少但一直在增加。主要竞争陆向腹地基本稳定在内蒙古东部地区，并有小范围的扩大。竞争区域是大连的优势陆向腹地所在地，这说明天津对于优势陆向腹地的竞争力在逐步增强。

大连和青岛：随着天津优势陆向腹地在东北地区的持续扩张，两港位于该地区的主要竞争陆向腹地一直在缩小。未来烟大海底隧道的建设将打破东北地区和山东半岛的交通阻隔，同时，"冰上丝绸之路"的加入增加了大连对托运人的吸引力，有了这些助力，大连的主要竞争陆向腹地得以向山东半岛延伸。

天津和青岛：主要竞争陆向腹地数量不断上升，范围不断扩大。在情景1，主要竞争陆向腹地主要位于内蒙古东部和新疆北部。在情景2，主要竞争陆向腹地进一步向南延伸，覆盖了新疆、内蒙古、京津冀等大部分地区，且天津取代上海成为青岛的主要竞争对手。在情景3，主要竞争陆向腹地涵盖了西北和华北的所有地区以及华东、华中和西南的部分地区，此时主要竞争陆向腹地范围在整个内陆地区占比最大，达到了31.06%。这两个港口在情景2之后已经能够占领中部和南部港口的优势陆向腹地。

青岛和上海：主要竞争陆向腹地数量先降后升，在不同的情景下的腹地范围差别很大，但基本分布在两港在优势陆向腹地相交的狭窄区域。在情景1，主要竞争陆向腹地由山东向新疆南部延伸，然后在情景 2 时整体略向南移动。在情景 3，主要竞争陆向腹地从浙江延伸到西藏。

上海和宁波—舟山：主要竞争陆向腹地数量持续下降，主要分布在华中和华东地区且向南迁移。"冰上丝绸之路"提高了北部港口的竞争力，但同时削弱了南部港口的竞争力。因此，初始在北部地区占主导地位的上海和宁波—舟山两港的优势陆向腹地受到了北部港口的挤压，然后向南延伸，占领了南部港口的优势陆向腹地。

宁波—舟山和厦门：主要竞争陆向腹地数量略有波动，主要分布在福建、江西和湖南 3 省。腹地范围逐渐向南迁移，最终聚集在福建和江西。

广州和深圳：上海在西南地区竞争力的下降为广州与深圳的竞争提供了机会，因此广州和深圳的主要竞争陆向腹地的数量首先小幅上升，转而急剧减少。在情景 1 和情景 2，西南和华南的大片区域是两个港口之间的竞争区。然而，在情景 3 中，二者之间的最强竞争关系几乎消失，这是因为广州和深圳在东北方向失去了大片优势陆向腹地，主要竞争陆向腹地也随着"冰上丝绸之路"的加入而压缩。

上述竞争关系均发生在相邻港口之间，因此陆上交通线的效用水平差异最小，更容易产生最强的竞争关系。

（二）竞争存在于前期情景，在后期情景中消失

上海和厦门：主要竞争陆向腹地出现在情景 1 和情景 3。竞争区域首先分布在湖南北部然后转向南部。由于"冰上丝绸之路"缩小了上海和宁波—舟山之间的效用差距，在情景 2，宁波—舟山已成为厦门的主要竞争者。在情景 3，上海的优势陆向腹地向南转移，从而与厦门竞争腹地。

上海和深圳、宁波—舟山和深圳、厦门和深圳：3 对港口的主要竞争陆向腹地变化相似，即随着情景的变化，主要竞争陆向腹地逐渐收缩至消失，这主要是深圳的优势陆向腹地缩小造成的。

存在这种竞争关系的两个港口通常相距较远，在"冰上丝绸之路"加入之前，二者之间存在着一个具有强竞争力的港口可以竞争更远地区的腹地。加入"冰上丝绸之路"后，一些港口对托运人的吸引力下降，从而失去了其争夺较远地区腹地的竞争力。

（三）竞争存在于后期情景中，但在前期情景中没有出现竞争

青岛和广州、上海和广州：在情景3，青岛和广州之间出现了少量的主要竞争陆向腹地，在该情景下，青岛对南方地区的吸引力增强，在某些区域与广州产生了强竞争关系。上海和广州之间也出现了同样的情况。

厦门和广州：最强竞争关系在情景2开始出现，然后一直延续到情景3。随着深圳在华南和西南地区主导地位的下降，厦门和广州在情景2成为竞争关系最强的港口。到了情景3，华南地区已经成为这两个港口的竞争区域。

与第二类竞争关系相比，这种竞争关系的出现是一个相反的过程。在"冰上丝绸之路"加入之前，港口间通常相距较远，或者一些港口几乎没有优势陆向腹地，因此各个港口间的高概率陆向腹地相交狭窄，没有主要竞争陆向腹地出现。"冰上丝绸之路"加入后，一些港口的高概率陆向腹地已经扩展到更大的区域，从而港口可以跨越更大的地区与相距较远的港口竞争腹地范围。

表4.4　　　　　　　　港口主要竞争陆向腹地的占比　　　　　　　单位：%

竞争港	情景1	情景2	情景3
大连和天津	1.04	1.56	2.87
大连和青岛	10.60	10.12	10.17
天津和青岛	15.16	21.07	31.06
青岛和上海	15.46	13.38	15.94
上海和宁波—舟山	21.89	18.55	16.99
宁波—舟山和厦门	4.47	5.17	3.21
广州和深圳	23.02	25.07	0.04

续表

竞争港	情景1	情景2	情景3
上海和厦门	0.39	0	0.83
上海和深圳	3.17	1.65	0.00
宁波—舟山和深圳	0.91	0.48	0.00
厦门和深圳	3.87	2.91	0.00
青岛和广州	0	0	0.09
上海和广州	0	0	0.56
厦门和广州	0	0.04	18.25

第四节　启示、原因和政策含义分析

一　估计模型的符号观测

托运人对港口的选择受到各种属性的影响。本章主要讨论了成本（x_i^{cost}、x_{iy}^{cost} 和 x_{iyj}^{cost}）、时间（x_i^{time}、x_{iy}^{time} 和 x_{iyj}^{time}）、风险（x_{iy}^{risk}）、港口规模（x_i^{scale}）和班轮频率（$x_i^{SCR,frequency}$）的影响。表4.2中的参数估计结果表明，x_i^{cost}、x_i^{time}、x_{iyj}^{cost} 和 x_{iyj}^{time} 都对运输链的效用有显著的负向作用，而 $x_i^{SCR,frequency}$ 对运输链的效用有显著的正向作用。托运人更倾向于选择频率更高、成本更低、运输时间更短的港口，许多研究也证实了这些属性的作用。[1] 因此，需要增建陆港、扩大公路和铁路

---

[1] Chinonye Ugboma, Ogochukwu Ugboma, Innocent C. Ogwude, "An Analytic Hierarchy Process (AHP) Approach to Port Selection Decisions—Empirical Evidence from Nigerian Ports", *Maritime Economics & Logistics*, Vol. 8, September 2006, pp. 251 – 266; Adams B. Steven and Thomas M. Corsi, "Choosing a Port: An Analysis of Containerized Imports into the U. S. ", *Transportation Research Part E: Logistics and Transportation Review*, Vol. 48, No. 4, July 2012, pp. 881 – 895; Víctor Cantillo, Javier Visbal, Julián Arellana, "Analysis on the Determinants of Shipment Size and Type-of-Truck Choices Using a Discrete-Continuous Hybrid Model", *International Journal of Shipping & Transport Logistics*, Vol. 10, No. 4, July 2018, pp. 406 – 428.

运力、提高港口的海运服务水平，从而减少港口拓展腹地的运输时间和成本。在海上航线水平上，x_{iy}^{cost}、x_{iy}^{time} 和 x_{iy}^{risk} 对托运人的选择有显著的负向影响，这与航运公司的航线选择行为研究结果一致。[①] 这表明，成本、时间和风险均会影响托运人和航运公司对于航线的选择。x_i^{scale} 有负面影响，这与预期不同。设置此属性的初衷是用它来表示港口的实力，[②] 然而，该属性也可能代表港口的拥挤效应。[③] 对于吞吐量较大的港口来说，发生拥堵的概率也较大，这将给托运人带来直接损失。为了减轻港口拥挤给托运人带来的心理负担，港口管理者应该追求更高效的货物处理水平。因此，港口管理者可以采取措施来管理可用起重机的利用率和工作过程、提高堆场的利用率、提高理货速度、简化操作流程等，这些措施可以提高各个环节的运行效率。

二　陆向腹地演化动力分析

不同港口的陆向腹地在 3 个情景下的变化较大，海上航线的效用变化是推动港口陆向腹地演变的动力。港口 i 演化的动力被定量地表示为 $Force_i = ln\left[\sum_{y \in L} e^{\tau_i V_{iy}}\right]$，鉴于研究区域包括中国内陆的

① Sung-Woo Lee and Ju-Mi Song, "Economic Possibilities of Shipping Through Northern Sea Route", *The Asian Journal of Shipping and Logistics*, Vol. 30, No. 3, December 2014, pp. 415 – 430; Hua Wang, Yiru Zhang, Qiang Meng, "How Will the Opening of the Northern Sea Route Influence the Suez Canal Route? An Empirical Analysis with Discrete Choice Models", *Transportation Research Part A: Policy and Practice*, Vol. 107, January 2018, pp. 75 – 89.

② Semih Onut, Umut R. Tuzkaya, Ercin Torun, "Selecting Container Port via a Fuzzy ANP-Based Approach: A Case Study in the Marmara Region, Turkey", *Transport Policy*, Vol. 18, No. 1, January 2011, pp. 182 – 193; D. W. Song and Ki-Tae Yeo, "A Competitive Analysis of Chinese Container Ports Using the Analytic Hierarchy Process", *Maritime Economics & Logistics*, Vol. 6, No. 1, March 2004, pp. 34 – 52.

③ Piyush Tiwari, Hidekazu Itoh, Masayuki Doi, "Shippers' Port and Carrier Selection Behaviour in China: A Discrete Choice Analysis", *Maritime Economics & Logistics*, Vol. 5, April 2003, pp. 23 – 39.

2302 个县,因此主要考虑每个港口的平均演化动力 $Force_i$ ($average$ $Force_i = Force_i/2302$)。8 个港口在不同情景下的平均演化动力如图 4.3 所示。

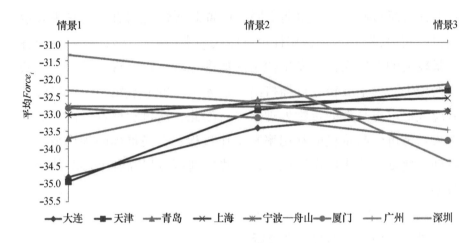

图 4.3 港口的平均演化动力

可以看出,大连、天津、青岛和上海的平均演化动力呈上升趋势,宁波—舟山、厦门、广州和深圳的平均演化动力则呈下降趋势。

根据优势陆向腹地的演化结果,尽管大连的平均演化动力大大增强,但优势陆向腹地的数量和范围变化不大。环渤海地区 C 型的区位特点增加了大连与内陆的交通距离,一方面使得大连对东北腹地拥有绝对把握,另一方面削弱了大连与内陆其他港口的竞争力。由于平均演化动力不断增加,天津的优势陆向腹地数量不断增加,腹地范围不断向西和向南扩展。同时,天津优势陆向腹地的扩张使青岛失去了北部地区的部分腹地,导致其在情景 2 的优势陆向腹地数量减少。青岛在情景 3 中增加的优势陆向腹地来自对南部地区腹地的争夺,上海优势陆向腹地的数量也像青岛一样先减少后增加。在情景 2,由于青岛优势陆向腹地的挤压,上海在西北地区的优势陆向腹地收缩且主要集中在华中和华东地区。在情景 3,上海的优势陆向腹地已向东南地区聚集，并在南部港口优势陆向腹地大规模收缩的情况下，获得了西藏地区的腹地。

宁波—舟山的优势陆向腹地数量随着平均演化动力的减弱而减少，厦门的优势陆向腹地数量则略有增加。出现这种趋势的原因是，在"冰上丝绸之路"加入后，深圳的竞争力下降，优势陆向腹地向南收缩，同时厦门对内陆货主的吸引力相对增强，有能力争夺南部地区的腹地。同样地，"冰上丝绸之路"的加入削弱了深圳的竞争力，缩小了广州与深圳的差距。因此，在情景 2 中，广州拥有了少量的优势陆向腹地，并在情景 3 中占据了深圳的优势陆向腹地。受持续下滑的平均演化动力的影响，深圳的优势陆向腹地数量大幅减少。

三　评估"冰上丝绸之路"属性变化对陆向腹地演化的影响

苏伊士运河航线和"冰上丝绸之路"的属性，即 x_{iy}^{cost}、x_{iy}^{time} 和 x_{iy}^{risk}，决定了陆向腹地的演化动力，其中"冰上丝绸之路"的属性相比苏伊士运河航线具有更大的不确定性。虽然本章在现实数据的基础上预测了可能的陆向腹地的演化格局，但"冰上丝绸之路"属性的不确定性对陆向腹地的影响是值得考虑的。在所提出的 3 种假设情景中，研究"冰上丝绸之路"的属性变化而不是苏伊士运河航线对情景 2 中优势陆向腹地格局的影响，具有更重要的价值和意义，对"冰上丝绸之路"的建设和利用也可以总结出一些观点。如图4.4 所示，"冰上丝绸之路"的 x_{iy}^{cost}、x_{iy}^{time} 和 x_{iy}^{risk} 的变化对港口优势陆向腹地的总体格局变化产生了相似的影响。随着这 3 个属性值的不断增加，北部港口优势陆向腹地的数量逐渐减少，南部港口优势陆向腹地的数量持续上升，中部港口优势陆向腹地的数量呈弱上升趋势。通过拟合方程可以看出（表4.5），北部港口最容易受到"冰上丝绸之路"属性变化的影响，其次是南部港口。如果未来"冰上丝绸之路"的通航条件得到改善，北部港口将受益最大，而南部港口

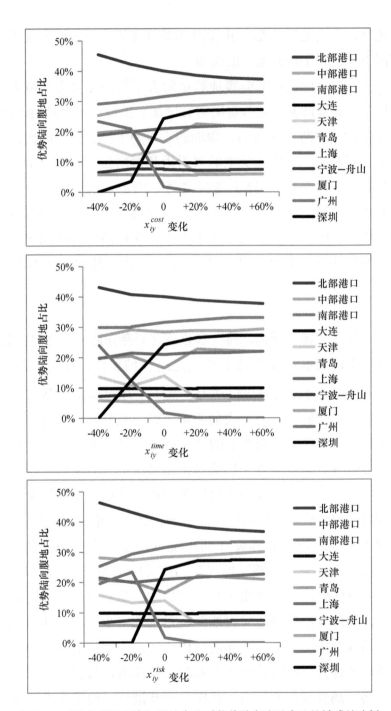

图 4.4 "冰上丝绸之路"属性变化对优势陆向腹地占比的敏感性分析

将面临更大的竞争压力。在"冰上丝绸之路"建设的背景下，北部和中部港口应加强基础设施建设和集散能力建设，通过建立港口战略联盟，形成各港口优势互补、相互支持的协调发展格局。此外，应增强整体竞争力，以满足未来"冰上丝绸之路"通航的需要。拟合斜率（表4.5）表明，"冰上丝绸之路"的 x_{iy}^{risk} 变化是影响中国沿海港口优势陆向腹地格局整体演变的最重要因素。因此，为最大限度地发挥"冰上丝绸之路"的航运潜力，建立安全稳定的航运保障体系应是新航线建设的重点工作。为此，须加强北冰洋地理气候环境的研究，深化区域气候服务和气候变化监测，增强防灾减灾预警能力，大力加强北冰洋研究国际合作与交流，以助力创建一个安全的"冰上丝绸之路"。

表4.5　　　　　　　　港口优势陆向腹地比例变化拟合方程

港口	x_{iy}^{cost}	x_{iy}^{time}	x_{iy}^{risk}
北部港口	$y=-0.0161x+0.4587$，$R^2=0.9107$	$y=-0.0103x+0.4339$，$R^2=0.9318$	$y=-0.0194x+0.4708$，$R^2=0.916$
中部港口	$y=0.0074x+0.2555$，$R^2=0.8338$	$y=0.0031x+0.2745$，$R^2=0.4811$	$y=0.0044x+0.2717$，$R^2=0.8176$
南部港口	$y=0.0088x+0.2857$，$R^2=0.9326$	$y=0.0072x+0.2916$，$R^2=0.9399$	$y=0.015x+0.2575$，$R^2=0.8076$

注：R^2 是判定系数。

从单个港口来看，大连、上海、宁波—舟山和厦门受"冰上丝绸之路"属性变化的影响较小。这是因为大连和厦门的地理位置相对孤立，上海与宁波—舟山的实力差距相对明显。天津和青岛以及广州和厦门地处同一地理区域，实力差距相对较小，因此港口之间的替代效应更强，优势陆向腹地波动较大，二者面向"冰上丝绸之路"时的竞争预计也将更加激烈。另外，如果"冰上丝绸之路"的属性值增加40%，优势陆向腹地格局基本稳定。在这种情况下，与苏伊士运河航线相比,"冰上丝绸之路"的 x_{iy}^{cost} 或 x_{iy}^{time} 没有太大的优势。实际上,如果"冰上丝绸之路"不能有两个明显优于苏伊士运河航线的属性,那么"冰上丝绸之路"将失去竞争力。因此,"冰上丝绸之路"需要加强北极地区的基础设施和配套设施建设,建立中转港服务区,提高"冰上丝绸之路"的转运能力和大型集装箱船舶的通行能力,还需要确保航运安全和货运需求、制定较低的破冰费用等。要想把短途航行带来的时间优势转化为成本优势,就需要实现这些目标。

第五节   本章小结

本章基于"港口国内内陆联系"视角,研究了港口体系演化主要内容之一的陆向腹地。在具体研究中,首先,假设了3种情景用于预测分析面向"冰上丝绸之路"的中国沿海港口体系陆向腹地的演化情况;其次,构建了混合交叉巢式 Logit 模型用于描述3种情景的托运人的港口选择过程,依据该模型所获得的托运人的港口选择结果,对港口的优势陆向腹地、概率陆向腹地和主要竞争陆向腹地进行了划分,并刻画了面向"冰上丝绸之路"的中国沿海港口体系陆向腹地的演化情况;最后,从启示、原因和政策含义3个方面对实证结果进行了讨论。结果表明,成本、时间、集装箱吞吐量和航行风险对托运人选择港口有负面影响,而班轮频率会产生积极影响。鉴于"冰上丝绸之路"和苏伊士运河航线在成本、时间和风险上的差异,"冰上丝绸之路"的加入将打破中国港口出口欧洲的陆向腹地的格局,促进腹地的演变。总体而言,在"冰上丝绸之路"的影响下,北部港口的陆向腹地不断扩大,中部港口陆向腹地先减后增,南部港口陆向腹地不断收缩。北部港口的陆向腹地最容易受到"冰上丝绸之路"属性变化的影响,这也说明北部港口将在未来"冰上丝绸之路"通航条件改善后获益最大。

第 五 章

中国沿海港口体系海向腹地演化

在港口体系演化的研究中，港口的内陆货运联系也就是其陆向腹地是学者们首先关注的内容，而随着国际海上贸易的不断发展，超越港口内陆区域的海上货运联系得到了越来越多的关注，港口海向腹地的重要性日益凸显。一些经典的港口体系演化理论均阐述了海向腹地对于港口体系演化的重要性。[①] 因此，本章继续扩大视角，由第四章的"港口国内内陆联系"视角拓展到"港口国外海向联系"视角，研究港口体系演化的主要内容之一——港口海向腹地。

港口的海向腹地可以被认为是通过港口航运服务所连接的港口和海外市场（图5.1），[②] 而这与港口间的海运联系网络有关。在这个网络中，港口作为"节点"，通过不同的班轮航线与别的港口及其所在的区域相连，与节点相连的航线数量及每条航线上的航班密度、货运量等情况决定了节点的通达程度，即海向腹地的广阔程度。[③]

① Yehuda Hayuth, "Containerization and the Load Center Concept", *Economic Geography*, Vol. 57, No. 2, April 1981, pp. 160 – 176; Jean-Paul Rodrigue and Theo Notteboom, "Foreland-Based Regionalization: Integrating Intermediate Hubs with Port Hinterlands", *Research in Transportation Economics*, Vol. 27, No. 1, January 2010, pp. 19 – 29.

② Jean-Paul Rodrigue, *Claude Comtois and Brian Slack*, *The Geography of Transport Systems*, New York: Routledge, 2009.

③ 王丹、张浩：《北极通航对中国北方港口的影响及其应对策略研究》，《中国软科学》2014年第3期。

"冰上丝绸之路"的建设将对港口间的海运距离、贸易量等产生影响，使得港口间的航线数量、密度等发生改变，从而也会推动港口海向腹地的演化。预测分析面向"冰上丝绸之路"的中国沿海港口体系海向腹地的演化情况，对于把握中国沿海港口体系海上货运联系的变化以及明晰不同海上贸易市场对于中国沿海港口体系的重要程度具有积极的意义。相比其他货物的海上运输航线，集装箱班轮航线具有定期性，所形成的海向腹地更为稳定，同时海运距离、贸易量等的变化更容易推动其演化。因此，本章聚焦于面向"冰上丝绸之路"的中国沿海港口体系中集装箱海向腹地演化的研究。

有鉴于此，首先，本章提出了一种港口海向腹地的复杂网络划定方法。其次，在把握中国沿海港口体系海向腹地网络特征的基础上，构建了海向腹地网络的演化模型，用以仿真面向"冰上丝绸之路"的中国沿海港口体系海向腹地网络的演化态势。最后，基于所设置的3种演化情景和构建的海向腹地网络演化模型，对面向"冰上丝绸之路"的中国沿海港口体系的海向腹地网络、海向港口型腹地以及海向国家型腹地的演化情况进行了预测和分析。

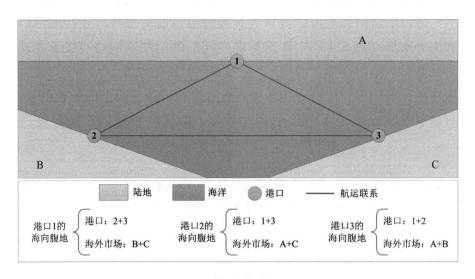

图5.1　港口海向腹地示意

第一节　研究方法及数据来源

一　港口海向腹地的复杂网络划定法

本章基于复杂网络理论，提出了一种划定港口海向腹地的方法。如 Rodrigue 等所认为的，"海向腹地是指通过港口航运服务所连接的港口和海外市场"[①]，而港口往往是海外市场的海上门户，所以从根本上讲，一个港口的海向腹地首先与其联系的其他港口密切相关。海向腹地除了可以指出与一个港口所产生联系的其他港口，还表达了一种港口间的地理连通性，连通性越高，一部分港口群与该港口的联系越紧密，双方所在内陆国家市场发生贸易交互就会更容易，也更频繁。复杂网络中节点间的最短路径长度这一概念可以用于表达海向腹地的连通性的含义。

最短路径长度是复杂网络理论中的一个重要统计量，用于计算连接网络中两个节点所需经过的最少边数，描述了网络的信息传输效率。最短路径长度在无权网络中较好理解，对于节点 i 和 j：若二者直接相连，则 i 和 j 间的最短路径长度 $L_{ij}=1$；若二者间存在一个中介节点，则 $L_{ij}=2$。在加权网络中，节点间的权重越高，意味着两点间的接触频率更高，并且，有时节点间的直接连接路径可能不如存在中介节点的非直接连接有更大的连接频率。[②]

依据本章对于海向腹地的理解，港口的海向腹地建立在港口间的网络连接上，该网络的节点是港口，连边则用港口间的航线来表示。航线频次越高，说明港口间的联系越频繁，港口与其他港口的关系越紧密。同时，一港与一国港口间的联系越频繁，其与

---

①　Jean-Paul Rodrigue, *Claude Comtois and Brian Slack*, *The Geography of Transport Systems*, New York：Routledge, 2009.

②　姚尊强、尚可可、许小可：《加权网络的常用统计量》，《上海理工大学学报》2012 年第 1 期。

该国的贸易联系越紧密。基于上述考虑，本章将港口的海向腹地分为两类，即海向港口型腹地和海向国家型腹地，分别表示一港所联系的港口及其国家市场，其划定方法为：首先利用 Dijkstra 算法计算一港与其他港口的最短路径长度，[①] 其次根据港口间的最短路径长度的大小来对一港的海向港口型腹地进行层次划分，以区分不同海内外港口对于该港的重要性，然后利用公式5.1计算得出不同国家市场与港口的最短国家路径长度，继而划定一港不同层次的海向国家型腹地。

$$L_{iJ}^{country} = L_{ij} \times \frac{N}{n_J} \qquad (5.1)$$

式中，$L_{iJ}^{country}$ 为 i 港与 J 国的最短国家路径长度，L_{ij} 为 i 港与 J 国所有港口的平均路径长度，N 为港口节点总数，n_J 为 J 国的港口数量。

二　中国沿海港口体系海向腹地网络构建

如上节所述，本章所划定的海向腹地以港口网络为基础，所以海向腹地的确定首先需搭建起港口间的海上货运网络，而这可以借鉴海运网络的构建思路。[②] 本节基于港口间的集装箱班轮航线数据来构建中国沿海港口体系的海向腹地网络。集装箱班轮航线数据来源于 Alphaliner 网站所统计的 2019 年全球 TOP30 航运公司（约占全球运力的94.1%）的官网，航线选取原则为包含中国沿海港口的所有航线，航线信息包括起始港、目的港和中间的挂靠港。经统计梳理，共得到不重复航线 900 条，合并后的港口 244 个（合并属于同一港口的港区或合并具有不同称呼的同一港口），这些港口分布在全球

---

① E. W. Dijkstra, "A Note on Two Problems in Connexion with Graphs", *Numerische Mathematik*, Vol. 1, December 1959, pp. 269 – 271.

② 塞令香、李东兵、赵诗晨：《我国沿海港口复杂网络演化特征》，《经济地理》2016 年第 12 期。

20 个海运区域（表5.1），① 其中属于本书定义的中国沿海地区港口共22 个，中国香港、澳门和台湾港口共 5 个，中国所有港口共27 个。

需要说明的是，本章所构建的海向腹地网络并不局限于选取中欧间的集装箱班轮航线数据，这是因为港口间的海运联系紧密且复杂，中欧间的航运网络不能完全独立于中国沿海港口海向联系网络而存在，"冰上丝绸之路"影响的是中国沿海港口体系整体的海向腹地网络。

表5.1　　　　中国沿海港口体系海向腹地网络的港口节点分布

海运区域	港口
中国沿海	上海、宁波—舟山、厦门、广州、青岛、天津、福州、深圳、大连、连云港、北部湾、汕头、湛江、洋浦、江阴、泉州、秦皇岛、烟台、温州、威海、珠海、营口
中国港澳台	香港、高雄、基隆、台北、台中
东北亚	釜山、光阳、仁川、蔚山、浦项、平泽、大山、群山、神户、名古屋、横滨、大阪、博多、东京、门司、清水、四日市、千叶、新潟、苫小牧、室兰、川崎、仙台、符拉迪沃斯托克、东方
东南亚	丹戎帕拉帕斯、关丹、巴生、槟城、巴西古当、民都鲁、胡志明、海防、岘港、盖梅、富美、泗水、雅加达、三宝垄、林查班、曼谷、西哈努克、八打雁、马尼拉、宿务、达沃、苏比克、麻拉、新加坡
南亚	科伦坡、钦奈、孟买、维沙卡帕特南、皮帕瓦沃、蒙德拉、科钦、克里什纳帕特南、印诺尔、哈兹拉、杜蒂戈林、吉大、马累岛、卡拉奇
西亚	萨拉莱、索哈、阿布扎比、迪拜、阿什杜德、海法、朱拜勒、达曼、吉达、阿卜杜拉、多哈、乌姆盖斯尔、巴林、阿巴斯港、盖姆利克、伊斯坦布尔、伊兹米特、梅尔辛、泰基尔达、亚喀巴、贝鲁特、的黎波里、比雷埃夫斯
西北欧	安特卫普、泽布吕赫、勒阿弗尔、敦刻尔克、弗利克斯托、伦敦门户、南安普敦、鹿特丹、不来梅、汉堡、威廉、哥德堡、奥胡斯、格但斯克

①　Mengqiao Xu, Zhenfu Li, Yanlei Shi, Xiaoling Zhang, Shufei Jiang, "Evolution of Regional Inequality in the Global Shipping Network", *Journal of Transport Geography*, Vol. 44, April 2015, pp. 1–12.

续表

海运区域	港口
欧洲地中海	锡尼什、滨海福斯、科佩尔、里耶卡、敖德萨、康斯坦萨、马尔萨什洛克、焦亚陶罗、的里雅斯特、拉斯佩齐亚、热那亚、威尼斯、巴塞罗那、瓦伦西亚、阿尔赫西拉斯
东非	蒙巴萨、达累斯萨拉姆、路易、吉布提
北非	丹吉尔、苏丹、苏伊士运河、艾因苏赫纳、达米埃塔、塞得、亚历山大
西非	恩纳、阿帕帕、黑角、罗安达、特马、科托努、达喀尔、努瓦克肖特、洛美、阿比让、杜阿拉
南部非洲	开普敦、伊丽莎白、德班、沃尔维斯湾
北美东岸	萨凡纳、威尔明顿、杰克逊维尔、诺福克、巴尔的摩、查尔斯顿、纽约、波士顿、哈利法克斯
北美墨西哥湾	迈阿密、休斯敦、莫比尔、坦帕、新奥尔良
北美西岸	洛杉矶、奥克兰、长滩、西雅图、塔科马、荷兰、火奴鲁鲁、鲁珀特王子、温哥华
加勒比/中美洲	金斯顿、巴尔博亚、克里斯托瓦尔、巴拿马运河、科隆、罗德曼、拉萨罗卡德纳斯、恩塞纳达、曼萨尼略、夸特扎尔、考塞多、巴哈马自由
南美东岸	里约热内卢、纳维根特斯、桑托斯、伊塔雅伊、伊塔波阿、伊塔瓜伊、塞佩提巴、里奥格兰德、巴拉那瓜、布宜诺斯艾利斯、蒙得维的亚
南美北岸	布埃纳文图拉、卡塔赫纳
南美西岸	梅希约内斯、伊基克、瓦尔帕莱索、利尔奎、安托法加斯塔、科罗内尔、圣安东尼奥、卡亚俄、瓜亚基尔
澳大拉西亚和太平洋	苏瓦、劳托卡、莱城、莫尔斯比、努美阿、墨尔本、悉尼、布里斯班、弗里曼特尔、阿德莱德、汤斯维尔、贝尔贝、吉朗、纽卡斯尔、奥克兰、利特尔顿、纳皮尔、陶朗加、查尔莫斯

　　复杂网络理论提供了两种经典的建网方式：L 空间建网和 P 空间建网，分别为直接联系和全联系。[①] 以所收集的其中一条班轮航线

---

　　① Parongama Sen, Subinay Dasgupta, Arnab Chatterjee, P. A. Sreeram, G. Mukherjee, S. S. Manna, "Small-World Properties of the Indian Railway Network", *Physical Review E*, Vol. 67, March 2003, pp. 1 – 5.

"广州→香港→深圳→厦门→洛杉矶"为例（图5.2）：L空间建网即仅在直接相连的港口间建立连边；P空间建网则在该航线上的所有港口之间都建立连边，形成一个全连接网络结构。可以看出，P空间网络结构侧重考察港口之间的连通性，适用于研究班轮航线的设计与调整，而L空间考虑到了港口之间的海运距离，注重地理空间的约束，更适合刻画港口海向腹地网络的生成过程,[①] 因此本章采用L空间法来构建海向腹地网络。在确定了港口间的连接方式后，还需要考虑港口节点的连接边权。本章构建的海向腹地网络为无向加权网络，边权重用港口间的航线频次表示，最终构建中国沿海港口体系的海向腹地网络。

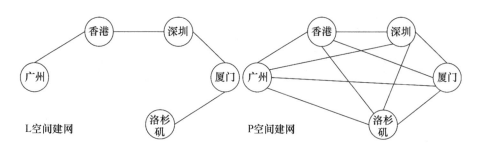

图5.2　港口海向腹地网络构建方法

中国沿海港口体系海向腹地网络构建之后，通过 Matlab 生成同等规模的随机网络来观察其复杂网络结构特征，进而判定中国沿海港口体系海向腹地网络适用的演化模型。如表5.2所示，中国沿海港口体系海向腹地网络的平均路径长度为2.993，说明在该网络中集装箱船从起始港到目的港平均需要中转2次，符合小世界网络中的"六度分离"现象。另外，与同规模的随机网络相比，聚类系数较高，为0.513，表明相邻港口节点的联系程度较高，海向腹地网络中存在不同规模的港口簇群。以上结构特征综合体现了小世界网络平

---

① 彭燕妮：《基于复杂网络理论的集装箱班轮航运网络演化研究》，硕士学位论文，大连海事大学，2014 年。

均路径长度较短和聚类系数较高的特性。在图 5.3 中,海向腹地网络的节点度分布在双对数坐标图中近似于直线分布,体现了幂律分布的特征,所以中国沿海港口体系海向腹地网络为无标度网络,网络中存在少部分度值较大的港口,大部分港口节点度值较小。总体而言,中国沿海港口体系海向腹地网络具有小世界性和无标度性,表明 BBV 模型可以用来刻画其基本的演化过程。

表 5.2　　　　　　中国沿海港口体系海向腹地网络拓扑结构特征

指标	海向腹地网络	随机网络
节点数/个	244	244
边数/条	1131	3028
平均度	9.270	24.820
平均路径长度	2.993	1.969
聚类系数	0.513	0.100

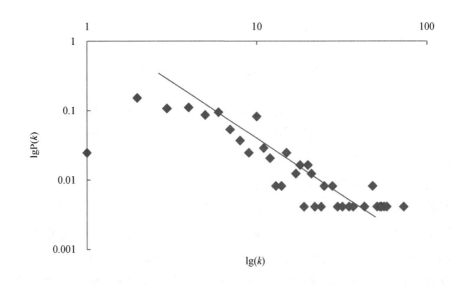

图 5.3　中国沿海港口体系海向腹地网络节点度分布

三　数据来源与处理

(一) 数据来源

港口间的集装箱班轮航线数据来自 Alphaliner 网站所统计的
2019 年全球 TOP30 航运公司的官网；港口集装箱吞吐量数据通过
Maritime-Database 网站查询获取，部分难以获得的数据利用公式"集
装箱吞吐量 = 集装箱生成率 × 港口所在城市的 GDP × (1 − 资源占
比)"估算得出；[①] 各港口城市 GDP 来自其所属国的国家统计局官
网，部分难以获得的数据利用公式"港口所在城市 GDP = 港口所在
国家的人均 GDP × 港口城市人口"估算得出；[②] 港口间的海运距离
通过 Searates 网站以及 https: //www. freemaptools. com/网站测算
得出。

在贸易部分，港口所在国之间在 2019 年的进出口贸易数据来自
UN Comtrade 数据库；各国 GDP 来自 World Bank；各国人口总数取
自 World Bank；国家间的自由贸易协定从 World Trade Organization 网
站查询获得；班轮运输连通性指数来自联合国贸发会议报告 Review
of Maritime Transport；金融自由度和货币自由度来自全球遗产基金会
Index of Economic Freedom；贸易及运输相关基础设施指数来自 World
Bank WDI；各国对美元汇率取 2020 年的平均汇率；关税负担率来自
国际货币基金组织报告 *Government Finance Statistics Yearbook*。

(二) 估计面向"冰上丝绸之路"的国家间贸易额

通常国家间首先产生双边贸易，再将货物通过空运、海运、陆
运以及管道等运输形式进行运输，[③] 所以在海上贸易中，国家间贸易

[①]　Chaojun Ding and Zhenfu Li, "Research on the Shipping Network Structure Under
the Influence of Arctic Routes", *Geojournal*, Vol. 87, September 2022, pp. 1027 – 1045.

[②]　Chaojun Ding and Zhenfu Li, "Research on the Shipping Network Structure Under
the Influence of Arctic Routes", *Geojournal*, Vol. 87, September 2022, pp. 1027 – 1045.

[③]　丁超君、李振福：《海运货物价值流分配机理研究》，《国际经贸探索》2018
年第 10 期。

额的大小将会影响港口间海运联系的形成，即如果 A 国和 B 国间的贸易额较大，那 A 国港口和 B 国港口间更容易生成航线。大量文献表明海运距离是影响国家间贸易的显著因素。[①] "冰上丝绸之路"的建设为亚欧乃至亚欧美之间增加了一条便捷的、短距离的海上通道，相应也会影响国家间的贸易额。为此，本章选用随机前沿引力模型来估算"冰上丝绸之路"影响下各国间贸易额的变动情况，所构建的模型如下所示：[②]

$$\ln T_{ij} = \beta_0 + \beta_1 \ln GDP_i + \beta_2 \ln GDP_j + \beta_3 POP_i +$$
$$\beta_4 POP_j + \beta_5 \ln DIS_{ij} + \beta_6 COMLAN_{ij} + \varepsilon_{ij} \qquad (5.2)$$
$$\varepsilon_{ij} = v_{ij} - u_{ij} \qquad (5.3)$$

式中，T_{ij} 表示 i 国与 j 国间的进出口贸易额；GDP_i 和 GDP_j 分别表示 i 国和 j 国的国内生产总值；POP_i 和 POP_j 分别表示 i 国和 j 国的总人口数；DIS_{ij} 表示 i 国和 j 国集装箱吞吐量最大的港口间的海运距离；$COMLAN_{ij}$ 为 0—1 变量，取值为 1 表示 i 国和 j 国存在共同语言，取值为 0 则表示不存在共同语言；v_{ij} 是均值为 0 的随机扰动项，u_{ij} 是非负的贸易非效率项。

其中，贸易非效率项采用一步法构建：

$$u_{ij} = \alpha_0 + \alpha_1 FTA_{ij} + \alpha_2 SHP_i + \alpha_3 SHP_j + \alpha_4 FIN_i + \alpha_5 FIN_j +$$
$$\alpha_6 MON_i + \alpha_7 MON_j + \alpha_8 INF_i + \alpha_9 INF_j + \alpha_{10} EXC_i +$$
$$\alpha_{11} EXC_j + \alpha_{12} TAR_i + \alpha_{13} TAR_j \qquad (5.4)$$

式中，FTA_{ij} 为 i 国和 j 国间的自由贸易协定；SHP_i 和 SHP_j 分别为 i 国和 j 国的班轮运输连通性指数；FIN_i 和 FIN_j 分别为 i 国和 j 国的金融

---

① 谭秀杰、周茂荣：《21 世纪"海上丝绸之路"贸易潜力及其影响因素——基于随机前沿引力模型的实证研究》，《国际贸易问题》2015 年第 2 期；迟梦菡：《北极东北航道开通后对我国与沿线国家贸易潜力影响分析》，硕士学位论文，大连海事大学，2019 年。

② 谭秀杰、周茂荣：《21 世纪"海上丝绸之路"贸易潜力及其影响因素——基于随机前沿引力模型的实证研究》，《国际贸易问题》2015 年第 2 期；孙艺萌：《北极航线对我国对外贸易潜力的影响研究》，硕士学位论文，大连海事大学，2014 年。

自由度；MON_i 和 MON_j 分别为 i 国和 j 国的货币自由度；INF_i 和 INF_j 分别为 i 国和 j 国的贸易及运输相关基础设施指数；EXC_i 和 EXC_j 分别为 i 国和 j 国对美元的汇率；TAR_i 和 TAR_j 分别为 i 国和 j 国的关税负担率。

经统计，集装箱班轮航线港口所属国家共计 84 个，其中亚洲国家 27 个，北美洲国家 8 个，南美洲国家 7 个，欧洲国家 18 个，非洲国家 19 个，大洋洲国家 5 个。本节应用 Frontier 4.1 软件对所构建的随机前沿引力模型进行检验和估计，输入数据为 84 个国家间共 6972 个国家对的数据。为保证所设定的随机前沿引力模型形式的正确性，首先对模型进行了贸易非效率项存在性检验，[①] 检验结论为拒绝不存在贸易非效率项的原假设，即所设定的模型形式是合理的，贸易非效率项是阻碍双边贸易的重要因素。确定了模型的适用性之后，选择非时变型随机前沿引力模型进行估计，结果见表 5.3。

表 5.3　　　　　　　　　　贸易非效率模型估计结果

随机前沿函数			贸易非效率函数		
变量	系数	t 值	变量	系数	t 值
常数	20.731 ***	83.466	常数	68.777 ***	26.756
GDP_i	0.833 ***	45.183	FTA_{ij}	-6.643 ***	-14.438
GDP_j	0.835 ***	43.455	SHP_i	-6.934 ***	-18.162
POP_i	0.018	0.899	SHP_j	-6.949 ***	-17.160
POP_j	0.015	0.765	FIN_i	-2.008 ***	-5.592
DIS_{ij}	-1.069 ***	-39.753	FIN_j	-1.927 ***	-5.763
$COMLAN_{ij}$	-0.176 ***	-8.798	MON_i	2.725 ***	6.572
			MON_j	2.654 ***	5.872
			INF_i	-13.220 ***	-12.849
			INF_j	-13.171 ***	-13.142
			EXC_i	-0.220 ***	-3.583

① 谭秀杰、周茂荣：《21 世纪"海上丝绸之路"贸易潜力及其影响因素——基于随机前沿引力模型的实证研究》，《国际贸易问题》2015 年第 2 期。

续表

随机前沿函数			贸易非效率函数		
变量	系数	t 值	变量	系数	t 值
			EXC_j	-0.220 ***	-3.687
			TAR_i	-0.886 ***	-13.759
			TAR_j	-0.874 ***	-12.779
σ^2	77.965 ***	24.795	γ	0.991 ***	1763.151
对数似然值		-15378.123	LR 检验		6846.850

注: * 、** 、*** 分别表示变量在 10% 、5% 和 1% 的显著性水平上显著; LR 服从混合卡方分布。

由表 5.3 可以看出,在随机前沿函数部分,GDP、海运距离和共同语言均会对国家间贸易产生显著性影响,其中 GDP 为显著的正向影响,说明国家的经济总量越大,越有助于国际贸易的开展。海运距离为显著的负向影响,海运距离越大,运输成本越高,越会阻碍双边贸易。超出预期的是共同语言也具有显著的负向作用,这可能是因为公共语言越相近,国家间的市场结构越相似,越不具有贸易互补性。人口对国际贸易有不显著的正向效应,表明市场容量越大,越利于进行双边贸易。在贸易非效率函数部分,除货币自由度外,自由贸易协定、班轮运输连通性指数、金融自由度、贸易及运输相关基础设施指数、对美元汇率以及关税负担率均有助于国家间贸易潜力的发挥。货币自由度会阻碍国际贸易可能是由于货币自由度越高,国家越容易受到货币市场波动的影响。

在确定各因素对于国际贸易的影响程度后,通过改变海运距离来获得"冰上丝绸之路"影响下国家间贸易额的变化。利用 Free Map Tools 网站测算得出适宜通过"冰上丝绸之路"进行海运贸易的国家间的海运距离,将其带入随机前沿引力模型中,计算求得面向"冰上丝绸之路"的国家间的贸易额变动。结果显示,中国、日本、韩国和菲律宾与比利时、丹麦、法国、德国、荷兰、波兰、俄罗斯、瑞典、英国间的贸易额变化较大,大约平均增加了 19.32% 的贸易额，表明"冰上丝绸之路"主要影响亚洲与欧洲间的贸易，"冰上丝绸之路"的建设所带来的海运距离的缩短有助于促进亚欧国家间的贸易往来。

第二节　模型构建验证及演化情景设置

一　海向腹地网络演化模型构建

虽然 BBV 模型可以用于模拟海向腹地网络的基本演化过程，但海向腹地网络不是简单地按照港口的度强度择优概率而生成的，港口间的吸引还会受到国家间贸易、港口实力、腹地经济发展、海运距离等多种因素的影响，并且随着港口间吸引力的变化，港口间的联系也会继续加强或中断。[①] 考虑到海向腹地网络的生成特性，本章对传统的 BBV 模型进行了改进，提出了海向腹地网络演化模型，其模型流程如图 5.4 所示。

初始网络：由 n_0（$n_0 \geqslant 1$）个港口节点组成初始海向腹地网络 G，G 中的港口节点用 i 来表示，节点间的边权根据真实海向腹地网络进行设定。

网络增长：每个时间步 Δt 内，向 G 中增加一个新的港口节点 j，新节点 j 所附带的连边及边权重分别设为符合泊松分布的 e_j 和 w_j。

择优连接：采用轮盘赌算法来生成新港口节点 j 与初始网络中的 e_j 个老节点 i 的连接航线，新节点 j 选择老节点 i 的择优概率为：[②]

$$P_{ij} = \frac{\omega r_{ij}(1 - \omega)S_i}{\sum\limits_{x=1}^{n} \omega r_{xj}(1 - \omega)S_x} \tag{5.5}$$

---

① 赵宇哲、彭燕妮、匡海波：《生态学视角下的集装箱海运网络适应度 BA 模型》，《运筹与管理》2014 年第 6 期。

② 余朵苟：《基于复杂网络理论的快捷货运网络拓扑结构研究》，硕士学位论文，北京交通大学，2009 年。

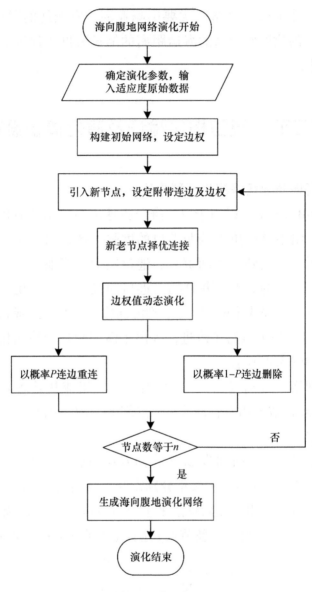

图5.4 模型流程

$$r_{ij} = \frac{\dfrac{1}{\alpha}\exp(\alpha T_{ij}) + \dfrac{1}{\beta}\exp(\beta G_i) + \dfrac{1}{\mu}\exp(\mu O_i)}{D_{ij}^{\theta}} \tag{5.6}$$

式中，P_{ij}是新节点j选择老节点i的择优概率；S_i是老节点i的节点强度；r_{ij} 是老节点 i 被新节点 j 选择的适应度；T_{ij} 指港口节点 i 和 j 所在国家之间的贸易额；G_i 是港口节点 i 所在港口城市的 GDP；O_i 是港口的集装箱吞吐量；D_{ij} 是港口节点 i 和 j 之间的海运距离；α、β 和 μ 为参数，采用极大似然估计法计算取值；θ 是海运距离的摩擦系数，用于限定新港口节点可连接的局域世界；ω 是调节参数，用于调节适应度与度强度之间的重要程度。

边权值动态演化：新节点 j 的加入会影响所连接的老节点 i 的周边区域，主要表现为会导致其周边区域的节点强度产生动态变化，这里采用 BBV 模型的边权动态演化机制：

$$w_{in} \rightarrow w_{in} + \Delta w_{in} \tag{5.7}$$

$$\Delta w_{in} = \lambda \frac{w_{in}}{S_i} \tag{5.8}$$

连边重连：每个时间步 Δt 内，以概率 P_l 选取一个老节点 i，将其在初始网络中与任一节点 i^* 重新生成航线连线，连线权重符合泊松分布，重复这一步骤 a 次，老节点 i 和 i^* 相连的择优概率为：

$$P_{ii^*}^* = \frac{\omega r_{ii^*}(1-\omega)S_{i^*}}{\sum_{x^*=1}^{n} \omega r_{x^*i}(1-\omega)S_{x^*}} \tag{5.9}$$

式中，$P_{ii^*}^*$ 为老节点 i 和 i^* 相连的择优概率；S_{i^*} 是节点 i^* 的节点强度；r_{ii^*} 是节点 i^* 被节点 i 选择的适应度；ω 是调节参数，用于调节适应度与度强度之间的重要程度。

连边删除：每个时间步 Δt 内，以概率 $1-P_l$ 选取一个老节点 i，删除与其相连的另一老节点 i^{**} 的航线连接，重复这一步骤 b 次，老节点 i 和 i^{**} 删除连边的逆择优概率为：

$$P_{ii^{**}}^{**} = \frac{[\omega r_{ii^{**}}(1-\omega)S_{i^{**}}]^{-1}}{\sum_{x^{**}=1}^{n} [\omega r_{x^{**}i}(1-\omega)S_{x^{**}}]^{-1}} \tag{5.10}$$

式中，$P_{ii^{**}}^{**}$ 为老节点 i 和 i^{**} 删除连边的逆择优概率；$S_{i^{**}}$ 是节点 i^{**} 的节点强度；$r_{ii^{**}}$ 是节点 i^{**} 被节点 i 选择的适应度；ω 是调节参

数,用于调节适应度与度强度之间的重要程度。

演化结束:令 $n = n + 1$,重复循环上述过程,直至网络规模达到设定的网络规模数为止。

本模型与 BBV 模型及其他港口网络演化模型相比,综合考虑了港口节点被选择的适应度、节点附带连边、边权符合泊松分布以及港口节点间的重连与删除,更贴近真实海向腹地网络的生成规律与演化过程。

二 模型验证与结果分析

通过 Matlab 软件编程,利用所构造的海向腹地网络演化模型来对中国沿海港口体系海向腹地网络的演化过程进行仿真模拟,并将演化结果与真实网络的网络特征进行对比,以验证所提出的海向腹地网络演化模型的有效性。将中国沿海港口海向腹地网络中的 244 个港口节点作为仿真网络的演化节点,节点按照度值大小作为其加入演化网络的顺序,其中各种参数的设定通过反复计算测试得出,具体演化步骤如下所示。

将 n_0 设为 8,即选取度值排名前 8 位的港口构成初始演化网络 G,节点间的权重依据真实网络的权重进行设定。

网络增长:在时间步 Δt 内,按度值顺序向 G 中增加一个新的港口节点 j。考虑到港口所带连边和权重的不确定性,根据真实海运网络的节点平均度以及节点平均强度,将新节点 j 所附带的连边 e_j 及边权重 w_j 分别设置为符合 λ 为 3 和 5 的泊松分布。

择优连接:按照式(5.5)的择优概率在新老节点之间生成航线连接,其中采用极大似然估计法计算得出参数 α、β 和 μ 的取值分别为 0.1539、0.0336 和 0.0307。θ 和 ω 经反复测试确定为 2.5 和 0.35。

边权值动态演化:新节点 j 加入后,属于老节点 i 邻域内的边权按照式(5.7)和式(5.8)所示的边权动态演化机制进行权重的分配。

连边重连与连边删除：每个时间步 Δt 内，产生一个随机实数 $r \in [0, 1]$，令 $P_l = 0.65$，$a = 4$，$b = 1$。当 $r < P_l$ 时，按照节点度强度概率选取一个老节点 i，依据式（5.9）的择优概率将其在初始网络内与任一老节点 i^* 重新生成航线连接，连线权重为符合泊松分布的 w_j，重复这一步骤 4 次；反之，当 $r > P_l$ 时，按照节点度强度概率选取一个老节点 i，依据式（5.10）的逆择优概率删除老节点 i 与其相连的另一老节点 i^{**} 的航线连接，重复这一步骤 1 次。

演化结束：令 $n = n + 1$，重复循环上述过程，直至网络规模达到 244 个港口节点停止演化，得到最终的演化网络。

基于上述演化设置，对每一次演化过程都进行了 10 次独立仿真，计算获得演化网络的各项无权及加权复杂网络特征指标的平均值，并与 BBV 演化模型下的演化网络以及真实中国沿海港口体系海向腹地网络作比较，以观察演化网络与真实网络的贴近程度，从而验证演化模型的有效性。由表 5.4 可以看出，与传统 BBV 演化模型相比，本章构建的海向腹地网络演化模型在平均度、平均度强度、平均路径长度、加权平均路径长度、聚类系数、加权聚类系数、网络结构熵、网络直径、度分布拟合指数和图密度指标方面与真实网络更为贴近，在 k 核、无权匹配系数 γ 以及加权匹配系数 γ_w 方面有较大改善，并且与真实网络的相关系数 R^2 达到 0.754，表现为显著相关，说明该模型能够刻画中国沿海港口体系海向腹地网络的基本面貌，利用其来预测面向"冰上丝绸之路"的中国沿海港口体系海向腹地的演化情况具有较高的可信度。

表5.4　港口海向腹地演化网络与 BBV 网络及真实网络的特征指标对比

指标	真实网络	BBV网络	海向腹地演化网络	指标	真实网络	BBV网络	海向腹地演化网络
平均度	9.270	9.197	9.443	平均度强度	60.951	48.935	59.992
平均路径长度	2.993	2.364	2.675	加权平均路径长度	0.775	0.470	0.624

续表

指标	真实网络	BBV网络	海向腹地演化网络	指标	真实网络	BBV网络	海向腹地演化网络
聚类系数	0.513	0.264	0.472	加权聚类系数	0.549	0.288	0.504
k核	12	6	7	网络结构熵	1.413	0.068	1.765
无权匹配系数 γ	−0.031	−0.247	−0.160	加权匹配系数 γ_w	−0.060	−0.232	−0.137
网络直径	7	4	6	度分布拟合指数	−1.004	−0.759	−0.964
图密度	0.038	0.038	0.039	相关系数 R^2	/	0.320	0.754

三　海向腹地网络演化情景设置

当前,"冰上丝绸之路"仍处在发展建设过程中,"冰上丝绸之路"对当前海向腹地网络的"扰动"作用还未显现,因而在综合考虑海向腹地网络生成机理以及"冰上丝绸之路"所可能带来的影响的基础上,本章设计了3个具有时间演化性质的情景用于预测分析中国沿海港口体系海向腹地网络在面向"冰上丝绸之路"时的可能演化情况。3个情景的演化动力主要来自港口被选择的适应度〔公式(5.6)〕中国家间贸易和海运距离的变化,其变化形式如公式(5.11)和公式(5.12)所示:

$$T_{ij} \rightarrow \zeta \times T_{ij}^{TRA} + (1-\zeta) \times T_{ij}^{PSR} \qquad (5.11)$$

$$D_{ij} \rightarrow \zeta \times D_{ij}^{TRA} + (1-\zeta) \times D_{ij}^{PSR} \qquad (5.12)$$

式中,ζ表示参数,ζ随着中国沿海港口体系海向腹地网络的演化呈现0—1的变化;T_{ij}指港口节点i和j所在国家之间的贸易额,T_{ij}^{TRA}是各国通过传统航线进行海运贸易时所产生的贸易额,T_{ij}^{PSR}是各国通过"冰上丝绸之路"进行海运贸易时所产生的贸易额;D_{ij}是港口节点i和j之间的海运距离,D_{ij}^{TRA}是港口间的传统航线距离,D_{ij}^{PSR}是港口间通过"冰上丝绸之路"的海运距离。

下面对3个情景进行具体说明:

情景1:利用海向腹地网络演化模型生成的演化网络作为中国沿海港口体系目前的海向腹地网络,以该网络为基础用于观察面向"冰上丝绸之路"的中国沿海港口体系海向腹地的变化情况。由于"冰上丝绸之路"下的相关数据还未可知，因此该情景下的国家间贸易额和海运距离采用实际数据，即为当前传统航线下的数据。需要说明的是，尽管本章所构建的海向腹地网络演化模型可以基本模拟中国沿海港口体系海向腹地网络的结构特征，但鉴于海向腹地网络生成变量的复杂性，所得演化网络与真实网络相比仍存有差异。考虑到本章的主旨是预测面向"冰上丝绸之路"的中国沿海港口体系海向腹地的一种演化情况，以演化网络而不是真实网络作为海向腹地演化的基础对照组，可以更好地排除无关变量，更为准确地评估"冰上丝绸之路"对中国沿海港口体系海向腹地的影响。

情景 2：在"冰上丝绸之路"的航线可以实现全面通航后，其显著的海运距离优势会吸引越来越多的航运公司选择通过该航线来进行海上贸易，因而在该情景下，部分港口间以及港口所在国家间的海运距离应为通过"冰上丝绸之路"的海运距离，并且由于海运距离减少，部分国家间的贸易额会获得增长。以变化后的国家间贸易额和海运距离带入适应度［公式（5.6）］中，将获得"冰上丝绸之路"全面通航后的中国沿海港口体系海向腹地网络。

情景 3：港口作为在海外的固定补给提供点、休整点以及船舶航空器靠泊修理点，对维护海上运输安全、促进海上务实合作具有重要作用，[①] 因而港口建设尤其是北冰洋沿岸的港口建设是"冰上丝绸之路"开发的一项重要工作。随着"冰上丝绸之路"航线通航能力的不断提升，北冰洋区域的港口也将迎来大力发展的机遇，并有能力参与中国沿海港口体系海向腹地网络。鉴于此，在综合考量北冰洋沿岸港口的建设基础和自然条件后，本书认为摩尔曼斯克（Murmansk）、阿尔汉格尔斯克（Arkhangelsk）、梅津（Mezen）、萨

---

① 刘大海、王艺潼、刘芳明等：《"21 世纪海上丝绸之路"海上战略支点港的主要建设模式及其政策风险》，《改革与战略》2017 年第 3 期。

贝塔（Sabetta）、季克西（Tiksi）、佩维克（Pevek）、迪克森（Dik-son）、彼得罗巴甫洛夫斯克（Petropavlovsk）和乌厄连（Uelen）共9个港口的发展前景较好，① 会加入中国沿海港口体系海向腹地网络。在该情景下，中国沿海港口体系海向腹地网络的节点数和网络覆盖范围都会增大。

第三节　海向腹地演化分析

一　海向腹地网络演化

　　面向"冰上丝绸之路"的中国沿海港口体系海向腹地网络的演化中，情景2与情景1相比并未发生明显改变，但是由于北冰洋沿岸港口的加入，情景3变化较大，主要表现为北冰洋港口与原先海向腹地网络中的港口产生了新的航线连接，且所连接的港口主要为东亚和欧洲地区的港口，说明"冰上丝绸之路"的建设将增强中国与俄罗斯和西北欧地区的海上联系，为中国与欧洲地区的航运贸易提供便利以及贸易机会。同时可以看出，海向腹地网络在向北扩展，可以预期，随着"冰上丝绸之路"通航条件以及港口基础设施条件的不断改善，未来将有更多的北冰洋港口乃至西北欧港口加入中国沿海港口体系海向腹地网络，将会产生更频繁的航运联系并减少航运成本，这将改变中国部分港口的干支线地位，增加"冰上丝绸之路"沿线港口的货物中转量和扩大辐射面，继而扩大中国沿海港口体系海向腹地的覆盖范围。

　　为更深入地把握中国沿海港口体系海向腹地网络结构的变动情况，本书进一步选取一组复杂网络特征指标用来描述和解释面向

---

① Miaojia Liu and Jacob Kronbak，"The Potential Economic Viability of Using the Northern Sea Route（NSR）as an Alternative Route Between Asia and Europe"，*Journal of Transport Geography*，Vol. 18，No. 3，May 2010，pp. 434 – 444.

"冰上丝绸之路"的海向腹地网络的演化情况。

由表5.5可知，网络中港口节点的平均度与平均度强度在逐渐减小，其中情景1与情景2相差较小，说明"冰上丝绸之路"的建设并未对港口间的航线联系产生较大影响，但"冰上丝绸之路"所带来的海运距离的缩短为远距离的港口联系带来了机会，同时减少了港口与其邻域港口间的吸引力，从而在整体上港口的航线连接减少，港口节点的平均度与平均度强度降低。在情景3，港口节点的平均度和平均度强度下降幅度增大，这是因为新加入网络的北冰洋港口正处在发展阶段，与原有网络中的港口节点联系较少，拉低了网络节点联系的平均值。这也可以解释网络密度在情景3减少较多的现象。

网络的聚类系数和加权聚类系数同样在不断减少，表明"冰上丝绸之路"的加入将打破当前海向腹地网络的集聚簇群，港口联系不断从区域内部向外部更大范围地扩展，长距离的海上贸易联系将逐渐增多，这再次说明了网络中港口节点的平均度与平均度强度在逐渐减小的原因。

网络的平均路径长度和加权平均路径长度在不断减少，这与李振福等以及 Ding 和 Li 等的研究结论一致，[1] 表明面向"冰上丝绸之路"的海向腹地网络内港口的联系程度将逐渐增强，海上运输效率会有所提升。

网络结构熵用来描述复杂网络的非同质性，[2] 面向"冰上丝绸之路"的海向腹地网络的结构熵呈下降趋势，说明网络中少数拥有大量连接的"核心港口"数在减少，大量拥有少量连接的"末梢港

---

[1]　李振福、姜书飞、徐梦俏等:《面向北极航线通航的海运网络演化研究》,《复杂系统与复杂性科学》2015年第4期; Chaojun Ding and Zhenfu Li, "Research on the Shipping Network Structure Under the Influence of Arctic Routes", *Geojournal*, Vol. 87, September 2022, pp. 1027 – 1045.

[2]　谭跃进、吴俊:《网络结构熵及其在非标度网络中的应用》,《系统工程理论与实践》2004年第6期。

口"在增多,网络在向有序化方向发展,海向腹地网络的港口规模分布将更为均衡。

匹配系数用于衡量网络节点的匹配特性。[①] 海向腹地网络的无权与加权匹配系数均小于0,说明该网络是异配网络,拥有较多航线的港口倾向于和拥有较少航线的港口产生连边,这与集装箱班轮运输的轴—辐式结构有关。随着演化,海向腹地网络的无权匹配系数与加权匹配系数均在减少,这可能是因为拥有较少航线港口间的联系在增多,其支线地位得到抬升,中小型港口的海向腹地辐射范围不再完全局限在大港口的海上联系网络下,而是向外扩展。可以预期"冰上丝绸之路"将为部分中小港口的发展带来机遇。

表5.5　　　中国沿海港口体系海向腹地网络演化的特征指标对比

指标	情景1	情景2	情景3	指标	情景1	情景2	情景3
平均度	9.443	9.434	9.399	平均度强度	59.992	59.627	59.400
平均路径长度	2.675	2.664	2.657	加权平均路径长度	0.624	0.623	0.621
聚类系数	0.472	0.470	0.462	加权聚类系数	0.504	0.503	0.494
图密度	0.039	0.039	0.037	网络结构熵	1.765	1.6498	1.623
无权匹配系数 γ	-0.160	-0.177	-0.185	加权匹配系数 γ_w	-0.137	-0.162	-0.171

二　海向港口型腹地演化

本节对海向港口型腹地演化的考察须落实到具体的港口上,因而选取了中国沿海地区在北部、中部和南部在海上航运联系方面的代表性港口,即青岛、上海和深圳,用以作为面向"冰上丝绸之路"的中国沿海不同地区海向港口型腹地演化情况的观测对象。基于提出的海向港口型腹地的复杂网络划定方法并结合指数 Jenks

---

Natural Breaks 法，将三大港口的海向港口型腹地划分为 4 类，即紧密腹地、主要腹地、潜力腹地和边缘腹地，用以表征不同港口对于中国不同沿海地区海上贸易发展的联系的紧密性和重要性。其中，紧密腹地指出了与中国沿海港口体系联系最为密切的港口；主要腹地的地位略次于紧密腹地，但是构成了中国沿海港口体系海向联系的主干；潜力腹地则有潜力发展出更紧密的海向关系；边缘腹地表明港口与中国沿海港口体系的海向联系较弱。

　　面向"冰上丝绸之路"，三大港口的海向港口型腹地在地理分布和数量的变化上具有相似性。情景 1 的紧密腹地主要汇聚在海运距离较近的东亚地区，以中国沿海港口为主，少量分布在南亚、北美和欧洲地区。海运距离越近、港口实力越强，越容易在港口间产生航运联系，也更容易成为紧密腹地。由表 5.6 可知，在"冰上丝绸之路"的影响下，紧密腹地数量略有增加，分布范围变化较小，主要腹地的数量也持续上升，表明"冰上丝绸之路"增进了三大港口与其他更多港口间的紧密程度。主要腹地的分布范围在西北欧地区变化较为明显，有更多的西北欧港口从潜力腹地和边缘腹地发展为主要腹地或潜力腹地，然而一些地处南半球的港口则由主要腹地转变为潜力腹地和边缘腹地。说明"冰上丝绸之路"将打破中国现有的海运格局，不同港口的地位将发生改变，主要表现为西北欧地区港口对于中国沿海港口体系的重要性将得到提升，南半球港口的地位则将有所下降。值得注意的是，在情景 3，北冰洋沿岸港口大部分作为主要腹地和潜力腹地出现，表明未来随着"冰上丝绸之路"的发展，北冰洋沿岸港口对于中国的海上贸易将发挥重要作用。

　　在平均路径长度上，由图 5.5 可知，与中国沿海港口体系海向联系最为紧密的海运区域是北美西岸，最弱的是西非地区。在"冰上丝绸之路"影响下，三大港口与中国沿海、欧洲地中海、西北欧、东非和西非的平均路径长度有较大幅度的下降，且在情景 3 的平均路径长度要小于情景 2 的，表明"冰上丝绸之路"的发展将持续增强中国沿海港口体系间以及与以上国外地区间的运输效率和航运联系。由表5.6可以看出，三大港口与其他港口的平均路径长度在不断减小，说明"冰上丝绸之路"的建设将在整体上拉近中国与世界各港的航运联系，提高中国与海外港口间的海上贸易效率。其中，青岛的减少幅度最大，上海次之，深圳最小。并且对于不同类型的海向港口型腹地，青岛在4类腹地中的平均路径长度基本呈下降趋势，上海是先增加后减少，而深圳则表现为上升趋势。以上现象综合表明，"冰上丝绸之路"将提高中国沿海港口与其他港口的传输效率，但对于中国不同沿海地区的海向港口型腹地，其对于北部港口与世界港口的海运联系的建立具有更明显的促进作用，面向"冰上丝绸之路"的中国北部港口的航运发展将获得更大提升，南部港口获益相对最小。

表5.6　　　三大港口不同海向港口型腹地的数量及平均路径长度

青岛	总	紧密腹地	主要腹地	潜力腹地	边缘腹地
情景1	243/0.4025	28/0.1182	96/0.2497	86/0.4410	33/0.9877
情景2	243/0.3737	29/0.0961	102/0.2332	75/0.4111	37/0.9024
情景3	252/0.3729	31/0.0986	103/0.2333	80/0.4127	38/0.8917
上海	总	紧密腹地	主要腹地	潜力腹地	边缘腹地
情景1	243/0.3397	22/0.0555	81/0.1659	105/0.3451	35/0.9041
情景2	243/0.3353	25/0.0574	105/0.1905	76/0.3708	37/0.8608
情景3	252/0.3343	25/0.0568	107/0.1882	80/0.3663	40/0.8347
深圳	总	紧密腹地	主要腹地	潜力腹地	边缘腹地
情景1	243/0.3366	15/0.0371	80/0.1489	112/0.3324	36/0.8917
情景2	243/0.3361	18/0.0462	83/0.1642	105/0.3372	37/0.8598
情景3	252/0.3357	19/0.0474	96/0.1725	97/0.3472	40/0.8365

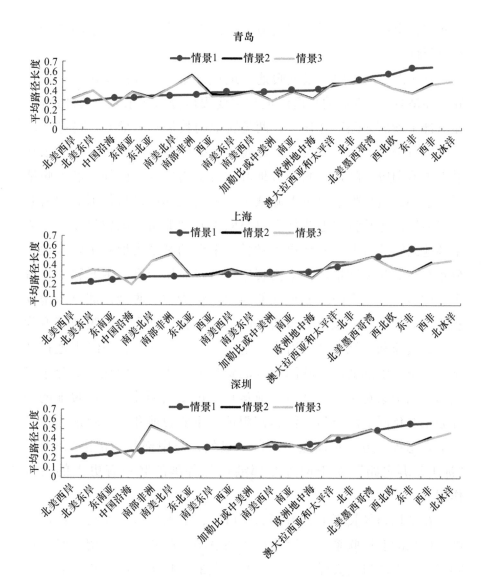

图5.5　三大港口在不同海运区域海向港口型腹地的平均路径长度

三　海向国家型腹地演化

基于提出的海向国家型腹地的复杂网络划定方法并结合指数 Jenks Natural Breaks 法，将青岛、上海和深圳的海向国家型腹地同样划分为紧密腹地、主要腹地、潜力腹地和边缘腹地 4 类，用以表征不同国家市场对于中国不同沿海地区海上贸易发展的联系的紧密性和重要性。

三大港口的海向国家型腹地在地理分布及其数量变化上存在差异。在情景 1，青岛的紧密腹地和主要腹地分布在东亚和美洲地区，在"冰上丝绸之路"作用下，两类腹地的数量基本呈上升趋势（表 5.7），且分布范围在扩大，主要表现为有更多的欧洲和北非国家从潜力腹地和边缘腹地向紧密腹地和主要腹地转变。此外，潜力腹地变化较小，边缘腹地数量大幅减少。表明北部港口与各国的贸易联系将加深，尤其将拉近北部港口与欧洲和北非市场的贸易联系，未来各地区间的海上贸易将更为频繁。上海的紧密腹地和主要腹地也分布在东亚和美洲地区，紧密腹地的数量有所上升，主要腹地先减少后增多，且较多的欧洲地区的腹地升级为主要腹地，部分东南亚和非洲国家腹地的地位则有所下降，由紧密腹地和主要腹地转变为了潜力腹地和边缘腹地。潜力腹地表现为波动变化，边缘腹地持续减少。说明中部港口与欧洲地区的贸易联系将不断深化，部分东南亚和非洲国家对于中部港口的航运重要度则会弱化。深圳腹地的地理分布变化同上海类似，但紧密腹地、主要腹地和潜力腹地数量均呈上升态势，边缘腹地数量下降。显然，与中部和南部港口相比，"冰上丝绸之路"对于增进北部港口与各国的联系有更大的促进作用。

在平均路径长度上，由图 5.6 可知，亚洲地区国家与中国沿海港口体系的航运联系最为紧密，非洲最弱。在"冰上丝绸之路"影响下，三大港口与大洋洲、欧洲和非洲的平均国家路径长度有较大幅度的下降，且在情景 3 下的平均国家路径长度要小于情景 2，表明"冰上丝绸之路"的发展将推动中国沿海港口体系与以上大洲间的海上贸易发展。由表 5.7 可以看出，三大港口与国家型腹地的平均国家路径长度在不断减少，说明"冰上丝绸之路"的建设将在整体上拉近中国与世界各国的航运联系，提高中国与国外市场间的海上贸易效率。其中，青岛、上海和深圳在 3 个情景下的平均减少幅度分别为 11.31% 、10.03% 和 9.90% ，说明北部港口的航运效率提升最快，中部港口次之，南部港口最小。对于不同类型的海向国家型腹地，其平均国家路径长度相比情景 1 有所增加，这主要是紧密腹地、主要腹地和潜力腹地数量增多造成的。

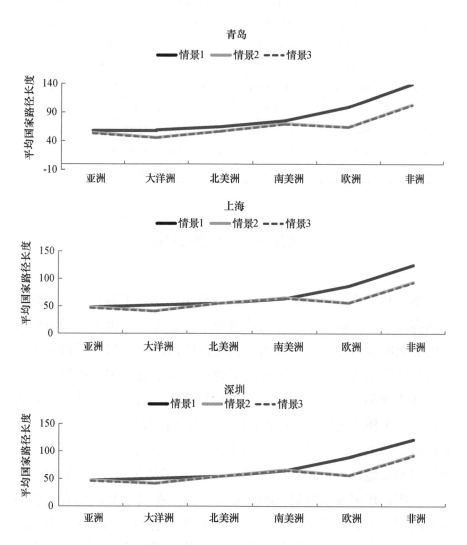

图 5.6 三大港口在不同海运区域海向国家型腹地的平均国家路径长度

表 5.7   三大港口不同海向国家型腹地的数量及平均国家路径长度

青岛	总	紧密腹地	主要腹地	潜力腹地	边缘腹地
情景 1	84/87.3558	8/7.2629	21/24.3404	32/70.5821	23/196.0872
情景 2	84/68.7324	18/12.8198	27/42.6530	32/88.7626	7/221.5328
情景 3	84/67.7910	19/13.1258	26/42.1939	32/88.1169	7/218.3243
上海	总	紧密腹地	主要腹地	潜力腹地	边缘腹地
情景 1	84/75.9536	9/6.2847	20/18.5892	32/56.6556	23/179.9467
情景 2	84/61.8616	10/7.5251	17/19.2408	38/55.9785	19/140.3605
情景 3	84/60.9253	14/8.9869	21/26.3500	35/64.2296	13/156.4660
深圳	总	紧密腹地	主要腹地	潜力腹地	边缘腹地
情景 1	84/75.3715	9/5.5881	20/18.1729	32/55.7662	23/179.6930
情景 2	84/61.4950	12/7.8874	21/24.1026	41/67.1001	10/181.3673
情景 3	84/60.5420	11/7.3411	23/23.7270	40/66.8022	10/178.6968

第四节   本章小结

本章基于"港口国外海向联系"视角，研究了港口体系演化主要内容之一的海向腹地。在具体研究中，首先，提出了一种海向腹地的复杂网络划定方法；其次，在把握中国沿海港口体系海向腹地网络特征的基础上，构建了海向腹地网络的演化模型，用以仿真面向"冰上丝绸之路"的中国沿海港口体系海向腹地的演化态势；最后，基于 3 种演化情景的设置和所构建的海向腹地网络的演化模型，对面向"冰上丝绸之路"的中国沿海港口体系的海向腹地网络、海向港口型腹地以及海向国家型腹地的演化态势进行了预测和分析。结果表明，在国家间贸易方面，GDP、海运距离和共同语言均会对国家间贸易产生显著性影响，其中 GDP 为显著的正向影响，海运距离和共同语言表现为显著的负向影响，除货币自由度外，自由贸易协定、班轮运输连通性指数、金融自由度、贸易及运输相关基础设施指数、对美元汇率以及关税负担率均有助于国家间贸易潜力的发挥。利用构建的港口海向腹地网络模型对面向"冰上丝绸之路"的中国沿海港口体系海向腹地的演化过程进行模拟，比较分析演化网络与真实网络的网络特征，发现演化网络与真实网络的拓扑与权重特征较为一致，验证了该模型的有效性。在海向腹地网络演化方面，面向"冰上丝绸之路"的中国沿海港口体系海向腹地网络的港口节点的平均度与平均度强度在逐渐减小，网络集团化效应降低，海上运输效率有所提升，港口规模分布将更为均衡，"冰上丝绸之路"将为部分中小港口的发展带来机遇。在海向港口型腹地演化方面，西北欧地区港口对于中国沿海港口体系的重要性将得到提升，南半球港口的地位则将有所下降，北冰洋沿岸港口对于中国的海上贸易将发挥重要作用，"冰上丝绸之路"将提高中国沿海港口与其他港口的传输效率，其中中国北部沿海地区港口的航运发展将获得更大提升，南部沿海地区港口获益相对最小。在海向国家型腹地演化方面，"冰上丝绸之路"的建设将在整体上拉近中国与世界各国的航运联系，提高中国与国外市场间的海上贸易效率，其中，北部沿海地区港口的航运效率提升最快，中部沿海地区港口次之，南部沿海地区港口最小。

第 六 章

中国沿海港口体系演化趋势
分析及政策建议

第一节　演化趋势分析

　　货运功能结构、货运空间结构、陆向腹地和海向腹地是港口体系的主要内容，中国沿海港口体系的演化也是由以上主要内容的演化构成的。因此通过整合前面第二章到第五章核心章节的研究成果（图6.1），可以总结出面向"冰上丝绸之路"的中国沿海港口体系的演化趋势。

一　集中化趋势凸显

　　集中化是港口体系演化的主要趋势之一，表明港口体系趋于首位分布态势。面向"冰上丝绸之路"，中国沿海港口体系中的北部和中部沿海港口的局部空间格局趋于高值集聚，南部港口则趋于低值集聚。总体上，面向"冰上丝绸之路"的各类货物在运输成本和自身实力的影响下，高等级港口与低等级港口间的空间分异明显，呈现明显的空间集聚特征，中国沿海港口体系的集中化趋势凸显。集中化的演化趋势将催生中国沿海港口体系面向"冰上丝绸之路"的

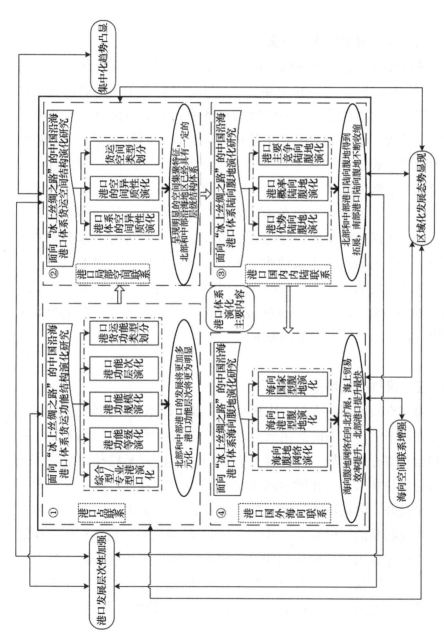

图6.1　演化趋势分析框架

门户型港口，并能带动周边港口的发展，有助于沿海港口体系发挥整体效益，从而以整体性优势参与日益激烈的国际航运竞争。

二 港口发展层次性加强

港口体系的层次化发展是港口体系演化的一大客观规律。面向 "冰上丝绸之路"，北部和中部沿海地区已经具有了一定的包含主副枢纽港、支线港和喂给港的层级结构体系，北部沿海地区大型港口的综合性货流聚集能力要强于其他地区，且北部和中部港口的陆向腹地和海向腹地在 "冰上丝绸之路" 的助力下将得到更大的拓展，其中北部沿海地区体现得更为明显，而南部沿海地区的规模等级层次尚未显现，且陆向腹地在不断收缩，海向腹地拓展并不明显，未来还须进入区域枢纽港争夺与竞争阶段。因此，面向 "冰上丝绸之路" 的中国沿海港口体系结构的重心在北部和中部沿海地区，未来港口体系发展的不均衡性和层次性将更为明显。面向 "冰上丝绸之路" 的中国沿海港口体系的布局规划应运用港口体系层次化的演化规律，推动港口体系的协调发展。

三 海向空间联系增强

海向空间联系强度及一体化水平是港口体系竞争力的重要指标，其发展对于港口体系的演化至关重要。"冰上丝绸之路" 的开发、建设和运营将打通中国经北冰洋与西北欧地区的贸易路径，便利区域之间的贸易往来，西北欧地区港口对于中国沿海港口体系的重要性将得到提升。海向腹地网络在向北扩展，扩大了中国沿海港口体系海向空间联系的辐射范围。另外，"冰上丝绸之路" 将在整体上拉近中国与世界各国的海向空间联系，提高中国与国外市场间的海上贸易效率。可以预期，未来中国与全球各大洲间的海上经贸往来将更为频繁，中国沿海港口在全球港口中的海运地位也将得到提升。

四　区域化发展态势显现

区域化是港口体系演化的新阶段。[①] 随着公路、铁路、内河驳运、航空、海洋运输以及腹地空间组织的不断发展，当前中国沿海港口的水陆空集输运体系正在逐渐完善，港口区域化特征日益明显。"冰上丝绸之路"的建设，将进一步促进由沿海港口所连接的内陆与远洋交通运输网络的形成，拓展港口的活动空间，各港口间陆向联系和海向联系将日益紧密，港腹间业务往来逐渐增多，彼此分工协作加强，实现港口间的联动发展，且港口的空间经济辐射作用在区域范围内不断凸显，从而推动以港口经济活动为核心、以城市为主体、以自由贸易为依托的中国沿海港口体系的区域化发展进程。

第二节　政策建议

为推进"冰上丝绸之路"建设的有序进行并能积极应对"冰上丝绸之路"对中国沿海港口体系演化所带来的影响，本节从"冰上丝绸之路"建设和中国沿海港口体系规划与发展两方面提出政策建议。

一　"冰上丝绸之路"建设的政策建议

2015 年 3 月，中国在博鳌亚洲论坛 2015 年年会期间正式发布《推动共建丝绸之路经济带和 21 世纪海上丝绸之路的愿景与行动》，提出要以"政策沟通、设施联通、贸易畅通、资金融通、民心相通"（简称"五通"）为主要内容，打造共建"一带一路"国家政治互

---

① Theo E. Notteboom and Jean-Paul Rodrigue, "Port Regionalization: Towards a New Phase in Port Development", *Maritime Policy & Management*, Vol. 32, No. 3, July 2005, pp. 297 – 313.

信、经济融合、文化互容的利益共同体、责任共同体和命运共同体。"冰上丝绸之路"作为"一带一路"倡议的新延伸,承载着中国海洋合作空间北向通达的历史使命。因此,需要加强政策对话、搭建金融合作平台、培养专业人才与加强技术合作,以助力"冰上丝绸之路"建设的实质性推进。

(一)加强政策对话,推动合作共赢

中国应以和平发展为主题,以《中国的北极政策》白皮书中提出的"尊重、合作、共赢、可持续"为建设"冰上丝绸之路"的原则,秉承亲诚惠容理念,与相关国家进行积极的政治往来,加强政策对话,推动合作共赢。[①] 一是中国须切实考量俄方对"冰上丝绸之路"所赋予的经略远东地区国家利益的意图,并明确中国对"一带一路"北向延伸的期盼,以双方共同利益为合作基点,落实推动中国"一带一路"倡议与俄远东开发的对接。以航道开发为工作主线,着力推动包括经贸、物流、能源、技术、旅游等在内的低政治领域方面多层合作网络的形成,避免对俄在北极权益方面的过多触及,深化中俄新时代全面战略协作伙伴关系的内涵,达成更深层次的政治互信。二是积极寻求与北极国家的符合共同利益的多方面合作的可能性,对于与中国一直交好的冰岛、芬兰等国,继续深化外交联系合作,为中国更好地参与北极事务营造良好的国际氛围。三是与"冰上丝绸之路"共建国家尤其是对开发利用北极有诉求和意愿的日本、韩国等非北极国家展开多方位合作,为促进非北极国家的北极影响力和发言权提供平台,增强各国在"冰上丝绸之路"建设中的利益归属感,增信释疑,相互尊重,互利共赢,共同发展。

(二)搭建金融合作平台,促进资金融通

"冰上丝绸之路"的建设,无论是沿岸港口工程建设还是研发建造破冰船等项目,都需要大量的资金支持,因此解决好融资问题,

---

① 李振福、王文雅、刘翠莲:《北极丝绸之路战略构想与建设研究》,《产业经济评论》2016 年第 2 期。

是"冰上丝绸之路"开发的重要保障。一方面，要做好政府资金支持工作。政府应通过制定金融政策支持和引导金融机构对"冰上丝绸之路"开发相关企业开展融资业务，鼓励符合资质的相关企业发行债券，建立具有航海技术、港口工程、航运管理资质的专门从事面向航道开发相关企业信贷业务的金融机构，形成政府、金融机构、企业联动的金融保障体系。① 另一方面，要在国际社会积极倡导共同筹措建设资金理念，鼓励共筹共建。充分利用现有国际融资平台，并由国家发起，鼓励海内外政府、金融机构、企业、个人参与，打造专门服务于北极航道开发的金融合作平台，与有意愿参与"冰上丝绸之路"开发的国家深化金融合作，整合金融资源，创新金融方式，共同推进北极航线投融资体系和信用体系的建设。同时，推进人民币国际化进程，促进人民币跨境结算，避免"冰上丝绸之路"开发过程中受外汇制约，保证资金流通、融资渠道畅通。

（三）培养专业人才，精通国际规则

作为跨越多国家和多地理区域的国际航道建设项目，"冰上丝绸之路"建设必然受到诸多国际规则和法律的制约，并且"冰上丝绸之路"大部分处于北极地区，而北极国际机制的"碎片化"状态使得北极缺乏有效统一的国际管理规则，至今仍未确立类似南极条约的统一的北极条约。因此，为避免触及国家地缘领域主权和航道管理规则的雷区，首先，中国可以就"冰上丝绸之路"建设的相关问题与共建国家沟通协调，就可商议的问题达成航道建设及利用的软法，明确权责，待利益协调一致后再将其发展成为硬法以及时解决北极治理中产生的问题。② 其次，签订与沿线国家的北极合作协议，促成航道建设环境的规范化与制度化。习近平总书记强调："要提高

---

① 李振福、丁超君：《中俄共建北方海航道研究》，《俄罗斯学刊》2018 年第6 期。

② 白佳玉、王晨星：《以善治为目标的北极合作法律规则体系研究——中国有效参与的视角》，《学习与探索》2017 年第 2 期。

我国参与全球治理的能力，着力增强规则制定能力、议程设置能力、舆论宣传能力、统筹协调能力。"① 国际规则的参与和制定需要培养熟悉北极问题、精通国际规则的相关专业人才，构建北极人才智库，减少中国参与国际航道建设的被动性，提高中国北极事务话语权。

（四）汇聚各方智慧，加强技术合作

北极地区航行条件严酷，生态环境脆弱敏感，先天的地理环境劣势对中国建设"冰上丝绸之路"提出了更高的航行安全要求和环保要求。当前中国的航道建设技术与所需的高技术水平仍存在差距，需要广泛的国际技术、信息、人才的地缘合作流通，以让"冰上丝绸之路"顺利开发。在航行安全方面，应强化技术手段研发力量，建设高安全级别的航道沿线保障设施，建造抗冰级船舶，协调各方牵头建立北极援助与协作机制以及海上安全事故响应机制，避免可能的航行安全事故并及时处理因海难事故所引起的溢油污染等。在环保方面，中国参与"冰上丝绸之路"的建设应正确处理好航道开发建设与环境保护之间的矛盾，把生态环保放在"冰上丝绸之路"的建设首位，并将中国提议的与"21世纪海上丝绸之路"共建国家共同开展海洋和海岸带蓝碳生态系统监测合作机制推广至北极地区，使"冰上丝绸之路"建设成为北极绿色开发的典范，从而推动"人类命运共同体"的建设与人类的可持续发展。在科考方面，北极具有极高的科考价值，须密切关注北极大气、臭氧、海冰、冰川、生物等科研要素的变化，提高北极科研水平，推进更广泛的国内外高校和科研机构的学术交流与科研合作。

二　中国沿海港口体系规划与发展的政策建议

"冰上丝绸之路"作为未来中国与西北欧地区贸易往来的重要纽带，将为中国沿海港口体系带来一次难得的发展机遇，政府应充分认识到"冰上丝绸之路"给中国现有沿海港口体系布局带来的影响，

---

① 《习近平谈治国理政》第二卷，外文出版社2017年版，第450页。

做好港口体系的规划与发展工作，以适应未来海运格局的变化，把握发展良机。

（一）明确港口发展定位，促进港口协同发展

面向"冰上丝绸之路"的中国沿海港口体系的规划建设须充分考虑不同港口的基础条件和发展潜力，进行分区域、分规模、分层次、分货种的布局，制定适宜的发展战略。因此，应着力强化战略性核心港口的货运功能，尤其对于大连、唐山、天津、烟台、青岛、日照、苏州、上海、宁波—舟山等承担的功能类型多样且发展潜力强劲的港口，应将其划归为"冰上丝绸之路"中国沿海的支点港口，全面提升港口的基础设施服务水平、增加高靠泊能力的码头泊位数量、提升港口的专业化水平和对外贸易能力等，以强化其枢纽港地位，使这些重点港口在中国与西北欧的贸易往来中能够发挥支撑作用，并能发挥空间邻近效应，有效带动支线港和喂给港的发展。目前建设"冰上丝绸之路"支点港口的战略意义大于经济意义，所以还需要减免通过"冰上丝绸之路"运输的船舶及货物的港口税费，如引航费、港务费等，从而减少货主成本，提高面向"冰上丝绸之路"的沿海港口的运营效率。对于南部港口，应起到对北方港口的辅助支持作用，做好接卸工作。最终针对"冰上丝绸之路"形成因地制宜、区域协调、大中小港口相结合、功能分工合理、层次布局有序、符合市场化要求的沿海港口体系。

（二）打造港口战略联盟，提升整体竞争实力

由本书的研究结果可知，得益于自身良好的货物运输基础和区位优势，北部和中部沿海地区的港口有极大潜力成为未来中国借由"冰上丝绸之路"与西北欧地区进行海运贸易的主力。因此，在"冰上丝绸之路"背景下，北部和中部港口可以通过打造港口战略联盟，加强港口间的深层次合作，合理配置港航资源，减少重复建设和恶性竞争，形成各港优势互补、相互支持的协调发展格局。为此，须加强港口战略联盟的基础设施建设与软环境建设，提升整体竞争实力。首先，要全面提升符合"冰上丝绸之路"货运要求的港口建

设技术，包括提高在复杂自然条件下进行沿海深水港口建设的关键技术、进行建设资源节约和环境友好型港口的关键技术研发以及涉及港口生产安全和可持续发展的相关技术等。其次，要加快建设一批高水平的专业性码头和综合性码头，提升港口的装卸和物流水平，并应用现代信息技术，搭建港航管理信息系统、推进电子口岸建设以及构建港口数据交换系统，实现港口货物运输的自动化、网络化和信息化。最后，要加大综合服务体系建设力度，提升港口的服务质量，利用先进的港口管理手段，提高作业效率、降低物流成本。

（三）构建综合交通运输体系，实现陆海网络通达

"冰上丝绸之路"的开发利用为中国国际海上贸易和港口的发展提供了新机遇，也对中国陆海联运能力和物流行业提出了新的要求。国家应大力推进现代化集疏运体系和综合运输体系建设，不断增强对周边区域的辐射能力，利用综合运输枢纽功能，驱动中国交通网络向沿海的纵深扩展。在货物集装箱化的发展趋势下，"冰上丝绸之路"带来的腹地拓展势必会对中国陆港联动能力带来压力和挑战。集装箱陆海联运主要包括海铁联运和公海联运，因此，集装箱陆海联运的发展程度与内陆集疏运网络之间有着密切的联系。为此，中国应进一步加强集装箱陆海联运建设，特别是补齐海铁联运的短板，提高集疏运能力，为港口货源供给和内陆外贸运输提供保障。首先，应出台具体政策和相关法规，为实施海铁联运营造良好的外围环境；其次，应确定牵头负责的主要职能部门，并对铁路、海关、港口等相关部门进行强有力的系统协调；再次，应加大相关配套基础设施的投入，将海铁联运线路接入全国路网，减少转运程序和降低专用费用；最后，应提升交通运输系统的信息化水平，建设交通管理信息系统，开放化建设现有内部的运输管理信息系统，应用物联网等先进技术，实现运输的自动化、网络化、系统化。

（四）调整经济发展战略，优化沿海产业布局

"冰上丝绸之路"的建设将缩短东亚和西北欧的海上运输距离，促进国际分工结构调整，同时中国与国际市场的联系将更为紧密，

经济发展战略和沿海地区产业分工也将受到影响。政府应适时调整经济发展战略，优化沿海产业分工布局，坚持以市场为导向，坚持因地制宜，统筹开发沿海港口资源，协调发展沿海产业集群，培育定位准确、分工合理、重点突出、运营高效的沿海产业布局。① 依据面向"冰上丝绸之路"的不同沿海地区的功能定位和发展潜力，北部和中部沿海地区应以远洋运输、海洋高新技术、海洋服务、能源加工等为产业发展重点，积极完善港口的基础设施，建设专业化货种装卸码头和特色港口，改善航道的进出海环境，应用物联网信息技术建立航运信息平台，发展专业化、低碳化、联盟化物流产业集群。南部沿海地区的港口可以将加工贸易和转口贸易作为重点产业，积极攻克专业技术难题，突破技术壁垒，提高技术水平，掌握具有自主知识产权的核心技术，增加产品附加价值，并提高国际贸易自由度，鼓励开展多种形式的贸易投资合作，形成开放化的国际性贸易市场。

---

① 李振福：《北极航线与世界海运网络格局》，《中国船检》2016 年第 3 期。

第 七 章

结论与展望

第一节　结论

　　本书考虑"冰上丝绸之路"对于中国沿海港口体系演化的可能影响，在国内外文献研究的基础上，综合利用多学科理论与方法，紧抓港口体系演化的主要内容，遵循"港口点联系→港口局部空间联系→港口国内内陆联系→港口国外海向联系"的研究路径，预测分析了面向"冰上丝绸之路"的中国沿海港口体系在货运功能结构、货运空间结构、陆向腹地和海向腹地的演化情况，并总结了演化趋势，主要体现在以下几个方面。

　　第一，确定了中国通过"冰上丝绸之路"与西北欧进行海上贸易的重要货物，设置了货运功能结构的演化情景，界定了港口货物吸引潜力的概念，构建了港口货物吸引潜力模型，基于计算得出的港口货物吸引潜力，从综合型/专业型、港口功能等级、港口功能规模和港口功能层次4个方面对面向"冰上丝绸之路"的中国沿海港口体系货运功能结构的演化情况进行了预测和分析。结果表明，北部和中部港口的发展将更加多元化，并有望成为通过"冰上丝绸之路"进行货物运输的主力军。在面向"冰上丝绸之路"时，煤炭将在大多数港口的货物运输中占有重要地位。由于受海运距离的影响，

"冰上丝绸之路"将给北部和中部港口带来更大的经济发展机遇。面向"冰上丝绸之路"的港口功能层次将更为明显,中型港口受"冰上丝绸之路"的影响最大。根据港口货运功能的特点,对港口的货运功能类型进行了划分,沿海港口按货运规模分为大、中、小型港口,这些港口又依据货运功能特征划分为大型—综合型—主要港、中型—综合型—主要港、中型—普通型—主要港、中型—专业型—主要港、中型—综合型—非主要港、中型—普通型—非主要港、小型—综合型—非主要港、小型—普通型—非主要港和小型—专业型—非主要港共9类,不同的港口类型将承担不同规模的货运任务,具有不同的发展潜力。

第二,确定了中国通过"冰上丝绸之路"与西北欧进行海上贸易的重要货物,设置了货运空间结构的演化情景,利用港口货物吸引潜力模型计算得出港口的货物吸引潜力,对面向"冰上丝绸之路"的中国沿海港口体系和沿海港口的空间异质性演化进行了分析,并根据空间聚类结果,对面向"冰上丝绸之路"的中国沿海港口体系的货运空间类型进行了划分。结果显示,受自身实力和运输成本的影响,面向"冰上丝绸之路"的各类货物都表现了空间集聚的特征,高值港口与低值港口间的空间分异明显。北部和中部沿海地区港口的局部空间格局趋于高值,南部沿海地区港口则相反。北部和中部沿海地区对于"冰上丝绸之路"已经具有了一定包含主副枢纽港、支线港和喂给港的层级结构体系。利用空间聚类结果,分别将中国沿海港口体系的货运规模区划分为大型货运规模区、中型货运规模区和小型货运规模区3类,将不同货物的货运等级区划分为核心货运区、主干货运区、潜力发展区和边缘货运区4种类型,将综合货运空间划分为大规模—核心区、大规模—主干区、中规模—主干区、中规模—潜力区、小规模—潜力区和小规模—边缘区共6种类型。由货运空间类型划分结果可知,中国沿海港口体系结构的重心在北部和中部沿海地区,北部沿海地区大型港口的综合性货流聚集能力要强于其他地区。通过分析港口货运规模与重要度—平均度指标的关系可以看出，沿海港口基本符合货运规模越大，其综合货运等级越高的趋势。

第三，假设了3种情景用于预测分析面向"冰上丝绸之路"的中国沿海港口体系陆向腹地的演化情况，构建了混合交叉巢式Logit模型用于描述3个情景的托运人的港口选择过程，依据该模型所获得的托运人的港口选择结果，对港口的优势陆向腹地、概率陆向腹地和主要竞争陆向腹地进行了划分，并刻画了面向"冰上丝绸之路"的中国沿海港口体系陆向腹地的演化情况，从启示、原因和政策含义3个方面对实证结果进行了讨论。结果表明，成本、时间、集装箱吞吐量和航行风险对托运人选择港口有负面影响，而班轮频率会产生积极影响。鉴于"冰上丝绸之路"和苏伊士运河航线在成本、时间和风险上的差异，"冰上丝绸之路"的加入将打破中国港口出口欧洲的陆向腹地的格局，促进腹地的演变。总体而言，在"冰上丝绸之路"影响下，北部港口的陆向腹地不断扩大，中部港口陆向腹地先减后增，南部港口陆向腹地不断收缩。北部港口的陆向腹地最容易受到"冰上丝绸之路"属性变化的影响，这也说明北部港口将在未来"冰上丝绸之路"通航条件改善后获益最大。

第四，提出了一种海向腹地的复杂网络划定方法，构建了海向腹地网络的演化模型，对面向"冰上丝绸之路"的中国沿海港口体系的海向腹地网络、海向港口型腹地以及海向国家型腹地的演化态势进行了预测和分析。结果表明，在国家间贸易方面，GDP表现显著的正向影响，海运距离和共同语言为显著的负向影响，除货币自由度外，自由贸易协定、班轮运输连通性指数、金融自由度、贸易及运输相关基础设施指数、对美元汇率以及关税负担率均有助于国家间贸易潜力的发挥。通过比较分析演化网络与真实网络的网络特征，验证了海向腹地网络模型的有效性。在海向腹地网络演化方面，面向"冰上丝绸之路"的海向腹地网络的港口节点的网络集团化效应降低，海上运输效率有所提升，港口规模分布将更为均衡，"冰上丝绸之路"将为部分中小港口的发展带来机遇。在海向港口型腹地演化方面，西北欧地区港口对中国的重要性将得到提升，南半球港口的地位则将有所下降，北冰洋沿岸港口对于中国的海上贸易将发挥重要作用，"冰上丝绸之路"将提高中国沿海港口与其他港口的传输效率，其中中国北部港口的航运发展将获得更大提升，南部港口获益相对最小。在海向国家型腹地演化方面，"冰上丝绸之路"将提高中国与国外市场间的海上贸易效率，其中，北部港口的航运效率提升最快，中部港口次之，南部港口最小。

通过总结研究结果，得出面向"冰上丝绸之路"的中国沿海港口体系的演化趋势为：一是集中化趋势凸显，各类货物呈现明显的空间集聚特征；二是港口发展层次性加强，面向"冰上丝绸之路"的中国沿海港口体系结构的重心在北部和中部沿海地区，港口体系发展的不均衡性和层次性将更为明显；三是海向空间联系增强，"冰上丝绸之路"将在整体上拉近中国与世界各国的海向空间联系，提升中国与国外市场间的海上贸易效率；四是区域化发展态势显现，"冰上丝绸之路"将推动以港口经济活动为核心、以城市为主体、以自由贸易为依托的中国沿海港口体系的区域化发展进程。

第二节　展望

本书对面向"冰上丝绸之路"的中国沿海港口体系演化问题进行了初步探索，尽管得到了一些研究结论，但仍存在诸多不足，尚有许多工作有待深入研究，主要有以下几个方面。

第一，对于面向"冰上丝绸之路"的中国沿海港口体系货运功能结构的研究：首先，由于"冰上丝绸之路"尚在建设中，对货运功能结构的研究只能进行静态的预测分析；其次，只选取了6种重要货物，但随着"冰上丝绸之路"建设的推进，矿产建材、钢材等货物的贸易量也将不断增长，因此无法准确细致地描述沿海港口体系的整体货运功能结构特征。所以沿海港口体系货运功能结构的动态演化和综合货运功能结构的特征有待进一步研究。

第二，对于面向“冰上丝绸之路”的中国沿海港口体系货运空间结构的研究：首先，随着未来中国与西北欧借由“冰上丝绸之路”贸易的逐渐深入，港口群对腹地和货源的争夺、枢纽港对周边港口的分流、支线港和喂给港的发展等会促进港口体系空间结构的变动，而由于“冰上丝绸之路”还未进入常态化运营阶段，仅能对港口空间结构进行静态分析；其次，只选择了 6 类战略性货种，而随着“冰上丝绸之路”的建设，矿建材料、钢铁等货种贸易也必将兴起，因此现在的研究难以对沿海港口体系的整体空间结构特征做出准确细致的刻画。因而，沿海港口体系空间结构的动态演变及全面的空间结构特征是未来需要研究的重点。

第三，对于面向“冰上丝绸之路”的中国沿海港口体系陆向腹地的研究：首先，为了保证腹地划分决策者的一致性，本书将托运人作为港口所在运输链的唯一决策者，为了与集装箱运输链的实际运作相适应，港口腹地部门还应考虑综合利益相关者（码头运营商、港口管理者、航运公司和货运代理）的视角；其次，本书假设运输成本与交通量无关，不存在规模经济和拥堵效应，然而货运量与航运成本/利润相关，这也会影响腹地格局，因此考虑到规模经济和拥堵效应，一个更实际的腹地划分值得在未来的研究中占有一席之地；最后，基于“冰上丝绸之路”良好的发展前景，新航线在未来几十年可能有动态的、不断增加的通航时间。因此，未来可以考虑在固定的通航时间（7月至11月）之外“冰上丝绸之路”的动态发展对港口腹地的影响。

第四，对于面向“冰上丝绸之路”的中国沿海港口体系海向腹地的研究，虽然所构建的港口海向腹地网络的演化模型与传统的BBV模型相比有了较大改善，但演化网络与实际网络相比仍有差距，因此还需要深挖海向腹地网络的生成机理，以构建更贴合实际的港口海向腹地网络的演化模型。本书将港口的海向腹地划定到具体的港口及其所在国家，这对于港口的海向腹地划分来说还较为粗糙，因而在未来的研究中，更精细的港口海向腹地的划定是一个值得研究的方向。

第五，本书设置了以中国沿海港口体系现状和"冰上丝绸之路"建设完成后为主体的演化情景，用于分析面向"冰上丝绸之路"的中国沿海港口体系的演化，后续研究可以细化演化阶段，得到未来多时期的演化情况。此外，本书没有考虑未来陆上运输和航空运输的发展变化，未来应综合考虑陆上运输、航空运输以及海外港口的发展对面向"冰上丝绸之路"的中国沿海港口体系演化所带来的影响。

参考文献

中文文献

期刊文章

白佳玉、王晨星：《以善治为目标的北极合作法律规则体系研究——中国有效参与的视角》，《学习与探索》2017 年第 2 期。

曹有挥：《安徽省长江沿岸港口体系的初步研究》，《地理科学》1995 年第 2 期。

曹有挥：《安徽省长江沿岸港口体系规模组合与空间结构分析》，《地理科学》1998 年第 3 期。

曹有挥、曹卫东、金世胜等：《中国沿海集装箱港口体系的形成演化机理》，《地理学报》2003 年第 3 期。

陈航：《海港地域组合及其区划的初步研究》，《地理学报》1991 年第 4 期。

陈航：《海港形成发展与布局的经济地理基础》，《地理科学》1984 年第 2 期。

陈航：《论海港地域组合的形成机制与发展过程》，《地理学报》1996 年第 6 期。

陈思旭：《中俄共建"冰上丝绸之路"的可行性分析》，《边疆经济与文化》2018 年第 2 期。

丁超君、李振福：《海运货物价值流分配机理研究》，《国际经贸探索》2018 年第 10 期。

董晓菲、韩增林：《东北沿海港口群腹地空间格局及驱动机理》，

《经济地理》2016 年第 5 期。

范厚明、刘益迎：《北极通航对中国海运贸易的影响分析》，《对外
　　经贸实务》2015 年第 9 期。

胡丽玲：《冰上丝绸之路视域下中俄北极油气资源开发合作》，《西
　　伯利亚研究》2018 年第 4 期。

蹇令香、李东兵、赵诗晨：《我国沿海港口复杂网络演化特征》，
　　《经济地理》2016 年第 12 期。

蒋晓丹、范厚明、张琰雪等：《港口与运输方式及陆港联合选择的巢
　　式 Logit 模型》，《交通运输系统工程与信息》2018 年第 5 期。

李贺、李振福：《东北航线驱动下环渤海港口规模雁阵演化研究》，
　　《极地研究》2015 年第 3 期。

李振福：《"冰上丝绸之路"与北极航线开发》，《人民论坛·学术前
　　沿》2018 年第 11 期。

李振福、刘硕松：《东北地区对接"冰上丝绸之路"研究》，《经济
　　纵横》2018 年第 5 期。

李振福、彭琰：《"通权论"与"冰上丝绸之路"建设研究》，《东北
　　师大学报》（哲学社会科学版）2019 年第 4 期。

李振福、史砚磊、徐梦俏等：《世界集装箱海运网络层次结构研究》，
　　《系统工程理论与实践》2016 年第 4 期。

李振福、孙悦、韦博文：《"冰上丝绸之路"——北极航线船舶航行
　　安全的跟驰模型》，《大连海事大学学报》2018 年第 3 期。

骆巧云、寿建敏：《北极东北航道 LNG 运输经济性与前景分析》，
　　《大连海事大学学报》2016 年第 3 期。

孙明、孟达斌：《提升铁路成品油运输市场竞争力的思考》，《铁道
　　货运》2019 年第 7 期。

谭秀杰、周茂荣：《21 世纪"海上丝绸之路"贸易潜力及其影响因
　　素——基于随机前沿引力模型的实证研究》，《国际贸易问题》
　　2015 年第 2 期。

王成金、César Ducruet：《现代集装箱港口体系演进理论与实证》，

《地理研究》2011 年第 3 期。

王丹、张浩：《北极通航对中国北方港口的影响及其应对策略研究》，《中国软科学》2014 年第 3 期。

王年：《关于运输方式对煤炭销售的影响要点分析》，《现代工业经济和信息化》2019 年第 4 期。

王伟、王成金、金凤君：《基于货物结构的中国沿海港口运输职能判别》，《地理研究》2018 年第 3 期。

王志民、陈远航：《中俄打造"冰上丝绸之路"的机遇与挑战》，《东北亚论坛》2018 年第 2 期。

吴旗韬、张虹鸥、叶玉瑶等：《港口体系演化的影响因素及驱动机制分析》，《人文地理》2011 年第 3 期。

夏立平：《新时代"冰上丝绸之路"的发展布局研究》，《人民论坛·学术前沿》2018 年第 11 期。

徐维祥、许言庆：《我国沿海港口综合实力评价与主要港口腹地空间的演变》，《经济地理》2018 年第 5 期。

薛桂芳：《"冰上丝绸之路"新战略及其实施路径》，《人民论坛·学术前沿》2018 年第 21 期。

杨剑：《共建"冰上丝绸之路"的国际环境及应对》，《人民论坛·学术前沿》2018 年第 11 期。

杨剑：《〈中国的北极政策〉解读》，《太平洋学报》2018 年第 3 期。

杨振姣、王梅、郑泽飞：《北极航道开发与"冰上丝绸之路"建设的关系及影响》，《中国海洋经济》2019 年第 2 期。

杨忠振、郭利泉：《中国对外贸易的海运可达性评价》，《经济地理》2016 年第 1 期。

姚尊强、尚可可、许小可：《加权网络的常用统计量》，《上海理工大学学报》2012 年第 1 期。

殷为华、徐长乐：《长江三角洲港口群的功能定位探析》，《长江流域资源与环境》2002 年第 4 期。

尹丕：《木材运输技术的几种方法及其发展趋势》，《科技创新与应用》2013 年第 33 期。

游艳雯、郑平标、秦欢欢等:《我国铁路铁矿石运输发展探析》,
《铁道货运》2017 年第 4 期。

张婷婷、陈晓晨:《中俄共建"冰上丝绸之路"支点港口研究》,
《当代世界》2018 年第 3 期。

张侠、寿建敏、周豪杰:《北极航道海运货流类型及其规模研究》,
《极地研究》2013 年第 2 期。

张耀光、刘锴、郭建科等:《中国海岛港口现状特征与类型划分》,
《地理研究》2013 年第 6 期。

赵宇哲、彭燕妮、匡海波:《生态学视角下的集装箱海运网络适应度
BA 模型》,《运筹与管理》2014 年第 6 期。

英文文献

A. G. Wilson, "A Statistical Theory of Spatial Distribution Models",
Transportation Research, Vol. 1, No. 3, July 1967.

A. J. Baird, "Extending the Lifecycle of Container Mainports in Upstream
Urban Locations", *Maritime Policy & Management*, Vol. 24, No. 3, A-
pril 1997.

Ada Suk-Fung Ng, Dongyang Sun, Jyotirmoyee Bhattacharjya, "Port
Choice of Shipping Lines and Shippers in Australia", *Asian Geogra-
pher*, Vol. 30, No. 2, April 2013.

Adams B. Steven and Thomas M. Corsi, "Choosing a Port: An Analysis of
Containerized Imports into the U. S. ", *Transportation Research Part E:
Logistics and Transportation Review*, Vol. 48, No. 4, July 2012.

Adolf K. Y. Ng, César Ducruet, Wouter Jacobs, Jason Monios, Theo Not-
teboom, Jean-Paul Rodrigue, Brian Slack, Ka-chai Tam, Gordon
Wilmsmeier, "Port Geography at the Crossroads with Human Geogra-
phy: Between Flows and Spaces", *Journal of Transport Geography*,
Vol. 41, December 2014.

Alain Barrat, Marc Barthélemy, Alessandro Vespignani, "Modeling the E-volution of Weighted Networks", *Physical Review E*, Vol. 70, No. 6, December 2004.

Albert Buixadé Farré, Scott R. Stephenson, Linling Chen, Michael Czub, Ying Dai, DenisDemchev, Yaroslav Efimov, Piotr Graczyk, Henrik Grythe, Kathrin Keil, Niku Kivekäs, Naresh Kumar, Nengye Liu, Igor Matelenok, Mari Myksvoll, Derek OLeary, Julia Olsen, Sachin Pavithran. A. P. , Edward Petersen, Andreas Raspotnik, Ivan Ryzhov, Jan Solski, Lingling Suo, Caroline Troein, Vilena Valeeva, Jaap van Rijckevorsel, Jonathan Wighting, "Commercial Arctic Shipping Through the Northeast Passage: Routes, Resources, Governance, Technology and Infrastructure", *Polar Geography*, Vol. 37, No. 4, October 2014.

Albert Veenstra and Theo Notteboom, "The Development of the Yangtze River Container Port System", *Journal of Transport Geography*, Vol. 19, No. 4, July 2011.

Albert-László Barabási and Réka Albert, "Emergence of Scaling in Random Networks", *Science*, Vol. 286, No. 5439, October 1999.

Alexander V. Evseev, Tatiana M. Krasovskaya, Vladimir S. Tikunov, Irina N. Tikunova, "New Look at Territories of Traditional Nature Use-Traditional Nature Management Lands at the Coastal Zone of the Ice Silk Road: A Case Study for the Russian Arctic", *International Journal of Digital Earth*, Vol. 12, No. 8, August 2019.

Antoine Fremont, "Global Maritime Networks: The Case of Maersk", *Journal of Transport Geography*, Vol. 15, No. 6, November 2007.

Axel Merkel, "Spatial Competition and Complementarity in European Port Regions", *Journal of Transport Geography*, Vol. 61, May 2017.

B. Slack, "Intermodal Transportation in North America and the Development of Inland Load Centers", *The Professional Geographer*, Vol. 42, No. 1, February 1990.

Bart W. Wiegmans, Anthony Van Der Hoest, Theo E. Notteboom, "Port and Terminal Selection by Deep-Sea Container Operators", *Maritime Policy & Management*, Vol. 35, No. 6, November 2008.

Brian Slack, "Containerization, Inter-Port Competition and Port Selection", *Maritime Policy & Management*, Vol. 12, No. 4, December 1985.

Brian Stewart Hoyle, "East African Seaports: An Application of the Concept of 'Anyport'", *Transactions of the Institute of British Geographers*, Vol. 44, No. 44, December 1968.

Brian Stewart Hoyle, "The Port-City Interface: Trends, Problems and Examples", *Geoforum*, Vol. 20, No. 4, January 1989.

Byung-In Park and Hokey Min, "The Selection of Transshipment Ports Using a Hybrid Data Envelopment Analysis/Analytic Hierarchy Process", *Journal of Transportation Management*, Vol. 22, No. 1, January 2011.

C. L. Hwang and K. Yoon, *Multiple Attribute Decision Making: Methods and Applications*, New York: Springer-Verlag, 1981.

César Ducruet and Liehui Wang, "China's Global Shipping Connectivity: Internal and External Dynamics in the Contemporary Era (1890 – 2016)", *Chinese Geographical Science*, Vol. 28, No. 2, March 2018.

César Ducruet and Stanislas Roussin, "The Changing Relations Between Foreland and Hinterland at North Korean Ports (1985 – 2006)", Paper Delivered to 6th Inha & Le Havre International Conference, Sponsored by the Inha University, Incheon, Republic of Korea, October 10 – 11, 2007.

César Ducruet, "Network Diversity and Maritime Flows", *Journal of Transport Geography*, Vol. 30, June 2013.

César Ducruet, Céline Rozenblat, Faraz Zaidi, "Ports in Multi-Level Maritime Networks: Evidence from the Atlantic (1996 – 2006)", *Journal of Transport Geography*, Vol. 18, No. 4, July 2010.

César Ducruet, Hans R. A. Koster, Daniel J. Van der Beek, "Commodity Variety and Seaport Performance", *Regional Studies*, Vol. 44, No. 9, January 2010.

César Ducruet, Stanislas Roussin, Jin-Cheol Jo, "Going West? Spatial Polarization of the North Korean Port System", *Journal of Transport Geography*, Vol. 17, No. 5, September 2009.

Chaojun Ding and Zhenfu Li, "Research on the Shipping Network Structure Under the Influence of Arctic Routes", *Geojournal*, Vol. 87, September 2022.

Chi-lok Andrew Yuen, Anming Zhang, Waiman Cheung, "Port Competitiveness from the Users' Perspective: An Analysis of Major Container Ports in China and its Neighboring Countries", *Research in Transportation Economics*, Vol. 35, No. 1, May 2012.

Chinonye Ugboma, Ogochukwu Ugboma, Innocent C. Ogwude, "An Analytic Hierarchy Process (AHP) Approach to Port Selection Decisions—Empirical Evidence from Nigerian Ports", *Maritime Economics & Logistics*, Vol. 8, September 2006.

D. Bobrovitch, "Decentralised Planning and Competition in a National Multi-Port System", *Journal of Transport Economics & Policy*, Vol. 16, No. 1, January 1982.

D. Hilling, "The Evolution of a Port System—The Case of Ghana", *Geography*, Vol. 62, No. 2, June 1977.

D. L. Huff, "A probabilistic Analysis of Shopping Center Trade Areas", *Land Economics*, Vol. 39, No. 1, February 1963.

D. W. Song and Ki-Tae Yeo, "A Competitive Analysis of Chinese Container Ports Using the Analytic Hierarchy Process", *Maritime Economics & Logistics*, Vol. 6, No. 1, March 2004.

David Guerrero and Jean-Paul Rodrigue, "The Waves of Containerization: Shifts in Global Maritime Transportation", *Journal of Transport Geogra-*

phy, Vol. 34, January 2014.

David Guerrero, "Impacts of Transport Connections on Port Hinterlands", *Regional Studies*, Vol. 53, No. 4, April 2019.

Deqiang Li, Laijun Zhao, Chenchen Wang, Wenjun Sun, Jian Xue, "Selection of China's Imported Grain Distribution Centers in the Context of the Belt and Road Initiative", *Transportation Research Part E: Logistics and Transportation Review*, Vol. 120, December 2018.

Diego Teurelincx, "Functional Analysis of Port Performance as a Strategic Tool for Strengthening a Port's Competitive and Economic Potential", *International Journal of Maritime Economics*, Vol. 2, No. 2, April 2000.

Dimitrios Tsiotas and Serafeim Polyzos, "Analyzing the Maritime Transportation System in Greece: A Complex Network Approach", *Networks & Spatial Economics*, Vol. 15, No. 4, December 2015.

Dong Yang, Kelly Yujie Wang, Hua Xu, Zhehui Zhang, "Path to a Multilayered Transshipment Port System: How the Yangtze River Bulk Port System Has Evolved", *Journal of Transport Geography*, Vol. 64, October 2017.

Douglas K. Fleming and Alfred J. Baird, "Comment Some Reflections on Port Competition in the United States and Western Europe", *Maritime Policy and Management*, Vol. 26, No. 4, December 1999.

Duncan J. Watts and Steven H. Strogatz, "Collective Dynamics of Small-World Networks", *Nature*, Vol. 393, No. 6684, June 1998.

E. L. Ullman, *American Commodity Flow*, Seattle: University of Washington Press, 1957.

E. Van Cleef, "Hinterland and Umland", *Geographical Review*, Vol. 31, No. 2, April 1941.

E. W. Dijkstra, "A Note on Two Problems in Connexion with Graphs", *Numerische Mathematik*, Vol. 1, December 1959.

Edward J. Taaffe, Richard L. Morrill, Peter R. Gould, "Transport Expansion in Underdeveloped Countries: A Comparative Analysis", *Geographical Review*, Vol. 53, No. 4, November 1963.

Eirini V. Stamatopoulou and Harilaos N. Psaraftis, "Northern Sea Route: Effect on Modal Shift & Modal Choice", Paper Delivered to International Association of Maritime Economists Conference, Marseille, France, July 3 – 5, 2013.

Emmanuel Guy and Bruno Urli, "Port Selection and Multicriteria Analysis: An Application to the Montreal-New York Alternative", *Maritime Economics and Logistics*, Vol. 8, July 2006.

Frédéric Lasserre and Sébastien Pelletier, "Polar Super Seaways? Maritime Transport in the Arctic: An Analysis of Shipowners' Intentions", *Journal of Transport Geography*, Vol. 19, No. 6, November 2011.

G. K. Zipf, "The P1 P2/D Hypothesis: On the Intercity Movement of Persons", *American Sociological Review*, Vol. 11, No. 6, December 1946.

G. Weigend, "The Problem of Hinterland and Foreland as Illustrated by the Port of Hamburg", *Economic Geography*, Vol. 32, No. 1, January 1956.

Gi-Tae Yeo, Adolf K. Y. Ng, Paul Tae-Woo Lee, Zaili Yang, "Modelling Port Choice in an Uncertain Environment", *Maritime Policy and Management*, Vol. 41, No. 3, April 2014.

Gi-Tae Yeo, Michael Roe, John Dinwoodie, "Evaluating the Competitiveness of Container Ports in Korea and China", *Transportation Research Part A: Policy and Practice*, Vol. 42, No. 6, July 2008.

Gordon Wilmsmeier and Jason Monios, "Counterbalancing Peripherality and Concentration: An Analysis of the UK Container Port System", *Maritime Policy & Management*, Vol. 40, No. 2, March 2013.

Grace W. Y. Wang, Qingcheng Zeng, Kevin Li, Jinglei Yang, "Port Connectivity in a Logistic Network: The Case of Bohai Bay, China",

Transportation Research Part E: Logistics and Transportation Review, Vol. 95, November 2016.

Guido G. Weigend, "Some Elements in the Study of Port Geography", *Geographical Review*, Vol. 48, No. 2, April 1958.

H. Arjen van Klink and Geerke C. van den Berg, "Gateways and Intermodalism", *Journal of Transport Geography*, Vol. 6, No. 1, March 1998.

Hongxiang Feng, Manel Grifoll, Zhongzhen Yang, Pengjun Zheng, Agusti Martin-Mallofre, "Visualization of Container Throughput Evolution of the Yangtze River Delta Multi-Port System: The Ternary Diagram Method", *Transportation Research Part E: Logistics and Transportation Review*, Vol. 142, October 2020.

Hua Wang, Yiru Zhang, Qiang Meng, "How Will the Opening of the Northern Sea Route Influence the Suez Canal Route? An Empirical Analysis with Discrete Choice Models", *Transportation Research Part A: Policy and Practice*, Vol. 107, January 2018.

Hua Xu, Zhifang Yin, Dashan Jia, Fengjun Jin, Hua Ouyang, "The Potential Seasonal Alternative of Asia-Europe Container Service Via Northern Sea Route Under the Arctic Sea Ice Retreat", *Maritime Policy & Management*, Vol. 38, No. 5, August 2011.

Hui Zhao, Hao Hu, Yisong Lin, "Study on China-EU Container Shipping Network in the Context of Northern Sea Route", *Journal of Transport Geography*, Vol. 53, May 2016.

Irina V. Benedyk and Srinivas Peeta, "A Binary Probit Model to Analyze Freight Transportation Decision-Maker Perspectives for Container Shipping on the Northern Sea Route", *Maritime Economics & Logistics*, Vol. 20, No. 3, September 2016.

James Harold Bird, *The Major Seaports of the United Kingdom*, London: Hutchinson & Co Ltd Press, 1963.

James Harold Bird, *Seaports and Seaport Terminals*, London: Hutchinson, 1971.

Jan Own Jansosn and Dan Shneerson, *Port Economics*, Cambridge, London: The MIT Press, 1982.

Jasmine Siu Lee Lam and Jing Dai, "A Decision Support System for Port Selection", *Transportation Planning & Technology*, Vol. 35, No. 4, April 2012.

Jason Monios, Gordon Wilmsmeier, Adolf K. Y. Ng, "Port System Evolution—The Emergence of Second-Tier Hubs", *Maritime Policy & Management*, Vol. 46, No. 1, January 2019.

Javier Cantillo, Victor Cantillo, Julian Arellana, "Modelling with Joint Choice of Ports and Countries of Origin and Destination: Application to Colombian Ports", *Maritime Policy & Management*, Vol. 45, No. 6, March 2018.

Jean-Claude Thill and Kailas Venkitasubramanian, "Multi-Layered Hinterland Classification of Indian Ports of Containerized Cargoes Using GIS Visualization and Decision Tree Analysis", *Maritime Economics & Logistics*, Vol. 17, No. 3, September 2015.

Jean-Paul Rodrigue and Theo Notteboom, "Foreland-Based Regionalization: Integrating Intermediate Hubs with Port Hinterlands", *Research in Transportation Economics*, Vol. 27, No. 1, January 2010.

Jean-Paul Rodrigue, Claude Comtois, Brian Slack, *The Geography of Transport Systems*, New York: Routledge, 2009.

Jihong Chen, Yijie Fei, Paul Tae-Woo Lee, Xuezong Tao, "Overseas Port Investment Policy for China's Central and Local Governments in the Belt and Road Initiative", *Journal of Contemporary China*, Vol. 28, No. 116, March 2019.

Jinglei Yang, Meifeng Luo, Abing Ji, "Analyzing the Spatial-Temporal Evolution of a Gateway's Hinterland: A Case Study of Shanghai, China", *Transportation Research Part E: Logistics and Transportation Review*,

Vol. 95, November 2016.

Jingzheng Ren, Liang Dong, Lu Sun, "Competitiveness Prioritisation of Container Ports in Asia Under the Background of China's Belt and Road Initiative", *Transport Reviews*, Vol. 38, No. 4, March 2018.

Jose L. Tongzon, "Port Choice and Freight Forwarders", *Transportation Research Part E: Logistics and Transportation Review*, Vol. 45, No. 1, January 2009.

Jose L. Tongzon and Lavina Sawant, "Port Choice in a Competitive Environment: From the Shipping Lines' Perspective", *Applied Economics*, Vol. 39, No. 4, March 2007.

Julian Martinez Moya and Maria Feo Valero, "Port Choice in Container Market: A Literature Review", *Transport Reviews*, Vol. 37, No. 3, May 2017.

Koi Yu (Adolf) Ng, "Assessing the Attractiveness of Ports in the North European Container Transhipment Market: An Agenda for Future Research in Port Competition", *Maritime Economics & Logistics*, Vol. 8, September 2006.

L. E. Yiping and I. E. D. A. Hitoshi, "Evolution Dynamics of Container Port Systems with a Geo-Economic Concentration Index: A Comparison of Japan, China and Korea", *Asian Transport Studies*, Vol. 1, No. 1, January 2010.

Likun Wang, Anne Goodchild, Yong Wang, "The Effect of Distance on Cargo Flows: A Case Study of Chinese Imports and Their Hinterland Destinations", *Maritime Economics & Logistics*, Vol. 20, No. 3, September 2018.

Liming Liu, Kelly Yujie Wang, Tsz Leung Yip, "Development of a Container Port System in Pearl River Delta: Path to Multi-Gateway Ports", *Journal of Transport Geography*, Vol. 28, April 2013.

Lin Feng and Theo Notteboom, "Peripheral Challenge by Small and Medium Sized Ports (Smps) in Multi-Port Gateway Regions: The Case Study of Northeast of China", *Polish Maritime Research*, Vol. 20, No. S1, July 2013.

Loon Ching Tang, Joyce M. W. Low, Shao Wei Lam, "Understanding Port Choice Behavior—A Network Perspective", *Networks and Spatial Economics*, Vol. 11, No. 1, March 2011.

Lorant Tavasszy, Michiel Minderhoud, Jean-Francois Perrin, Theo Notteboom, "A Strategic Network Choice Model for Global Container Flows: Specification, Estimation and Application", *Journal of Transport Geography*, Vol. 19, No. 6, November 2011.

Lorena Garcia-Alonso, Jason Monios, Jose Angel Vallejo-Pinto, "Port Competition Through Hinterland Accessibility: The Case of Spain", *Maritime Economics & Logistics*, Vol. 21, No. 2, June 2019.

Margaret Blunden, "Geopolitics and the Northern Sea Route", *International Affairs*, Vol. 88, No. 1, January 2012.

Maria Jesus Freire Seoane, Fernando Gonzalez Laxe, Carlos Pais Montes, "Foreland Determination for Containership and General Cargo Ports in Europe (2007 – 2011)", *Journal of Transport Geography*, Vol. 30, June 2013.

Masahiko Furuichi and Natsuhiko Otsuka, "Proposing a Common Platform of Shipping Cost Analysis of the Northern Sea Route and the Suez Canal Route", *Maritime Economics & Logistics*, Vol. 17, No. 1, March 2015.

Mateus Magala and Adrian Sammons, "A New Approach to Port Choice Modelling", *Maritime Economics and Logistics*, Vol. 10, March 2008.

Matthew B. Malchow and Adib Kanafani, "A Disaggregate Analysis of Port Selection", *Transportation Research Part E: Logistics and Transportation Review*, Vol. 40, No. 4, July 2004.

Mengqiao Xu, Zhenfu Li, Yanlei Shi, Xiaoling Zhang, Shufei Jiang, "Evolution of Regional Inequality in the Global Shipping Network", *Jour-

nal of Transport Geography, Vol. 44, April 2015.

Miaojia Liu and Jacob Kronbak, "The Potential Economic Viability of U-sing the Northern Sea Route (NSR) as an Alternative Route Between A-sia and Europe", *Journal of Transport Geography*, Vol. 18, No. 3, May 2010.

Michael Kuby and Neil Reid, "Technological Change and the Concentra-tion of the U. S. General Cargo Port System: 1970 – 1988", *Economic Geography*, Vol. 68, No. 3, July 1992.

Michele Acciaro, Andrea Bardi, Maria Ines Cusano, Claudio Ferrari, Alessio Tei, "Contested Port Hinterlands: An Empirical Survey on A-driatic Ports", *Case Studies on Transport Policy*, Vol. 5, No. 2, June 2017.

Min-Ho Ha, Zaili Yang, Jasmine Siu Lee Lam, "Port Performance in Container Transport Logistics: A Multi-Stakeholder Perspective", *Transport Policy*, Vol. 73, January 2019.

Mohammad Khairuddin Othman, Noorul Shaiful Fitri Abdul Rahman, Al-isha Ismail, A. H. Saharuddin, "The Sustainable Port Classification Framework for Enhancing the Port Coordination System", *The Asian Journal of Shipping and Logistics*, Vol. 35, No. 1, March 2019.

N. C. Mitchel, "Irish Ports: Recent Developments", *Irish Geographical Studies (Belfast)*, 1970.

Nicholas Andrew Assef, "China's Polar Silk Road: Overview, Challenges & Opportunities", *SSRN Electronic Journal*, May 2018.

Noorul Shaiful Fitri Abdul Rahman, Alisha Ismail, Mohammad Khairud-din Othman, Rabiatul Adawiyah Mohd Roslin, Lun, Y. H. Venus, "Decision Making Technique for Analysing Performance of Malaysian Secondary Ports", *International Journal of Shipping and Transport Lo-gistics*, Vol. 10, No. 4, July 2018.

Prasanta K. Sahu, S. Sharma, Gopal R. Patil, "Classification of Indian

Seaports Using Hierarchical Grouping Method", *Journal of Maritime Research*, *Vol.* 11, No. 3, September 2014.

P. M. Alderton, *Port Management and Operations: Lloyd's Practical Shipping Guides*, London: Informa Law from Routledge, 2008.

P. W. De Langen, L. M. Van der Lugt, J. H. A. Eenhuizen, "A Stylised Container Port Hierarchy: A Theoretical and Empirical Exploration", Paper Delivered to International Association of Maritime Economists Conference, Sponsored by the UNECLAC and the Panama Canal Authority, Panama, November 13 – 15, 2002.

Pablo Kaluza, Andrea Kolzsch, Michael T. Gastner, Bernd Blasius, "The Complex Network of Global Cargo Ship Movements", *Journal of the Royal Society Interface*, Vol. 7, No. 48, July 2010.

Parongama Sen, Subinay Dasgupta, Arnab Chatterjee, P. A. Sreeram, G. Mukherjee, S. S. Manna, "Small-World Properties of the Indian Railway Network", *Physical Review E*, Vol. 67, March 2003.

Peter J. Rimmer, "The Changing Status of New Zealand Seaports, 1853 – 1960", *Annals of the Association of American Geographers*, Vol. 57, No. 1, March1967.

Peter J. Rimmer, "The Problem of Comparing and Classifying Seaports", *The Professional Geographer*, Vol. 18, No. 2, March 1966.

Peter J. Rimmer, "The Search for Spatial Regularities in the Development of Australian Seaports 1861 – 1961/2", *Geografiska Annaler: Series B, Human Geography*, Vol. 49, No. 1, January 1967.

Peter W. de Langen, "Port Competition and Selection in Contestable Hinterland: The Case of Austria", *European Journal of Transport and Infrastructure Research*, Vol. 7, No. 1, January 2007.

Peter W. de Langen, "The Future of Small and Medium Sized Ports", *Transactions on the Built Environment*, Vol. 36, January 1998.

Peter Wanke and Bernardo Bastos Falcão, "Cargo Allocation in Brazilian

Ports: An Analysis Through Fuzzy Logic and Social Networks", *Journal of Transport Geography*, Vol. 60, April 2017.

Phong Nha Nguyen, Su-Han Woo, Anthony Beresford, Stephen Pettit, "Competition, Market Concentration and Relative Efficiency of Major Container Ports in Southeast Asia", *Journal of Transport Geography*, Vol. 83, February 2020.

Piyush Tiwari, Hidekazu Itoh, Masayuki Doi, "Shippers' Port and Carrier Selection Behavior in China: A Discrete Choice Analysis", *Maritime Economics & Logistics*, Vol. 5, No. 1, January 2003.

Qiang Meng and Xinchang Wang, "Utility-Based Estimation of Probabilistic Port Hinterland for Networks of Intermodal Freight Transportation", *Transportation Research Record: Journal of the Transportation Research Board*, Vol. 2168, No. 1, January 2010.

Qingcheng Zeng, Grace W. Y. Wang, Chenrui Qu, Kevin X. Li, "Impact of the Carat Canal on the Evolution of Hub Ports Under China's Belt and Road Initiative", *Transportation Research Part E: Logistics and Transportation Review*, Vol. 117, September 2018.

R. E. Carter, "A Comparative Analysis of United States Ports and Their Traffic Characteristics", *Economic Geography*, Vol. 38, No. 2, April 1962.

Sadamori Kojaku, Mengqiao Xu, Haoxiang Xia, Naoki Masuda, "Multiscale Core-Periphery Structure in a Global Liner Shipping Network", *Scientific Reports*, Vol. 9, January 2019.

Semih Onut, Umut R. Tuzkaya, Ercin Torun, "Selecting Container Port via a Fuzzy ANP-Based Approach: A Case Study in the Marmara Region, Turkey", *Transport Policy*, Vol. 18, No. 1, January 2011.

Simme Veldman, Lorena Garcia-Alonso, José Ángel Vallejo-Pinto, "A Port Choice Model with Logit Models: A Case Study for the Spanish Container Trade", *International Journal of Shipping & Transport Logis-*

tics, Vol. 5, No. 4/5, July 2013.

Stephane Hess and John W. Polak, "Exploring the Potential for Cross-Nesting Structures in Airport-Choice Analysis: A Case-Study of the Greater London Area", *Transportation Research Part E: Logistics and Transportation Review*, Vol. 42, No. 2, March 2006.

Taehwee Lee, Gi-Tae Yeo, Vinh V. Thai, "Changing Concentration Ratios and Geographical Patterns of Bulk Ports: The Case of the Korean West Coast", *The Asian Journal of Shipping and Logistics*, Vol. 30, No. 2, August 2014.

Theo E. Notteboom and Jean-Paul Rodrigue, "Port Regionalization: Towards a New Phase in Port Development", *Maritime Policy & Management*, Vol. 32, No. 3, July 2005.

Theo E. Notteboom, "Concentration and Load Centre Development in the European Container Port System", *Journal of Transport Geography*, Vol. 5, No. 2, June 1997.

Ticiana Grecco Zanon Moura, Lorena Garcia-Alonso, Ignacio del Rosal, "Influence of the Geographical Pattern of Foreign Trade on the Inland Distribution of Maritime Traffic", *Journal of Transport Geography*, Vol. 72, October 2018.

V. C. Khon, I. I. Mokhov, M. Latif, V. A. Semenov, W. Park, "Perspectives of Northern Sea Route and Northwest Passage in the Twenty-First Century", *Climatic Change*, Vol. 100, No. 3 - 4, June 2010.

Viatcheslav V. Gavrilov, "Legal Status of the Northern Sea Route and Legislation of the Russian Federation: A Note", *Ocean Development & International Law*, Vol. 46, No. 3, August 2015.

Víctor Cantillo, Javier Visbal, Julián Arellana, "Analysis on the Determinants of Shipment Sizeand Type-of-Truck Choices Using a Discrete-Continuous Hybrid Model", *International Journal of Shipping & Transport Logistics*, Vol. 10, No. 4, July 2018.

Wayne K. Talley and Man Wo Ng, "Maritime Transport Chain Choice by Carriers, Ports and Shippers", *International Journal of Production Economics*, Vol. 142, No. 2, April 2013.

Wayne K. Talley and Man Wo Ng, "Hinterland Transport Chains: Determinant Effects on Chain Choice", *International Journal of Production Economics*, Vol. 185, March 2017.

Wei-Bing Deng, Long Guo, Wei Li, Xu Cai, "Worldwide Marine Transportation Network: Efficiency and Container Throughput", *Chinese Physics Letters*, Vol. 26, No. 11, November 2009.

Wenya Wang, Zhenfu Li, Xin Cheng, "Evolution of the Global Coal Trade Network: A Complex Network Analysis", *Resources Policy*, Vol. 62, August 2019.

Xiaobo Qu and Qiang Meng, "The Economic Importance of the Straits of Malacca and Singapore: An Extreme-Scenario Analysis", *Transportation Research Part E: Logistics and Transportation Review*, Vol. 48, No. 1, January 2012.

Xin Shi and Huan Li, "Developing the Port Hinterland: Different Perspectives and Their Application to Shenzhen Port, China", *Research in Transportation Business & Management*, Vol. 19, June 2016.

Xinchang Wang, Qiang Meng, Lixin Miao, "Delimiting Port Hinterlands Based on Intermodal Network Flows: Model and Algorithm", *Transportation Research Part E: Logistics and Transportation Review*, Vol. 88, April 2016.

Xinping Xu, Junhui Hu, Feng Liu, "Empirical Analysis of the Ship-Transport Network of China", *Chaos*, Vol. 17, No. 2, June 2007.

Yang Zan, "Analysis of Container Port Policy by the Reaction of an Equilibrium Shipping Market", *Maritime Policy & Management*, Vol. 26, No. 4, December 1999.

Yehuda Hayuth, "Containerization and the Load Center Concept", *Eco-*

nomic Geography, Vol. 57, No. 2, April 1981.

Yihong Hu and Daoli Zhu, "Empirical Analysis of the Worldwide Maritime Transportation Network", *Physica A: Statistical Mechanics and its Applications*, Vol. 388, No. 10, May 2009.

Yiru Zhang, Qiang Meng, Szu Hui Ng, "Shipping Efficiency Comparison Between Northern Sea Route and the Conventional Asia-Europe Shipping Route via Suez Canal", *Journal of Transport Geography*, Vol. 57, December 2016.

Young-Tae Chang, Sang-Yoon Lee, Jose L. Tongzon, "Port Selection Factors by Shipping Lines: Different Perspectives Between Trunk Liners and Feeder Service Providers", *Marine Policy*, Vol. 32, No. 6, November 2008.

Yuhong Wang and Kevin Cullinane, "Traffic Consolidation in East Asian Container Ports: A Network Flow Analysis", *Transportation Research Part A: Policy and Practice*, Vol. 61, March 2014.

Zhixiang Fang, Hongchu Yu, Feng Lu, Mingxiang Feng, Meng Huang, "Maritime Network Dynamics Before and After International Events", *Journal of Geographical Sciences*, Vol. 28, No. 7, May 2018.

Zhongzhen Yang, Qinghui Xiu, Dongxu Chen, "Historical Changes in the Port and Shipping Industry in Hong Kong and the Underlying Policies", *Transport Policy*, Vol. 82, October 2019.

Zi-Yao Ding, Geon-Sik Jo, Ying Wang, Gi-Tae Yeo, "The Relative Efficiency of Container Terminals in Small and Medium-Sized Ports in China", *The Asian Journal of Shipping and Logistics*, Vol. 31, No. 2, July 2015.

索　引

后　记

　　本书在我的博士学位论文的基础上修改完成，即将出版之际，向给予关心和帮助我的老师、同学、家人和朋友表示衷心的感谢。

　　感谢我的硕博导师，大连海事大学李振福教授。人生幸事莫过于遇到一位好导师，我有幸在硕士阶段与导师相识，他渊博的学术知识、严谨的治学态度、创新的思维理念和诚恳的待人之道深深地感染和激励了我，并把我逐步引上学术之路，让我有机会在这硕博六年的学习生活中获得更多的知识和力量。读博不易，是导师的鼓励和支持让我坚定了读博的决心，使我能够克服困难，完成学业。本书从选题、撰写初稿到完成终稿都倾注了导师大量的心血，也使我在学术能力方面有了实质性的提升。在此，谨向我的导师表示最崇高的敬意和最衷心的感谢。同时感谢美丽可爱的师母，师母心地善良、爱生如子，我在生活中遇到困难总会想到去找师母解决，是师母让我在繁重的学习之外寻得了一份生活上的依靠。

　　感谢我的博士后合作导师，华东师范大学杜德斌教授。杜教授是一位博学、睿智、严谨、敏锐、执着，不懈追求创新的智者，他深耕世界政治经济地理的研究。在他的熏陶下，我学会了"从中国的视角研究世界，从全球视野研究中国"，为本书的完善注入了新的活力。此外，感谢华东师范大学全球创新与发展研究院的刘承良教授、王列辉教授、段德忠副教授、张红副教授、郭琪副教授、李春兰副教授、易鑫磊副研究员、曲洋老师，以及西南大学的桂钦昌副教授和华中师范大学的侯纯光副教授为本书的修订给予的诸多启发性的建议。

感谢大连海事大学交通运输工程学院的老师们，让我学到了交通运输领域的专业知识和先进科研工具，使我具备成为一名博士研究生的素质。感谢大连海事大学的靳志宏教授、吕靖教授、计明军教授、范厚明教授、杨华龙教授、郑建风教授、李亚军副教授和王爽老师，以及辽宁师范大学的郭建科教授和大连理工大学的刘锴教授对博士论文提出的建设性意见，为本书的完成和出版打下了坚实基础。

感谢"李下无蹊径"这个大团队中的徐梦俏副教授、王文雅副教授、刘同超副教授、丁超君老师、邓昭老师、段伟博士、李昌容博士、张琦琦博士、李婉莹博士、周玉涛博士、张一然博士、张浩东博士、齐芯莉博士等所有的师兄、师姐和师弟、师妹们，因为有你们在学习和生活上给予的帮助，我才能克服困难、解决问题，是你们，让我在异乡感受到了如家的温暖。

感谢一直以来默默支持我的父母、妹妹和朋友们，在我求学期间不断支持、鼓励着我，这份爱，如同灯塔一般照亮我前行的道路，让我在学术的海洋中不迷失方向。你们是我最坚强的后盾，给予了我前进的勇气和力量。

感谢我亲密的战友、我的丈夫张新放博士。正是有了丈夫的暖心陪伴和鼓励支持，那些一起熬夜探讨课题、写论文、备材料、申请项目的日子才会苦中有甜，让我在疲惫与迷茫时找到坚持下去的力量，支撑着我克服一个个难关，重拾信心去争取新的成绩。

感谢国家社会科学基金博士论文出版项目对此书的出版支持。

寥寥数语道不尽感谢之意，谨以此拙作献给所有关怀、帮助、支持、鼓励我的人们！及时当勉励，岁月不待人。在未来的路上，我将带着你们的期许，乘风破浪，扬帆远航！

彭琰

2024 年 8 月 6 日